Schach-Eröffnungsspiele

Von demselben Verfasser sind bisher erschienen:

Schach für Anfänger	ht 85
Schachtaktik – Kunstgriffe und Kombinationen	ht 363

In der gleichen Reihe:

Spielen Sie mit!	ht 190
1×1 der Kartenspiele	ht 199
Mit Zahlen spielen	ht 237
Skat – Regeln und Tips	ht 248
Bridge – lernen und spielen	ht 273
Gesellschaftsspiele zu zweit	ht 281
Brettspiele – Denkspiele	ht 282
Patiencen legen	ht 293
Schach ohne Partner	ht 299
Glücksspiele	ht 309
Schreibspiele – Streichholzspiele	ht 352

Weitere Titel in Vorbereitung

Schach-Eröffnungsspiele

Von Dr. László Orbán

Humboldt-Taschenbuchverlag

humboldt-taschenbuch 386
Umschlagfoto: Manfred M. Schmatz
Umschlaggestaltung: Christa Manner, München

Abkürzungen:

–	zieht, geht nach	=	Remis, Gleichstand
×	schlägt, nimmt	0–0	kurze Rochade
:	schlägt, nimmt	0–0–0	lange Rochade
e.p.	en passant (Schlagen im Vorübergehen)	!	starker Zug
		!!	ausgezeichneter Zug
+	Schach	?	schwacher Zug
(+)	aufgedecktes Schach	??	grober Fehler
++	Doppelschach	!?	zweischneidiger Zug
#	Matt	?!	zweifelhafter Zug
(#)	aufgedecktes Matt	~	beliebiger Zug
##	Doppelmatt	.....	fehlender Zug

Der »é-Weg« ist mit dem französischen bzw. ungarischen Buchstaben »é« statt des üblichen »e« bezeichnet, damit beim Nachspielen der Partien »c« und »e« nicht verwechselt werden.

© 1980, 1981 by Humboldt-Taschenbuchverlag Jacobi KG, München
Druck: Presse Druck Augsburg
Printed in Germany
ISBN 3-581-66386-4

Inhalt

Vorwort 8
Charakteristische Bestrebungen im Königsbauerspiel 10
Werturteile der Schachtheorie 12

I. TEIL: Angriff gegen f7

Ruhige Figurenentwicklung 13

1. Giuoco pianissimo
2. Italienisches Rochadespiel
3. Italienisches Vierspringerspiel
4. Wiener Eröffnung

Das Läuferspiel: 2. Lf1−c4 22

1. Ist das Königsspringerspiel kräftiger als das Läuferspiel?
2. Ein oberflächlicher Eröffnungsgrundsatz
3. Das Läuferspiel im Wandel der Zeit
   a) die frühesten Anfänge
   b) Morgengrauen der Eröffnungstheorie
4. Larsens Läuferspiel
5. Klassisches Läuferspiel: 2. Lf8−c5
6. Die Berliner Partie: 2. Sg8−f6

Der Vorstoß: d2−d4 35

1. Das Mittelspiel: 2. d2−d4
2. Das Mittelgambit: 2. é5×d4, 3. Lf1−c4
3. Schottische Eröffnung: 2. Sg1−f3, Sb8−c6; 3. d2−d4
4. Schottisches Gambit: 3. é5×d4; 4. Lf1−c4
5. Schottisches Vierspringerspiel: 2. Sg1−f3, Sb8−c6; 3. Sb1−c3, Sg8−f6; 4. d2−d4
6. Italienisches Gambit: 2. Sg1−f3, Sb8−c6; 3. Lf1−c4, Lf8−c5; 4. d2−d4

Die Vorbereitung: c2−c3 44

1. Zentrumspiel: 2. c2−c3
2. Ponziani Eröffnung: 2. Sg1−f3, Sb8−c6: 3. c2−c3
3. Giuoco piano: 4. c2−c3
   a) Offenes Spiel: 4. Sg8−f6
   b) Geschlossenes Spiel: 4. Dd8−é7
   c) Die Verteidigung: 4. d7−d6
   d) Aljechins Neuerung
4. Der Zug c2−c3 als Gambit
   a) Das Dänische Gambit
   b) Göring-Gambit: 4. c2−c3

Italienische Gambitspiele 60

1. Jérôme-Gambit: 4. Lc4×f7+
2. Das Evans-Gambit: 4. b2−b4
3. Abgelehntes Evans-Gambit
4. Gambitvariante der Italienischen Partie: 4. d2−d4, 5. 0−0

Andere Verteidigungen im Königsspringerspiel 65

1. Philidor-Verteidigung: 2. d7−d6

a) Der klassische Angriff: 3. Lf1–c4
b) Der Moderne Angriff: 3. d2–d4
2. Verzögerte Philidor-Verteidigung: 3. d7–d6
3. Ungarische Verteidigung: 2. Sg1–f3, Sb8–c6; 3. Lf1–c4, Lf8–e7
4. Damiano-Verteidigung: 2. f7–f6
5. Unregelmäßige Verteidigungen

Der Gegenangriff Sg8–f6   76

1. Russische Verteidigung
   a) Der klassische Angriff: 3. Sf3×e5
   b) Der Steinitz-Angriff: 3. d2–d4
   c) Die Fortsetzung 3. Sb1–c3
2. Zweispringer-Verteidigung: 3. Lf1–c4, Sg8–f6
   a) Der Springerausfall 4. Sf3–g5
   b) Max-Lange-Angriff: 4. d2–d4

Das Gambit f7–f5 u. d7–d5   84

1. Grecos Gegengambit: 2. Lf1–c4, f7–f5
2. Lettisches Gambit: 2. Sg1–f3, f7–f5
3. Mittelgambit in Rückhand

Das Königsgambit 2. f2–f4   97

Abgelehntes Königsgambit   98

1. Die klassische Ablehnung 2. Lf8–c5
2. Grecos Ablehnung: 2. Sg8–f6
3. Falkbeer-Gegengambit 2. d7–d5
4. Symmetrisches Gegengambit 2. f7–f5

Angenommenes Königsgambit: 2. é5×f4   104

Das Springergambit: 3. Sg1–f3   105

1. Unregelmäßige Verteidigungen
2. Cunningham-Verteidigung: 3. Sg1–f3, Lf8–é7
3. Fischer-Verteidigung: 3. Sg1–f3, d7–d6
4. Der Gegenstoß 3. Sg1–f3, d7–d5
5. Die Gegenentwicklung 3. Sg1–f3, Sg8–f6

Klassisches Königsgambit mit g7–g5   113

1. Allgaier-Gambit: 4. h2–h4, g5–g4; 5. Sf3–g5
2. Kieseritsky-Gambit: 4. h2–h4, g5–g4; 5. Sf3–é5
   a) Lange-Peitsche-Verteidigung 5. h7–h5
   b) Polerio-Verteidigung: 5. Lf8–é7
   c) Moderne Verteidigung: 5. Sg8–f6
3. Greco-Philidor-Gambit: 4. Lf1–c4, Lf8–g7
4. Salvio-Gambit: 4. Lf1–c4, g5–g4; 5. Sf3–é5
   Das Cochrane-Gambit:
5. Muzio-Polerio-Gambit 5. 0–0
   a) Polerios Supergambit
   b) Polerios Hauptvariante
   c) Grecos Variante
6. MacDonnel-Gambit: 5. Sb1–c3
7. Ghulam-Kassim-Gambit: 5. d2–d4
8. Quade-Gambit: 4. Sb1–c3
9. Rosentreter-Gambit: 4. d2–d4
10. Eine Capablanca-Partie

Läufergambit: 3. Lf1–c4   132

1. Das Damenschach von h4
2. Systeme ohne Damenschach
3. Das Breyer-Gambit: 3. Dd1–f3

**Wiener Gambit: 2. Sb1—c3,
3. f2—f4**   140

1. Eigentliches Wiener Gambit
   2. Sg8—f6
2. Zweite Hauptvariante:
   2. Sb8—c6
3. Hamppe-Allgaier-Gambit:
   5. h2—h4
4. Pierce-Gambit: 5. d2—d4
5. Steinitz-Gambit: 4. d2—d4

Übrige Eröffnungen   148

1. Das Dreispringerspiel
2. Ungarische Eröffnung
3. Alapin-Eröffnung: 2. Sg1—é2

II. TEIL: Angriff gegen é5

**Spanische Eröffnung:
3. Lf1—b5**   152

**A) Verteidigungen ohne
3. .....a7—a6**   153

1. Bird-Verteidigung: 3. Sc6—d4
2. Cozio-Verteidigung: 3. Sg8—é7
3. Alapin-Verteidigung:
   3. Lf8—b4
4. Jänisch-Gambit: 3. f7—f5
5. Klassische Verteidigung:
   3. Lf8—c5
6. Steinitz-Verteidigung:
   3. d7—d6
7. Berliner Verteidigung:
   3. Sg8—f6

**B) Verteidigungen
mit 3. a7—a6**   168

8. Abtausch-Variante:
   4. Lb5×Sc6
9. Aufgeschobene Steinitz-Verteidigung: 4. Lb5—a4, d7—d6
10. Verzögerte Berliner Verteidigung: 4. Lb5—a4, Sg8—f6
11. Das Hauptspiel 5. 0—0
12. Offene Verteidigung 5. Sf6×é4
13. Geschlossene Verteidigung
    5. Lf8—é7
14. Worall-Angriff: 6. Dd1—é2
15. Marshall-Angriff 8. d7—d5
16. Spanisches Vierspringerspiel
    a) Symmetrische Verteidigung
       4. Lf8—b4
    b) Rubinsteins Gegenangriff
       4. Sc6—d4
17. Schlußbetrachtungen
18. Eine kurzgefaßte Analyse

Vorwort

Langeweile ist der Erbfeind der Schachliteratur. Ein gutes Schachbuch soll vor allem vom Anfang bis zum Ende interessant sein. Ich war deshalb bemüht, ein Eröffnungswerk zu schreiben, das man so leicht liest wie einen spannenden Kriminalroman. Inwieweit mir das gelungen ist, werden meine lieben Leserinnen und Leser selbst feststellen.
Aus diesem Büchlein sind die trockenen Analysen verbannt. Es wird nur das Minimum an notwendigen Eröffnungskenntnissen dargeboten. Trotzdem werden die Schachfreunde unendlich viel Nützliches erlernen und dabei viel Freude daran finden.
Wir legen in die Hand des Lesers eine unterhaltsame und zugleich lehrreiche Partiensammlung. Ich habe die Musterpartien besonders sorgfältig ausgewählt und nur solche Spiele aufgenommen, die gut verständlich sind. Außer der Beherrschung der Spielregeln sind keine besonderen theoretischen Vorkenntnisse erforderlich.
»Jeder Schachspieler muß die Entwicklung des königlichen Spiels durchmachen« (Hans Carl Opfermann). Deshalb sind in dieser kleinen Partiensammlung vor allem Spiele von Gioachino Greco, Giulio Cesare Polerio und anderen alten italienischen Meistern aufgenommen. Dann folgen mehrere Glanzleistungen von Paul Morphy, Adolph Anderssen, Wilhelm Steinitz und José Raoul Capablanca. Allerdings sind freilich auch moderne Partien der zeitgenössischen Großmeister eingestreut – aber nur solche, die leicht verständlich sind.
Die einzelnen Eröffnungsvarianten sind mit vollendeten, bis zum Matt gespielten Partien illustriert. Denn solche Weisheiten, wie »Weiß steht auf Gewinn«, oder »Schwarz hat entscheidenden Vorteil«, helfen dem ungeübten Spieler nicht, weil er einfach nicht weiß, wie es weitergehen soll.
Die Anwendung von vollständigen Partien hat noch den großen Vorteil, daß das Büchlein nicht nur als Eröffnungswerk, sondern auch als ein unsystematisches Lehrbuch des Mittelspiels ausgewertet werden kann. Der Lernende begreift so die Methoden des erfolgreichen Angriffs und die Kunst der Verteidigung.
In dieses Buch sind nur wenige typische Varianten aufgenommen,

mit knappen Hinweisen auf andere Spielweisen. Der Schachfreund soll vom ersten Zug an zum Nachdenken gezwungen sein und sich nicht auf sein Gedächtnis verlassen. Dann wird er ganz bestimmt besser abschneiden und vor allem mehr Freude am Spiel haben, als mit den eingepaukten Eröffnungsvarianten.

Die Wichtigkeit des Variantengestrüpps ist übrigens turmhoch überschätzt. Sie können sehr stark spielen und sogar Weltmeister werden – ohne Kenntnis der einzelnen Varianten! Tatsache ist, daß die früheren Weltmeister Dr. Emanuel Lasker und José Raoul Capablanca die Eröffnungstheorie nie studiert haben.

Die ausführlichen Eröffnungsanalysen sind vielleicht für Meister und starke Turnierspieler geeignet, aber für fortgeschrittene Anfänger nur ein Gift, das mehr schadet als nützt. Überdies gibt es nichts Langweiligeres als das seelentötende Studium der endlosen Eröffnungsvarianten.

Das Schach ist weder ein Sport noch ein Broterwerb, sondern nur ein geistreiches Spiel! Dieses Buch ist nicht für Meister bestimmt, sondern für jene Schachfreunde, die keine Meister werden wollen, die im königlichen Spiel nur Unterhaltung suchen und eine Gedächtnisakrobatik ablehnen. Ich möchte meine Schachschüler von überflüssigen geistigen Anstrengungen befreien. – Trotz dieser Auffassung werden alle aufmerksamen Leser ihre Spielstärke auf nicht ermüdende, spielerische Art in erheblichem Maße steigern können.

Ich bitte Sie daher, nichts auswendig zu lernen! Es ist kein Unglück, wenn Sie ab und zu eine Partie verlieren. Übrigens können selbst die Weltmeister nicht jede Partie gewinnen!

Die Eröffnungen sind solch ein undurchsichtiger Dschungel von Tausenden und abermals Tausenden Varianten und Abspielen, daß darüber bereits im vorherigen Jahrhundert dicke »Wälzer« geschrieben wurden. Es ist überhaupt unmöglich, in einem kleinen Büchlein alle Eröffnungen zu besprechen. Ich werde also nur die sog. *Königsbauerspiele* – also die Eröffnungen mit 1. é2–é4, é7–é5 – behandeln.

Die Königsbauerspiele sind der Schlüssel zu den anderen, schwierigeren Eröffnungssystemen. Ohne gründliche Kenntnis der Königsbauerspiele können Sie die modernen Spielweisen überhaupt nicht begreifen und keine schachlichen Fortschritte machen.

Ich bitte den geneigten Leser, jede Partie zweimal nachzuspielen: vorerst nur die fettgedruckten Textzüge – ohne die Bemerkungen zu beachten –, beim zweiten Mal dieselbe Partie mit den Anmerkungen.

Dr. László Orbán

Charakteristische Bestrebungen im Königsbauerspiel*

Weiß:	Schwarz:
1. Angriff gegen f7	1. Verteidigung von f7
2. Beherrschung der Schräge c4–f7	2. Gegenspiel auf Schräge é6–c4
3. Beherrschung der Schräge h5–f7	3. Spiel gegen die weiße Dame auf h5
4. Beherrschung des f-Wegs	4. Kontrolle der Bewegung des weißen Turmes von h1 zu f1
5. Springermarsch g1–f3–g5–f7	5. Kontrolle des weißen Königsspringers
6. Angriff gegen é5	6. Sinnvolle Verteidigung von é5
7. Der Vorstoß d2–d4	7. Versuch des Gegenstoßes d7–d5
8. Der Vorstoß f2–f4	8. Vermeiden der Bewegung des Bauern f7
9. Aufbau eines starken Bauernzentrums	9. Zerschlagung des weißen Bauernpaares d4/é4
10. Öffnung des é- oder f-Wegs	10. Verhindern der Öffnung des é- und des f-Wegs
11. Beherrschung des Feldes d5 als Sprungbrett für die Dame zu gemeinsamem Angriff mit dem Läufer gegen f7. Versuch des Manövers Dd1–b3–d5 (oder c3 gegen c7)	11. Beherrschung des Feldes d5

*Nach David Bronstein.

12. Mit jedem Mittel (auch Opfer inbegriffen) die schlafenden Figuren am Damenflügel gegen die üblichen Zielscheiben f7 und é5 mit Zeitgewinn in den Kampf werfen

13. Sich nicht durch materiellen Gewinn ablenken lassen, wodurch der schwarzen Dame, dem Damen-Turm, -Springer oder -Läufer gegen die verwundbaren Punkte im weißen Lager erheblicher Kraftzuwachs zufließen könnte

12. Vermeidung des fatalen Versuches, einen weißen Bauern oder eine Figur mehr zu behalten. Bei einer Mehrfigur stehenzubleiben, ist eine gute Regel. Nicht gierig werden. Am besten ist es, die Beute im richtigen Moment zurückzugeben und dadurch die Initiative zu ergreifen

13. Sorgfältig die Zahl der aktiven Figuren am Damenflügel in beiden Lagern vergleichen. Aufpassen, daß die zahlenmäßige Differenz zum Vorteil von Weiß eine Figur nicht übersteigt. Geben Sie Ihre Beute zu rechter Zeit zurück, und wenn das nicht möglich ist, opfern Sie – ohne Selbstmitleid und ohne Tränen

Werturteile der Schachtheorie

Die subjektiven und vielfach oberflächlichen Werturteile sind die verwundbarsten Stellen der Schachtheorie. Nach rein persönlichem Geschmack wird etwas behauptet, was nicht wahr ist und vielfach nicht stimmt.

Die Eröffnungstheorie verdirbt die Freude und den Spaß am Spiel. Denn die Schachfreunde werden zu Spielweisen überredet, die ihnen nicht liegen und ihrer Veranlagung, ihrem Temperament widersprechen. Glauben Sie nicht dem Gerede, daß diese oder jene Eröffnung besser sei als die andere. Die beste Eröffnung ist jene, die Ihnen am besten gefällt!

Es ist höchste Zeit, daß man die Werturteile aus der Eröffnungstheorie verbannt und einer objektiven Betrachtung Platz bietet. Ich möchte es so formulieren:

In den Königsbauerspielen 1. é2–é4, é7–é5 gibt es vier gute und gleichwertige Angriffe für Weiß:

1) das Läuferspiel: 2. Lf1–c4,
2) das Königsspringerspiel: 2. Sg1–f3,
3) die Wiener Eröffnung: 2. Sb1–c3,
4) das Königsgambit: 2. f2–f4.

Welches ist das Beste? – Keines! bzw. jenes, das Ihnen paßt. »In Preußen darf jeder nach seiner Façon selig werden« – sagte einst Friedrich der Große. – Und im königlichem Spiel auch!

Es wird einfach totgeschwiegen, daß der bevorzugte 2. Sg1–f3 zwei schwerwiegende Nachteile hat:

a) Er verbietet der Dame die Entwicklungsfelder f3, g4, h5.
b) Er verhindert, daß der f-Bauer mit f2–f3 oder f2–f4 am Zentrumskampf teilnimmt.

1. TEIL Angriff gegen f7

Ruhige Figurenentwicklung

Wenn der Anfänger die Schäferperiode überwunden hat, dann sollte er vor allem nach leichtverständlichen Eröffnungen Umschau halten, die er ohne Schwierigkeit bewältigen kann.
Der Hauptzweck des Eröffnungsspiels ist die zügige und schnelle Entwicklung der Figuren. Das heißt: Die Springer, die Läufer und die Dame müssen die Grundreihe verlassen und im Inneren des Brettes eine günstige Angriffs- oder Verteidigungsstellung einnehmen, danach mit einer alsbaldigen Rochade den König in Sicherheit bringen und die Türme beweglich machen.
Die »Entwicklung« bedeutet also: »Figuren raus!«
Die Eröffnung hat dabei auch einen Nebenzweck: Weiß versucht in den meisten Spielanfängen das ideale Bauernzentrum d4/é4 zu errichten. Dadurch entstehen oft recht schwierige Eröffnungsprobleme. Da aber Weiß nur nach fehlerhaftem Gegenspiel die begehrte Bauernmitte d4/é4 aufbauen kann, wird es dem Anziehenden nicht allzu schwerfallen, auf die im voraus zum Scheitern verurteilte, vergebliche Liebesmüh zu verzichten.
Weiß verliert nichts, falls er sich, anstelle des Kampfes um das Zentrum, mit der schnellen und wirksamen Aufstellung seiner Figuren begnügt. Zwar verliert der Anziehende nach wenigen Zügen den sog. Anzugsvorteil, doch kann er unbehindert eine chancenreiche und günstige Angriffsstellung aufbauen. Trotz des Verzichtes auf die lächerliche Balgerei um die Mitte entstehen vollwertige Eröffnungen – obwohl sie von vielen Meistern herabschätzend als »Stumpfsinnvarianten« verspottet werden. Das ist jedoch nicht wahr. Kümmern Sie sich also um diese oberflächliche Geringschätzung nicht, und erlernen Sie vor allem jene leichtverständlichen Spielweisen, die lediglich eine schnelle Entwicklung der Figuren bestreben!
Solche Eröffnungen sind vor allem:
1. *Giuoco pianissimo,* auf deutsch: »das leiseste (oder ruhigste) Spiel«, eine Variante der Italienischen Eröffnung. Sie entsteht nach den Einleitungszügen: 1. é2–é4, é7–é5; 2. Sg1–f3, Sb8–c6; 3. Lf1–c4, Lf8–c5; **4. d2–d3** nebst **5. Sb1–c3** oder umgekehrt.

2. *Italienisches Rochadespiel:* 1. é2—é4, é7—é5; 2. Sg1—f3, Sb8—c6; 3. Lf1—c4, Lf8—c5; 4. 0—0.
3. *Italienisches Vierspringerspiel:* 1. é2—é4, é7—é5; 2. Sg1—f3, Sb8—c6; 3. Sb1—c3, Sg8—f6; 4. Lf1—c4.
4. *Wiener Eröffnung:* 1. é2—é4, é7—é5; **2. Sb1—c3.** Dieser Zug dient zumeist zur Vorbereitung des Bauernopfers 3. f2—f4 (Wiener Gambit). Hier werden wir vorerst nur jene einfachen Varianten behandeln, die auf das Gambit f2—f4 verzichten.
5. *Läuferspiel* (genauer Königsläuferspiel): 1. é2—é4, é7—é5: **2. Lf1—c4** – ein Vorgänger der Italienischen Eröffnung, in der Lf1—c4 erst im 3. Zug nach der Vorbereitung 2. Sg1—f3, Sb8—c6 geschieht.

1. Giuoco pianissimo

1. Partie

Serafino Dubois — Wilhelm Steinitz

1. é2—é4   é7—é5
2. Sg1—f3   Sb8—c6
3. Lf1—c4   .....

Das beste Entwicklungsfeld des weißen Königsläufers ist zweifelsohne c4. Hier bedroht er den schwachen Bauern f7 vor der schwarzen Rochade und fesselt ihn nach 0—0. Will Schwarz den Bf7 entfesseln, so muß er Kg8—h8 ziehen, aber nach dem Vormarsch f7—f6(f5) bedroht Lc4 das Feld g8 und sperrt so den schwarzen Herrscher in die Ecke ein.

3. .....   Lf8—c5

Dieser ebenbürtige Entwicklungszug hat dieselben Vorteile wie Lf1—c4.
Will Schwarz den Verwicklungen der Italienischen Eröffnung aus dem Wege gehen, dann kann er bescheiden 3. ..... Lf8—e7 *(Ungarische Verteidigung)* wählen.
Eine andere gute Verteidigung ist 3. ..... d7—d6 *(Aufgeschobene Philidor-Verteidigung).*
Kampflustige Naturen spielen hier Gegenangriff: 3. ..... Sg8—f6 *(Zweispringer-Verteidigung).*

4. d2—d3   .....

Verteidigt den Läufer c4 sowie auch den Bauern é4 und öffnet die Bahn des Damenläufers c1. Diese »ruhigste« Fortsetzung ist bei weitem nicht so ruhig, wie ihr Name verspricht. Es kann recht turbulent vorgehen, wie wir sofort sehen werden.

4. .....   d7—d6

Oder 4. Sg8—f6 und erst nachher 5. d7—d6.

5. 0—0(?)   .....

Wegen der möglichen lästigen Fesselung Lc8—g4 nicht zu empfehlen. Um diese Fesselung zu verhindern, spielen manche Meister den »Stümperzug« h2—h3, oder setzen ihre Entwicklung mit 5. Sb1—c3 fort.

5. .....   Sg8—f6
6. Lc1—g5   .....

Diese Fesselung ist ungefährlich, da Schwarz noch nicht rochiert hat und den Läufer in die Flucht jagen kann.

Sicherer ist 6. Lc1−é3 oder 6. Sb1−c3.

**6. ..... h7−h6
7. Lg5−h4? .....**

Noch immer wäre 7. Lg5−é3 besser, oder 7. Lg5×Sf6, Df8×Lf6.

7. ..... g7−g5!

Schwarz darf sich diesen heftigen Bauernsturm erlauben, weil sein König noch nicht rochiert hat.

8. Lh4−g3 .....

Das scheinbar wirksame Opfer 8. Sf3×g5? wird widerlegt durch 8. ..... h6×Sg5; 9. Lh4×g5, Th8−g8!

8. ..... h6−h5!!

Der Beginn einer der schönsten Kombinationen am Schachbrett. Es droht h5−h4 nebst Läuferfang.

Weiß müßte diesen Vorstoß mit 9. h2−h4 oder 9. h2−h3 unterbinden. Aber von Habsucht verblendet, schlägt er den vergifteten Bauern.

**9. Sf3×g5? h5−h4!
10. Sg5×f7 h4×Lg3!!**

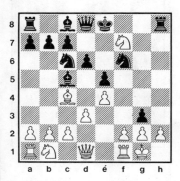

Ein prächtiges Damenopfer.

11. Sf7×Dd8 .....

Ebenso schlecht ist 11. Sf7× Tf8, Lc8−g4; 12. Dd1−d2, Dd8−d7; 13. Sh8−g6, Dd7− h7!; 14. h2−h3, Sc6−d4!! (Weiß darf den Läufer nicht schlagen: 15. h2×Lg3??, Dh7− h2#.) 15. Dd2−g5, Sd4−é2+; 16. Kg1−h1, Dh7×h3+!!; 17. g2×Dh3, Lg4−f3# (Dr. Savielly Tartakower).

**11. ..... Lc8−g4!
12. Dd1−d2 .....**

Das Rückopfer 12. Dd1×Lg4 hilft auch nicht: 12. ..... Sf6× Dg4; 13. Sd8×Sc6, Lc5×f2+!. (Falls nun 14. Kg1−h1??, so Th8×h2#.) 14. Tf1×Lf2, g3× Tf2+; 15. Kg1−f1, Th8×h2. Weiß kann Th2−h1+ nebst Umwandlung des Bauern nicht verhindern, und Schwarz gewinnt leicht mit seiner neugebackenen Dame.

Auch 12. Sd8−f7 hilft nichts wegen 12. ..... Th8×h2!; 13. Dd1−d2, Sc6−d4; 14. Sb1−c3, Sd4−f3+!!; 15. g2×Sf3, Lg4× f3. (Es droht Th2−h1#.) 16. Dd2−h6!!. (Dieses geistreiche Rückopfer deckt das Matt und nach 16. ..... Th2×Dh6; 17. Sf7×Th6 hat Weiß einen Turm mehr.) 16. ..... Th2−g2+; 17. Kg1−h1, Tg2×f2(+); 18. Kh1−g1, Tf2−g2++; 19. Kg1−h1, Tg2−h2## (N.N. − M. Gedult, Bir Akeim 1942).

**12. ..... Sc6−d4!
13. h2−h3 .....**

oder 13. Sb1−c3, Sd4−f3+!!; 14. g2×Sf3, Lg4×f3. (Es droht g3×h2#.) 15. h2×g3, Th8− h1# (C. S. Ashley−A. H. Tollit, Birmingham 1923).

**13. ..... Sd4−é2+
14. Kg1−h1 .....**

Völlig aussichtslos wäre 14. Dd2×Sé2, Lg4×Dé2.

**14. ..... Th8×h3+!!
15. g2×Th3 Lg4−f3#**

2. Partie

Zach — Musil
Tschechische Fernpartie 1954

1. é2–é4   é7–é5
2. Sg1–f3 Sb8–c6
3. Lf1–c4 Lf8–c5
4. d2–d3   d7–d6

Gut ist auch 4. ..... Sg8–f6, nicht aber 4. ..... Sg8–é7?; 5. Sf3–g5, 0–0?; 6. Dd1–h5!, h7–h6; 7. Sg5×f7, Dd8–é8; 8. Sf7×h6++, Kg8–h8(h7); 9. Sh6–f7++, Kh8–g8; 10. Dh5–h8≠.

5. Sb1–c3 Lc8–g4

Am besten geschieht hier 5. ..... Sg8–f6!. Schwarz weicht aber von diesem System ab, um die Fesselung 6. Lc1–g5 zu vermeiden.

6. h2–h3   Lg4×Sf3
7. Dd1×Lf3 Sg8–f6
8. Lc1–é3 Lc5×Lé3?

Schwarz öffnet den f-Weg für den weißen Turm. Gegeben wäre Lc5–b6!

9. f2×Lé3 0–0
10. 0–0–0 .....

Die verschiedenartigen Rochaden führen fast immer zu heftigen Kämpfen. Hier ist aber die lange Rochade ungefährlich, da das Material durch Abtäusche reduziert ist und Bauernschwächen auf keiner Seite vorhanden sind.

Ein offener Weg macht noch keinen Sommer. Weiß verzichtete deshalb auf 0–0, weil er einen Bauernsturm auf dem Königsflügel plant.

10. .....   a7–a6
11. g2–g4   b7–b5
12. Lc4–d5 Sf6×Ld5
13. Sc3×Sd5 Dd8–d7?

Unentbehrlich wäre, mit 13. ..... Sc6–é7 den weißen Zentralspringer abzutauschen, oder zum Rückzug zu zwingen. Schwarz unterläßt dies, weil er sich in völliger Sicherheit wiegt. Seine nächsten belanglosen Züge beweisen es:

14. Td1–g1! Ta8–b8

Die Türme gehören entweder auf offene Wege oder hinter die Bauern, die vorwärtsstürmen wollen.

15. h3–h4   Sc6–d8

Noch immer wäre Sc6–é7 besser.

16. g4–g5   c7–c6

Schwarz erwartet ruhig den gegnerischen Königsangriff, in der Meinung, daß seine Rochadestellung ausreichend geschützt ist, und will den zudringlichen weißen Springer mit diesem Bauernzug vertreiben. Dies gelingt ihm in der Tat, aber nicht so, wie er es sich vorgestellt hat. (Dr. Emil Gelenczei)

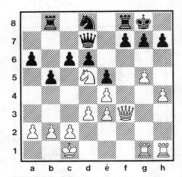

17. Sd5–f6+!! g7×Sf6

Erzwungen, da er sonst die Dame verliert.

18. g5×f6(+) Kg8–h8

19. Tg1—g7! Sd8—é6
20. Tg7×h7+!! .....
Schwarz gab auf, weil nach 20.
..... Kh8×Th7; 21. Df3—h5+, Kh7—g8; 22. Th1—g1+, Sé6—g7; 23. Tg1×Sg7# folgt.

2. Italienisches Rochadespiel

3. Partie

Rosentreter   Höfer
Berlin 1899

1. é2—é4   é7—é5
2. Sg1—f3   Sb8—c6
3. Lf1—c4   Lf8—c5
4. 0—0   Sg8—f6

Die Rochade hat keine selbständige Bedeutung.

5. d2—d4!?   .....

Nach diesem zweischneidigen Bauernopfer entstehen große Verwicklungen mit guten praktischen Chancen für den Anziehenden.

5. .....   Lc5×d4

Ungünstig wäre 5. ..... Sc6×d4? wegen 6. Sf3×é5!. Aber auch 5. ..... é5×d4 ist gut spielbar.

6. Sf3×Ld4   Sc6×Sd4

Für Weiß vorteilhaft ist 6. ..... é5×d4?; 7. é4—é5!, d7—d5; 8. é5×Sf6, d5×Lc4; 9. f6×g7, Th8—g8; 10. Dd1—h5!, Dd8—f6; 11. Tf1—é1+, Ké8—d7 (erzwungen); 12. Lc1—g5!, Df6—g6; 13. Dh5—g4+, Kd7—d6; 14. Lg5—f4+, Kd6—c5; 15. Dg4—f3 usw.

7. Lc1—g5   .....

Jetzt sollte Schwarz einfach d7—d6!; 8. f2—f4, Dd8—é7 spielen, und Weiß hat keinen ausreichenden Ersatz für den geopferten Bauern. Schwarz glaubte aber, den Fesselungsläufer abdrängen zu können und zog:

7.   h7—h6?

Notwendig wäre die Befestigung des Zentrums durch d7—d6 oder Sd4—é6.

8. Lg5—h4   g7—g5??

Dieser Ausfall am Königsflügel, während das Zentrum nicht befestigt ist, gibt dem Gegner Gelegenheit zu einem originellen Überfall:

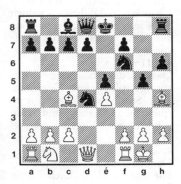

9. f2—f4!!   .....

Weiß öffnet den f-Weg auf den nichtrochierten schwarzen König.

9. .....   g5×f4

Falls g5×Lh4, dann 10. f4×é5, und Schwarz zappelt in großen Schwierigkeiten.

| 10. Tf1×f4!! é5×Tf4
| 11. Dd1×Sd4! .....

Der schwarze Springer ist nun kreuzgefesselt. Es gibt keine Rettung für ihn.

| 11. ..... 0—0?

Ein richtiges Harakiri. Etwas besser wäre d7—d5; 12. Lh4× Sf6; Dd8—d6.

| 12. Lh4×Sf6 Dd8—é8
| 13. Lf6—h8!! .....

Schwarz gab auf, da er 14. Dd4—g7# nicht abwenden kann.

3. Italienisches Vierspringerspiel

4. Partie

Dr. Siegbert Tarrasch — Dr. Emanuel Lasker

Berlin 1916

| 1. é2—é4 é7—é5
| 2. Sg1—f3 Sb8—c6
| 3. Sb1—c3 Sg8—f6!

Das Vierspringerspiel bietet dem Nachziehenden die besten Chancen. Führt jedoch Schwarz einen anderen Zug aus, dann haben wir das Dreispringerspiel.

| 4. Lf1—c4 .....

Das ist das Italienische Vierspringerspiel, im Gegensatz zum Spanischen Vierspringerspiel (4. Lf1—b5) und zum Schottischen Vierspringerspiel (4. d2—d4).

| 4. ..... Sf6×é4

Das bekannte Scheinopfer. — Die andere Möglichkeit ist die Symmetrievariante 4. ..... Lf8—c5.

Für Weiß ungünstig wäre nun 5. Lc4×f7+?, Ké8×Lf7; 6. Sc3×Sé4, d7—d5; 7. Sé4—g3, é5—é4!; 8. Sf3—g1, h7—h5; 9. d2—d4, h5—h4; 10. Sg3—f1, Dd8—f6; 11. c2—c3, Sc6—é7! mit starkem Bauernzentrum.

Weiß könnte das Spiel mit 5. 0—0!? verschärfen und auf Kosten eines Bauern eine gefährliche Initiative erlangen.

| 5. Sc3×Sé4 d7—d5
| 6. Lc4—d3 .....

Nach 6. Lc4×d5, Dd8×Ld5; 7. Sé4—c3, Dd5—a5(d8) ist die schwarze Stellung vorzuziehen. Auch 6. Lc4—b5, d5×Sé4; 7. Sf3×é5, Dd8—g5!; 8. Sé5×Sc6, Dg5×Lb5 (bzw. 8. d2—d4, Dg5×g2!) ist für den Nachziehenden günstig.

| 6. ..... d5×Sé4
| 7. Ld3×é4 Lf8—d6
| 8. d2—d4 .....

Auf 8. 0—0 würde nunmehr Lc8—g4! mit der Drohung f7—f5 sehr lästig werden.

| 8. ..... é5×d4
| 9. Sf3×d4(?) .....

Zweckmäßiger wäre 9. Lé4×Sc6+ gewesen: b7×Lc6; 10. Dd1×d4, 0—0; 11. 0—0 =.

| 9. ..... 0—0!
| 10. Lc1—é3? .....

Mangelhaft. Nötig wäre 10. Lé4×Sc6, b7×Lc6; 11. 0—0! 11. ..... Dd8—h4 (Mattdrohung); 12. h2—h3 und die weiße Stellung ist auch in diesem Falle nicht ohne Schwächen.

Noch ärger wäre dagegen 10. 0—0? Sc6×Sd4! 11. Dd1×Sd4, Ld6×h2+!! nebst Damenverlust.

10.	Dd8—h4!
11. Lé4×Sc6	b7×Lc6
12. g2—g3?	.....

Um die Rochade zu ermöglichen, aber es werden dem Läufer c8 alle weißen Felder geöffnet.

Schlecht wäre auch 12. h2—h3? wegen Tf8—é8!; 13. 0—0, Lc8×h3!!.

Am besten wäre wohl 12. Dd1—d2, Ta8—b8; 13. 0—0—0!; c6—c5; 14. Sd4—f3, Dh4—a4; 15. a2—a3 mit zweischneidigem Spiel.

| 12. ..... | Dh4—h3 |

Es droht Dh3—g2.

13. Dd1—é2	c6—c5!
14. Sd4—b3	Lc8—g4
15. Dé2—f1	Dh3—h5
16. Sb3—d2	.....

(siehe Diagramm)

| 16. ..... | Tf8—é8! |

Der Frontalsturm beginnt.

| 17. Th1—g1! | ..... |

Jetzt würde 17. Dh5×h2??; 18. Tg1—h1! die Dame kosten.

17.	Ta8—b8
18. Sd2—c4	Ld6—é5!
19. h2—h3	Lg4×h3
20. Df1—é2	Lh3—g4
21. Dé2—d3	Tb8—d8!
22. Sc4×Lé5	.....

Erzwungen. Auf 22. Dd3—b3? käme Lg4—d1!! mit Mattdrohung.

| 22. ..... | Td8×Dd3 |
| 23. Sé5×Td3 | Té8×Lé3+!! |

Aufgegeben. Auf 24. f2×Té3 entscheidet Dh5—h2!! nebst Dh2—é2#, oder Verlust beider Türme nach 25. Sd3—f2. (Anmerkungen nach Dr. Savielly Tartakower.)

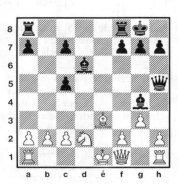

4. Wiener Eröffnung

Nach 1. é2—é4, é7—é5; 2. Sb1—c3 verzichtet Weiß von vornherein auf den Kampf um die Mitte durch c2—c3 nebst d2—d4. Die Eröffnung hat zwei Hauptvarianten:

a) Symmetrie-Fortsetzung Sb8—c6,

b) der Gegenangriff Sg8—f6. Freilich sind auch andere Fortsetzungen möglich, wie 2. ..... Lf8—c5, oder c7—c6 nebst d7—d5 u. a. Doch sind sie so selten gespielt, daß wir sie außer acht lassen.

5. Partie

Max Pollack — Baron Rothschild
Wien, um 1900

1. é2—é4 é7—é5
2. Sb1—c3 Sb8—c6
3. g2—g3 .....

Die Vorbereitung zur Flankenentwicklung des Läufers. Am stärksten ist hier 3. ..... Lf8—c5!; 4. Lf1—g2, Sg8—f6; 5. d2—d3, 0—0; 6. Sg1—é2, Tf8—é8; 7. 0—0 usw.

3. ..... Sg8—f6
4. Lf1—g2 Lf8—c5
5. Sg1—é2! .....

Auf f3 würde der Springer den Flankenläufer verstellen.

5. ..... d7—d6
6. h2—h3? .....

Weiß verhindert die Fesselung des Sé2, doch verliert er an wichtigem Tempo und schwächt obendrein die Bauernstellung. Besser wäre 6. d2—d3.

6. ..... Lc8—é6
7. 0—0 Dd8—d7

Angriff gegen den schwachen Bauern h3, den Weiß nun mit dem König schützen muß.

8. Kg1—h2 h7—h5
9. d2—d3 0—0—0!

Der König ist in Sicherheit und die beiden schwarzen Türme können evtl. auf dem h-Weg in den Kampf gegen die schwache weiße Rochadestellung eingesetzt werden.

10. Lc1—g5 Sc6—é7

um auch den Damenspringer im Königsangriff einzusetzen. Der Springer strebt vorerst nach g6.

11. f2—f4? .....

Eine weitere Schwächung, die von Schwarz sofort ausgenützt wird:

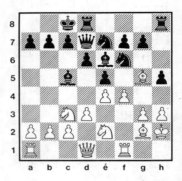

11. ..... Sf6—g4+!!

Wer besser entwickelt ist, soll Linien öffnen! Dieses Springeropfer ist völlig korrekt. Wie leicht ersichtlich ist, muß Weiß das Opfer annehmen.

12. h3×Sg4 h5×g4(+)
13. Lg5—h4 Sé7—g6!

Die Reserve wird in den Angriff eingesetzt.

14. f4—f5 Sg6×Lh4
15. g3×Sh4 Dd7—é7!

Die Dame eilt zum entscheidenden Schlag.

16. Dd1—é1 .....

Weiß hat keine ausreichende Verteidigung mehr.

16. ..... Th8×h4+
17. Kh2—g3 Dé7—g5!
18. Tf1—h1 Th4—h3+!!

und matt in drei weiteren Zügen:

19. Lg2×Th3 g4×Lh3(+)
20. Kg3—f3(h2) Dg4—g2#

oder 19. Th1×Th3, g4×Th3(+); 20. Kg3×h3, Td8—h8+; 21. Dé1—h4, Th8×Dh4#.

6. Partie

Jacques Mieses — N.N.
Liverpool 1900
Simultanvorstellung

1. é2—é4   é7—é5
2. Sb1—c3   Sg8—f6
3. Lf1—c4   Sf6×é4!?

um 4. Sc3×Sé4? mit d7—d5 zu beantworten. – Wer Sicherheit liebt, zieht 3. ..... Sb8—c6!.

4. Dd1—h5   Sé4—d6

deckt das Schäfermatt.

5. Lc4—b3   Lf8—é7

Besser ist 5. ..... Sb8—c6 mit der Verteidigung des Bauern. Weiß kann jetzt auf é5 schlagen, doch zieht er vor, seine Figuren schnell zu entwickeln.

6. d2—d3!   0—0
7. Sg1—f3   Sb8—c6
8. Sf3—g5   h7—h6

So kann der Springer nicht mehr verjagt werden. Auch 8. ..... Lé7×Sg5 wäre wegen 9. Lc1×Lg5, Dd8—é8; 10. Sc3—d5 nicht besser.

9. h2—h4!!   .....

Auf 9. ..... h6×Sg5 folgte jetzt 10. h4×g5 mit entscheidender Öffnung des h-Wegs.

9 .....   Sd6—é8?

Besser wäre 9. ..... Sc6—d4, da Weiß nun gleich durch 10. Sg5×f7! gewinnen könnte. Weiß hat aber eine andere Fortsetzung

10. Sc3—d5   Sé8—f6?

Schwarz könnte sich nun mit 10. ..... Sc6—d4! verteidigen.

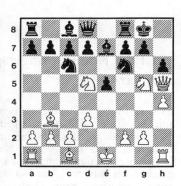

11. Dh5—g6!!   .....

Es droht 12. Sd5×Sf6 nebst 13. Dg6—h7#.

11. .....   f7×Dg6?

Eine bessere Verteidigung wäre 11. ..... Kg8—h8; 12. Sg5×f7+, Tf8×Sf7.

12. Sd5×Lé7++   Kg8—h8
13. Sé7×g6#.

Das Läuferspiel: 2. Lf1—c4

1. Ist das Königsspringerspiel kräftiger als das Läuferspiel?

Es wird in der Schachtheorie behauptet, daß das Königsspringerspiel (1. é2—é4, é7—é5; 2. Sg1—f3) besser sei als das Läuferspiel. Der Springer auf f3 greife den ungeschützten schwarzen Königsbauern an und zwinge den Nachziehenden zur Verteidigung. Dagegen greift der Läufer auf c4 nur den vom König ausreichend geschützten Bauern f7 an, so daß Schwarz den weißen Angriff vorerst ignorieren kann. Deshalb stünde dem Nachziehenden eine »unbeschränkte« Auswahl an Fortsetzungen im Läuferspiel zur Verfügung, während er im Königsspringerspiel so tanzen müsse, wie Weiß pfeift.

Sosehr diese Feststellung wahr ist, man kann davon keinen Vorteil für Weiß ableiten: Schwarz hat auch im Läuferspiel keine unbegrenzte Auswahl an Fortsetzungen zur Verfügung, aus dem einfachen Grunde, weil die Zahl der guten Züge begrenzt ist. Nach 2. Lf1—c4 wird Schwarz entweder symmetrisch spielen (Lf8—c5) oder einen Gegenangriff auf den ungedeckten weißen Königsbauern é4 unternehmen (2. ..... Sg8—f6), die Berliner Partie.

Nach 2. Sg1—f3 hat Schwarz drei gute Paraden: Sb8—c6, d7—d6 und den Gegenangriff Sg8—f6. Daraus ist klar ersichtlich, daß Schwarz im Läuferspiel keine größere Auswahl an seriösen Erwiderungen hat als im Königsspringerspiel.

2. Ein oberflächlicher Eröffnungsgrundsatz

Es ist ein weitverbreiteter Aberglaube, daß man die Springer vor den Läufern entwickeln solle. Dies wird folgendermaßen begründet: Die besten Entwicklungsfelder der Springer stehen schon von vornherein fest, wogegen die Läufer zwischen mehreren guten

Alternativen wählen können. Die Springer sind kurzbeinig – also langsam, die Läufer dagegen schnell.
Das ist alles schön und wahr. Aber es ist völlig egal, ob man früher oder später eine Auswahl an den Läuferzügen treffen muß. Deshalb ist nicht ersichtlich, warum man die Pferde vor den Läufern entwickeln sollte. Wäre dieser Grundsatz wahr, dann müßte man immer das Vierspringerspiel anwenden.

3. Das Läuferspiel im Wandel der Zeit

Die zeitgenössischen Eröffnungslexika nehmen sich nicht die Mühe, das Läuferspiel ernstlich zu betrachten, und übersehen die Möglichkeit, daß das Läuferspiel mit Zugumstellung in zahlreiche andere Eröffnungen übergehen kann. Um eine objektive und sympathische Betrachtung über das Läuferspiel zu finden, müssen wir bis Philidor, Jänisch und Bilguer zurückgreifen.

a) Die frühesten Anfänge

Im 18. Jahrhundert wurde der Brennpunkt des königlichen Spiels von Italien und Spanien nach Frankreich und England verlagert. Das Schachspiel war sehr wichtig im gesellschaftlichen und intellektuellen Leben der Adeligen und der Aristokratie.
»Ihre erste Bestrebung sollte sein, das Spiel und die Bahn für Ihre Figuren zu öffnen, die Sie vorteilhaft postieren sollten, und halten Sie sie sowohl für den Angriff wie auch für die Verteidigung bereit. Dies geschieht am besten, indem Sie Ihre eigenen Bauern vorrücken: diese sind der Königs-, Damen- und Damenläuferbauer. Die drei Bauern am Königsflügel bleiben ungezogen, um den König zu schützen und zu sichern, wenn er rochiert« (Philippe Stamma).
Philidor (getauft André Danican) befürwortete lebenslänglich das Läuferspiel mit seiner Theorie von den Bauern.
»Meine erste Absicht war, der Öffentlichkeit eine neue Idee anzubieten, die vorher nicht überlegt, oder vielleicht nicht verstanden wurde. Ich meine die Bauern. Die Bauern sind die Seele des Schachspiels. Von ihnen allein hängen Angriff und Verteidigung ab, und von ihrer richtigen Behandlung hängen Gewinn und Verlust der Partie ab« (Philidor).

7. Partie

Philidor — Comte Brühl
London 1783

1. é2—é4   é7—é5
2. Lf1—c4   .....

»Hauptsächlich, um der Einschließung zu entgehen – die notwendig wäre, wenn Weiß d2—d3 spielen muß.« Anderswo schreibt Philidor: »Das ist der beste Platz, den der Läufer in den ersten Zügen des Spiels besetzen kann. Hier bedroht er den gegnerischen f-Bauern, dem im allgemeinen die ersten Angriffe gelten.«

2. .....   Lf8—c5
3. c2—c3   .....

»Falls man zwei Bauern nebeneinander am Königs- und Damenwege hat, die vom Abtausch durch eigene Figuren gesichert sind und deshalb an ihrem weiteren Vormarsch zu dem Entwicklungsfeld leicht geschützt sind – ist ein großer Schritt vorwärts, um sie in eine Dame umzuwandeln.«

Fürwahr eine weitreichende Planung in einer Partie, in der Weiß mittels der Kraft seiner zentralen Bauern gewinnt.

3. .....   Sg8—f6
4. d2—d4   .....

Philidor setzt seine Lektion fort: »Dieser Bauer ist aus zwei Gründen vorwärts getrieben:
1. den feindlichen Läufer am Angriff gegen den Bauern f2 zu hindern,
2. einen Bauern in das Zentrum des Brettes zu bringen.«

4. .....   é5×d4
5. c3×d4   Lc5—b6

Kritischer ist 5. ..... Lc5—b4+.

6. Sb1—c3   0—0
7. Sg1—é2   .....

Jetzt folgt ein anderer Grundsatz von Philidor: »Bevor der Läuferbauer um zwei Felder vorrückt, vermeide, den Springer nach f3 zu ziehen. Denn das Hindernis, das der Springer im Wege des Bauern stellt, ist manchmal unbequem in seinen Folgen.«

»Deshalb ist der Zug Sg1—f3« – schrieb Philidor in jugendlichem Dogmatismus in seiner ersten Auflage – »völlig falsch, weil er nicht nur den Angriff verliert, sondern diesen dem Gegner überträgt.« – Im Jahre 1777 drückte er sich milder aus, nämlich daß »der Zug 2. Sg1—f3 nicht ganz genau« sei.

»Andererseits, das Königsgambit ist ein zu radikaler Versuch, um die Mitte zu ergreifen, denn der f-Bauer ist zu wertvoll, um ihn zu opfern.«

7. .....   c7—c6
8. Lc4—d3   d7—d5
9. é4—é5   .....

Philidor hält diesen Bauernvormarsch in dieser Variante für unrichtig und gibt dem Abtausch 5. é4×d5 den Vorrang.

9. .....   Sf6—é8
10. Lc1—é3   f7—f6
11. Dd1—d2   f6×é5

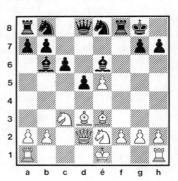

12. d4×é5   Lc8−é6
Nicht 12. ..... d5−d4? wegen des Zwischenschachs 13. Ld3−c4+!.
(siehe Diagramm)
13. Sé2−f4 (besser als 13. Lé3×Lb6), Dd8−é7; 14. Lé3×b6, a7×Lb6; 15. 0−0, Sb8−d7; 16. Sf4×Lé6, Dé7×Sé6; 17. f2−f4, Sé8−c7; 18. Ta1−é1, g7−g6; 19. h2−h3, d5−d4; 20. Sc3−é4, h7−h6; 21. b2−b3, b6−b5; 22. g2−g4, Sc7−d5; 23. Sé4−g3, Sd5−é3; 24. Té1×Sé3!!, d4×Té3; 25. Dd2×é3, Ta8×a2; 26. Tf1−é1, Dé6×b3; 27. Dé3−é4, Db3−é6; 28. f4−f5!, g6×f5; 29. g4×f5, Dé6−d5; 30. Dé4×Dd5+!, c6×Dd5; 31. Ld3×b5, Sd7−b6; 32. f5−f6!, Ta2−b2; 33. Lb5−d3, Kg8−f7; 34. Ld3−f5!, Sb6−c4; 35. Sg3−h5, Tf8−g8+; 36. Lf5−g4, Sc4−d2; 37. é5−é6+.

a) 37. ..... Kf7−g6; 38. f6−f7, Tg8−f8; 39. Sh5−f4+, Kg6−g7; 40. Lg4−h5!. Aufgegeben.

b) 37. ..... Kf7−f8; 38. Té1−a1!, Tb2−b1+; 39. Ta1×Tb1, Sd2×Tb1; 40. Kg1−h2, Sb1−c3; 41. Sh5−f4, Sc3−é4; 42. Sf4×d5, Tg8−g5; 43. é6−é7+, Kf8−f7; 44. Lg4−é6!!, Kf7×Lé6; 45. é7−é8(D)+, und Weiß gewinnt.
(Oder 44. ..... Kf 7−é8??; 45. f6−f7#.)

b) Morgengrauen der Eröffnungstheorie

Im 19. Jahrhundert wuchs das Schach sowohl im allgemeinen Verständnis zwischen den Amateuren wie auch in Zahl und Kraft der Meister, die in Wettkämpfen auftraten. Die Theorie schritt vorwärts, Hand in Hand mit der Praxis. Das natürliche Genie war immer der Schlüssel zum Erfolg, aber das Studium der Eröffnungen rückte immer mehr in den Vordergrund.

Der wichtigste Gesichtszug des Schachlebens der ersten Jahrzehnte war die Rivalität zwischen französischen und englischen Enthusiasten um den Nachlaß Philidors.

Besonders charakteristisch ist der Wettkampf zwischen Charles Mahé de la Bourdonnais und dem Iren MacDonnel (1834−35). Das große Ringen endete mit einem überzeugenden, aber doch nicht überwältigendem Sieg des Franzosen. Labourdonnais gewann 46, verlor 26 und remisierte 13 Partien. Ein aufregendes Beispiel ist die 21. Partie, in der Labourdonnais den Verwicklungen unterlag, die selbst einen modernen Großmeister auf die Probe stellen würden.

8. Partie
de la Bourdonnais — Alexander MacDonnel
London 1834

1. é2−é4, é7−é5; 2. Lf1−c4, Lf8−c5; 3. Dd1−é2, Sg8−f6; 4. d2−d3, Sb8−c6; 5. c2−c3, Sc6−é7; 6. f2−f4, é5×f4?!; 7. d3−d4, Lc5−b6; 8. Lc1×f4, d7−d6.

Schwarz spielte die Eröffnung schwach, aber er kommt zu sich, als das Spiel zunehmend verwickelt wird.

9. Lc4–d3 (besser ist 9. Sg1–f3), Sé7–g6; 10. Lf4–é3, 0–0; 11. h2–h3, Tf8–é8; 12. Sb1–d2, Dd8–é7; 13. 0–0–0, c7–c5!; 14. Kc1–b1, c5×d4; 15. c3×d4, a7–a5; 16. Sg1–f3, Lc8–d7; 17. g2–g4, h7–h6; 18. Td1–g1, a5–a4; 19. g4–g5, h6×g5; 20. Lé3×g5, a4–a3; 21. b2–b3, Ld7–c6; 22. Tg1–g4!, Lb6–a5; 23. h3–h4, La5×Sd2; 24. Sf3×Ld2, Ta8–a5; 25. h4–h5.

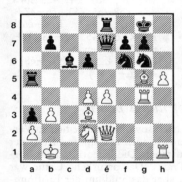

25. ...   Ta5×Lg5!!
26. Tg4×Tg5   Sg6–f4
27. Dé2–f3   Sf4×Ld3
28. d4–d5!   Sf6×d5!
29. Th1–g1   .....

Die Stellung ist hier äußerst verwickelt. »Es scheint für beide Gegner kaum möglich zu sein, das Spiel zu retten« (Howard Staunton).

29. .....   Sd5–c3+
30. Kb1–a1   Lc6×é4
31. Tg5×g7+   Kg8–h8
32. Df3–g3   Lé4–g6!?
33. h5×Lg6   Dé7–é1+!?

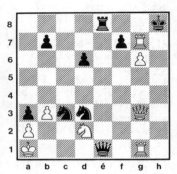

Weiß konnte mit der problemartigen Folge gewinnen: 34. Sd2–b1!!, Dé1×Dg3; 35. Tg7–h7+, Kh8–g8; 36. g6×f7+, Kg8×Th7; 37. Tg1–h1+, Kh7–g7; 38. f7×Té8(D) usw.

34. Tg1×Dé1??   Té8×Té1+
35. Dg3×Té1   Sd3×Dé1
36. Tg7–h7+   Kh8–g8
37. g6×f7+   Kg8×Th7
38. f7–f8(D)   Sé1–c2#

Die erste große literarische Tat waren die »Neuen Analysen der Schach-Eröffnungen« des russischen Majors Jänisch, die in zwei Bänden 1842–43 erschienen. Sie widmeten 100 Seiten dem Läuferspiel.

Dann folgte das große »Handbuch des Schachspiels« (erste Auflage 1847) von dem Berliner Dreigestirn Dr. L. E. Bledow, Paul von Bilguer und Tassilo Heydebrandt von der Lasa. Hiervon folgt die folgende Läuferspiel-Partie, typisch für das romantische Figurenspiel des 19. Jahrhunderts.

9. Partie

Dr. L. E. Bledow — Rudolph v. Bilguer
Berlin 1840

1. é2—é4   é7—é5
2. Lf1—c4   f7—f5!?
3. d2—d3!   Sg8—f6
4. Sg1—f3   .....

Stärker ist 4. f2—f4, d7—d6 und erst dann 5. Sg1—f3.

4. .....   f5×é4
5. d3×é4   Sf6×é4
6. Dd1—d5! .....

Schäfermatt-Drohung.

6. .....   Sé4—d6!
7. Sf3×é5   c7—c6
8. Dd5—f7+!! Sd6×Df7
9. Lc4×Sf7+   Ké8—é7
10. Lc1—g5+   Ké7—d6
11. Lg5×Dd8   Kd6×Sé5
12. f2—f4+!   Ké5—f5!
13. Ld8—g5   Lf8—b4+?

Zeitverlust. Richtig wäre 13. ..... h7—h6.

14. c2—c3   Th8—f8
15. Lf7—b3   h7—h6?
16. Lb3—c2+! Kf5—g4?

Notwendig wäre 16. ..... Kf5—é6!

17. Lc2—d1+ Kg4—f5
18. g2—g4+   Kf5—g6
19. Ld1—c2+ .....

Verhindert die Flucht des Königs nach h7.

19. .....   Kg6—f7
20. Lg5—h4   Lb4—é7
21. Lh4—g3   d7—d5
22. f4—f5!   .....

Schnürt den Gegner ein.

22. .....   Sb8—d7

23. Sb1—d2   Lé7—f6
24. Sd2—f3   Tf8—é8+
25. Ké1—f2   Sd7—c5
26. Th1—é1   Lc8—d7
27. b2—b4   Sc5—é4+?

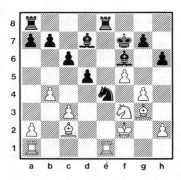

28. Té1×Sé4!! d5×Té4
29. Lc2—b3+!   Kf7—f8
30. Lg3—d6+   Lf6—é7
31. Sf3—é5!!   .....

Falls 31. ..... Lé7×Ld6??, so 32. Sé5—g6#.

31. .....   g7—g5
32. f5—f6!   é4—é3+
33. Kf2—g1   Aufgegeben.

Auf 33. ..... Té8—d8 gewinnt 34. f6×Lé7+, Kf8—é8??; 35. Lb3—f7#. Und nach 34. ..... Kf8—g7 verlöre Schwarz den Turm und hat zwei Figuren weniger.

Die Erörterungen über das Läuferspiel stammen aus der vorzüglichen kleinen Monographie »Bishop's Opening« von T. D. Harding.

4. Larsens Läuferspiel

10. Partie

Bent Larsen   Béla Berger
Amsterdam 1964

1. é2—é4   é7—é5
2. Lf1—c4   .....

»Als Vorbereitung für dieses Turnier haben die anderen Teilnehmer Boleslawskis letzte Neuerungen studiert, hingegen befaßte ich mich mit Greco und Philidor!«

2. .....   Sg8—f6
3. d2—d3   d7—d5(?)

»Der unerfahrene australische Meister unterschätzt meine ›bescheidene‹ Eröffnung. Nach diesem Zug ist es schwierig für Schwarz, seinen é-Bauern zu schützen.«

4. é4×d5   Sf6×d5
5. Sg1—f3   Sb8—c6
6. 0—0   Lc8—g4(?)

»Etwas besser, aber auch nicht sehr erfreulich ist 6. ..... Lf8—é7; 7. Tf1—é1, f7—f6.«

7. Tf1—é1   Lf8—é7

»7. ..... f7—f6? wird natürlich durch 8. Sf3×é5!! widerlegt.«

8. h2—h3   Lg4×Sf3
9. Dd1×Lf3   Sc6—d4!?

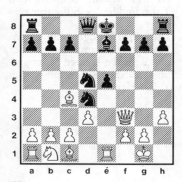

»Ein einfallsreicher Versuch in einer bereits kritischen Stellung. Auf 9. ..... Sd5—f6 folgt stark 10. Lc4—b5!.

Nun wäre 10. Df3×Sd5, Dd8×Dd5; 11. Lc4×Dd5, Sd4×c2 nicht schlecht für Schwarz und 10. Df3—d1 gäbe ihm Zeit zur Genesung. Die bekommt er aber nicht!«

10. Df3—g4!   0—0

»Resignation. 10. ..... Sd4×c2; 11. Té1×é5:

a) 11. ..... c7—c6; 12. Dg4×g7, Th8—f8; 13. Té5×Sd5!! verliert schnell, und mit

b) 11. Sd5—f6; 12. Dg4×g7; Ké8—d7 (sonst geht Sf6 verloren); 13. Lc1—g5, Th8—g8; 14. Dg7×f7, Tg8×Lg5; 15. Té5×Tg5, Sc2×Ta1 kann sich Schwarz ebenfalls nicht halten.

Nach 10. ..... Dd8—d6

a) 11. Lc4×Sd5? Dd6×-Ld5; 12. Dg4×g7, 0—0—0! hat Schwarz gewisse Möglichkeiten, aber

b) 11. Sb1—a3! ist viel stärker. Schwarz hat keine vernünftige Antwort mehr, z. B. 11. ..... 0—0; 12. c2—c3, Sd4—é6; 13. Sa3—b5.«

11. Té1×é5   Sd5—f6
12. Dg4—d1   Lé7—d6
13. Té5—é1   Tf8—é8
14. Lc1—é3   .....

»Weiß hat einen gesunden Mehrbauern und macht sich nun daran, seine Entwicklung zu vollenden.«

14. .....   c7—c5
15. Sb1—d2   Ld6—c7
16. Sd2—f3   Dd8—d6
17. Lé3×Sd4   c5×Ld4

18. Té1×Té8	Ta8×Té8
19. c2—c3	d4×c3
20. b2×b3	Sf6—h5?

»Ein nervöser Angriffsversuch, der Weiß erlaubt, sich gleichzeitig zu verteidigen und den Gegner auszuplündern! Schwarz hätte 20. ..... Té8—é7 spielen sollen, aber auch dann ist Weiß natürlich klar im Vorteil. Eine gute Erwiderung wäre darauf z. B. 21. Dd1—b3!«

21. Dd1—a4!	Té8—é7
22. Da4×a7	Sh5—f4
23. Da7×b7	h7—h5
24. Db7—c8+!	Kg8—h7
25. h3—h4	

Schwarz gab auf. Er hat drei Bauern verloren.
(Anmerkungen von Bent Larsen.)

5. Klassisches Läuferspiel: 2. Lf8—c5

11. Partie

Gioachino Greco — N. N.

Gespielt in Italien um 1618

| 1. é2—é4 | é7—é5 |
| 2. Lf1—c4 | Lf8—c5 |

Das ist die Symmetrie-Variante. Die andere Möglichkeit ist 2. ..... Sg8—f6 (Berliner Partie).

3. Dd1—é2 .....

Weiß droht einen Bauern zu gewinnen durch 4. Lc4×f7+, Ké8×Lf7, 5. Dé2—c4+ Doppelangriff, und der schwarze Läufer fällt.

3. ..... **Dd8—é7**

Verhindert den geschilderten Bauernraub.

4. f2—f4 .....

Ein durchaus sicheres Gambit, da Weiß den geopferten Bauern schnell zurückerobern kann.

4. ..... **é5×f4**

Die Annahme des Gambits ist unvorteilhaft, da der gewonnene Bauer unhaltbar ist. Besser war also, das Gambit mit 4. ..... d7—d6! abzulehnen.

5. Sg1—f3 .....

Verhindert das Damenschach von h4.

5. ..... **g7—g5?**

Die Verteidigung des Gambitbauern ist in dieser Stellung gefährlich, da Weiß einen heftigen Angriff inszenieren kann. Noch immer wäre 5. ..... d7—d6! stärker. Während nach 5. ..... Sg8—f6; 6. é4—é5! folgen könnte.

6. d2—d4! .....

Ebenfalls gut ist 6. h2—h4!

6. ..... **Lc5—b4+?**

Ein unnützes Schachgebot, das nur Zeit verliert. Gegeben wäre 6. ..... Lc5—b6 mit weiterer Bedrohung des weißen Damenbauern d4.

7. c2—c3	Lb4—a5
8. h2—h4!	g5—g4
9. Sf3—g5	Sg8—h6

Schwarz muß den Bf7 decken.

10. Lc1×f4 **f7—f6?**

Schwarz verpaßt die letzte Gelegenheit zu 10. ..... d7—d6.

11. 0—0! .....

Ein prächtiges Figurenopfer, um dem Turm den f-Weg zu öffnen.

11. ..... **f6×Sg5??**

Selbstmord. Schwarz öffnet freiwillig Angriffslinien für den feindlichen Turm und Läufer f4.

12. Lf4×g5	Dé7—g7	
13. Dé2—é3	.....	

Weiß droht den Sh6 zu erbeuten.

13.	Sh6—g8	
14. Tf1—f7	.....	

Der weiße Angriff rollt wie geschmiert.

14.	Dg7—g6	
15. Dé3—f4	.....	

Nun droht bereits Tf7—f8#.

15.	d7—d6	

Schon zu spät.

16. Tf7—f8+	Ké8—d7	
17. Lc4—f7	Dg6—g7	
18. Lf7—é8+!!	.....	

Der Läufer verbietet dem feindlichen König das Fluchtfeld c6.

18.	Kd7—é6	
19. Df4—f5#	oder 19.d4—d5#.	

6. Die Berliner Partie: 2. Sg8—f6

Manche Theoretiker behaupten, daß die Berliner Partie besser sei als die symmetrische 2. Lf8—c5. Dies ist aber nicht bewiesen. Tatsache ist, daß die beiden Fortsetzungen tadellos sind.
Nach 1. é2—é4, é7—é5; 2. Lf1—c4, Sg8—f6 kann Weiß zwischen 6 Fortsetzungen wählen: 3. d2—d3, 3. d2—d4, 3. Sg1—f3, 3. Sb1—c3, sowie die uns schon bekannte 3. Dd1—é2 und das Gambit 3. f2—f4.

a) Die Fortsetzung: 3. d2—d3

Das ist wohl die sicherste Fortsetzung für Weiß.

12. Partie

Carlo Cozio   N. N.
Italien um 1850

1. é2—é4	é7—é5	
2. Lf1—c4	Sg8—f6	
3. d2—d3	Lf8—c5!	

Nach dem unnützen 3. ..... h7—h6 zieht Weiß vorteilhaft 4. f2—f4!
Nach 3. d2—d3 ist c7—c6! nebst d7—d6 auch sehr gut.

4. Sg1—f3	Sf6—g4	

Ein übereilter Gegenangriff. Besser sind die notwendigen Verteidigungszüge 4. ..... d7—d6 oder 4. ..... Sb8—c6.

5. Dd1—é2!	.....	

Möglich wäre auch 5. 0—0. Weiß aber opfert den Bauern f2, um den f-Weg für den Turm zu öffnen.

5.	Lc5×f2+?!	

Nach 5. ..... Sg4×f2? würde 6. Th1—f1, Sf2—g4; 7. Sf3—g5! folgen.

6. Ké1—d1	Lf2—b6	

Dieser schnelle Rückzug des Läufers war durchaus notwendig, da sonst Schwarz nach 7. h2—h3 eine Figur einbüßen würde.

7. Th1—f1	Sb8—c6!	

Der Springer deckt den Bé5. Nämlich nach 7. ..... 0—0?;

h2—h3! hätte Schwarz den Königsbauern verloren.
8. Lc4×f7+!! Ké8—é7
Nach 8. ..... Ké8×Lf7? folgte 9. Sf3—g5++, Kf7—é7; 10. Sg5—f7 (Doppelangriff gegen Dame und Turm), Dd8—é8; 11. Dé2×Sg4 usw.
**9. Lf7—d5 d7—d6
10. Ld5×Sc6 b7×Lc6
11. h2—h3 Sg4—f6
12. g2—g4 h7—h6**
Es ist unumgänglich, das Feld g5 gegen den weiteren Bauernvormarsch zu sichern. Doch entsteht nach dem Textzug ein Loch auf g6.
**13. Sf3—h4 Ké7—é8
14. Sh4—f5 Th8—g8?**
Deckt den bedrohten Bauern g7. Doch wäre es besser gewesen, mit 14. ..... Lc8×Sf5! 15. Tf1×Lf5 den gefährlichen Springer abzutauschen.
(siehe Diagramm)
15. Sf5×g7+!! .....
Die Stellung des schwarzen Herrschers ist derart unsicher, daß es vorteilhaft war, den Springer gegen zwei Bauern herzugeben, um so den ent-

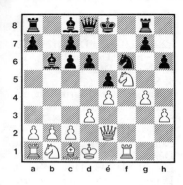

scheidenden Vormarsch der weißen Bauern zu ermöglichen und für den Königsangriff notwendige Linien zu öffnen.
**15. ..... Tg8×Sg7
16. Lc1×h6 Tg7—g8
17. g4—g5! Sf6—h7
18. Dé2—h5+ Ké8—d7**
Nicht 18. ..... Ké8—é7?? 19. Dh5—f7#.
19. Tf1—f7+! Kd7—é6
Nicht 19. ..... Kd7—é8? 20. Tf7×Sh7(+).
20. g5—g6! .....
Es droht 21. Dh5—f5#.
**20. ..... Sh7—g5
21. Dh5—g4#**

b) Die Fortsetzung: 3. Sb1—c3

ist von zweifelhaftem Wert, da Schwarz auf verschiedene Arten in Vorteil kommen kann.

13. Partie
N. N.   Giambattista Lolli
Modena 1760

**1. é2—é4 é7—é5
2. Lf1—c4 Sg8—f6**

3. Sb1—c3 Lf8—c5!
Gut ist auch das bekannte Scheinopfer 3. Sf6×é4!.
4. Sg1—f3 Dd8—é7
Am besten geschieht hier d7—d6. Statt der Damenentwicklung kann auch 4. ..... Sf6—g4 geschehen. Fehlerhaft wäre danach 5. 0—0? c7—c6; 6. h2—h3, h7—h5!. Schwarz opfert den Springer, um für den Turm den h-Weg zu öffnen. 7.

h3×Sg4?, h5×g4; 8. Sf3–h2, Dd8–h4!. Es droht Matt auf h2. 9. Tf1–é1, Dh4×f2+; 10. Kg1–h1, Th8×Sh2+!!; 11. Kh1×Th2, Df2–h4#.
5. Sf3–g5? .....
Ein übereilter Angriff mit ungenügenden Streitkräften.
5. ..... Lc5×f2+!!
6. Ké1–f1 .....
Falls 6. Ké1×Lf2?, dann Dé7–c5+; 7. d2–d4, Dc5×Lc4; 8. d4×é5, Dc4–c5+; 9. Lc1–é3, Dc5×é5 mit Bauernverlust.
6. 0–0
Schwarz deckt den bedrohten Bf7.

7. Lc4×f7+? Tf8×Lf7
8. Sg5×Tf7 Dé7×Sf7
9. Kf1×Lf2? Sf6×é4++
Diese Partie zeigt, wie gefährlich es ist, den König einem Doppelschach auszusetzen.
10. Kf2–é3 .....
Der Beginn einer lehrreichen Königsjagd. Der weiße König muß die Reise antreten, da nach 10. Kf2–g1 (oder é1) Df6–f2# folgen würde.
10. ..... Df7–f4+
11. Ké3–é2 Df4–f2+
12. Ké2–d3 Sé4–c5+!
13. Kd3–c4 Df2–d4+
14. Kc4–b5 a7–a6+
15. Kb5–a5 b7–b6#

c) Die Variante: 3. Sg1–f3

Diese Fortsetzung ist neben der sichersten 3. d2–d3 die beste.

14. Partie

Posen   Berlin
Korrespondenzpartie 1840

1. é2–é4   é7–é5
2. Lf1–c4   Sg8–f6
3. Sg1–f3   Sf6×é4!
Sehr stark, falls Weiß die Fortsetzung 4. d2–d3 versäumt. Der schwarze Zentralspringer nimmt eine bedrohliche Stellung ein und darf keinen Augenblick lang in der Mitte geduldet werden.
4. Sf3×é5? .....
Richtig wäre 4. d2–d3! oder Sb1–c3.
4. ..... d7–d5!
5. Lc4–b3? .....
Seltsamerweise wäre der unschöne Rückzug 5. Lc4–d3 besser.
Nachteilig ist auch 5. Dd1–é2?, Lf8–c5!; 6. d2–d3!, d5×Lc4!; 7. Dé2×Sé4, und es droht Sé5–c6(+)!! mit Damenfang.
5. ..... Dd8–g5!
Das ist stärker als 5. ..... Dd8–é7?; 6. d2–d4!.
Falls nun 6. 0–0, dann Dg5×Sé5; 7. Tf1–é1, Lf8–c5; 8. Dd1–é2, Lc8–g4!!; 9. Dé2×Lg4, Lc5×f2+; 10. Kg1–f1, Lf2×Té1; 11. Dg4–c8+, Ké8–é7; 12. Dc8×Th8, Sé4–g3+!!; 13. h2×Sg3, Lé1×g3 nebst undeckbarem Dé5–é1#.
6. Sé5×f7 .....
Auch dieser geistreiche Zug ist nicht ausreichend. Fehler wäre nun die Annahme des Figurenopfers: 6. ..... Ké8×Sf7?, weil

der König in die Schräge des weißen Königsläufers geräte, 7. d2–d3!, Dg5×g2; 8. Lb3×d5+, Lc8–é6; 9. Ld5×Sé4. Eine geistreiche Verteidigung des angegriffenen Turmes.

6. .....　　　　　Dg5×g2!
7. Th1–f1　　　Sb8–c6!

Die Annahme des Springeropfers wäre auch jetzt falsch: 7. ..... Ké8×Sf7?; 8. Dd1–h5+, Kf7–é7; 9. Dh5–é5+, Lc8–é6; 10. Lb3×d5! usw.

8. Lb3×d5　　　Sc6–d4

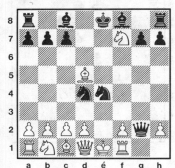

Weiß kann das drohende Springerschach auf f3 nicht durch 9. Sf7–é5? verhindern wegen 9. ..... Lc8–h3!. Mattdrohung. 10. Ld5–c4, Sé4–g5; 11. Dd1–h5+, g7–g6; 12. Sé5×g6, Lh3–g4!; 13. Sg6–f4(+), Lg4×Dh5; 14.　　　Sf4×Dg2, Sd4×c2#.

9. Sf7–g5　　　Dg2×Sg5
10. Ld5×Sé4　　Dg5–h4

Jetzt nicht 11. Lé4–f3?, Dh4–é7+!; 12. Lf3–é2, Sd4–f3#.

11. d2–d3!　　　Lc8–g4!
12. Dd1–d2　　 Lf8–b4!!

Nach 13. Dd2×Lb4??, Sd4×c2 Familienschach verlöre Weiß die Dame.

13. c2–c3　　　　0–0–0
14. c3×Lb4　　　.....

Auch nach einem anderen Zug würde Th8–é8 folgen.

14. .....　　　　Th8–é8!

Die schwarzen Türme beherrschen die Mitte. Es droht 15. ..... Té8×Lé4+!!; 16. d3×Té4, Sd4–f3+. Familienschach.

Dagegen hilft auch 15. Dd2–f4 nicht: Té8×Lé4+!!; 16. d3×Té4, Sd4–c2#. (Oder 16. Df4×Té4; Sd4–f3+; 17. Ké1–é2(d1), Sf3–g5(+) nebst Damengewinn).

15. Dd2–c3　　　Sd4–f3+
16. Ké1–é2　　　Sf3–g1++
17. Ké2–é1　　　.....

Falls 17. Ké2–d2, dann einfach Té8×Lé4. (Bauer d3 ist gefesselt.) 18. Tf1×Sg1, Dh4×f2#.

17. .....　　　　Té8×Lé4+!!
18. d3×Té4　　　Td8–d1#

d) Die Variante: 3. d2–d4

15. Partie

Nikola Terestschenko　　G. A. Rotlevi

St. Petersburg

1. é2–é4　　　　é7–é5
2. Lf1–c4　　　Sg8–f6
3. d2–d4　　　　é5×d4!

Falls nun 4. é4–é5, dann d7–d5! (Nicht jedoch Dd8–é7?; 5. Dd1–é2!, Sf6–g8; 6. Sg1–f3, c7–c5; 7. 0–0, Sb8–c6; 8. Lc1–g5!, f7–f6; 9. é5×f6!!, Dé7×Dé2??; 10. f6–f7#).

4. Sg1–f3!　　　Sf6×é4
5. Dd1×d4　　　Sé4–f6
6. Sb1–c3　　　 .....

Auf Kosten eines Bauern hat Weiß einen gewaltigen Entwicklungsvorsprung.

6. .....　　　　　Sb8–c6
7. Dd4–h4　　　Lf8–é7
8. Lc1–g5　　　d7–d5

9. 0–0–0 .....

Weiß nützt jede Gelegenheit zur Beschleunigung seiner Entwicklung durch aggressive Züge.

9.	Lc8–é6
10. Th1–é1	h7–h6
11. Lg5×Sf6	Lé7×Lf6
12. Dh4–h5!	.....

(siehe Diagramm)

Die Dame fesselt den Bauern f7 mit der Doppeldrohung 13. Té1×Lé6+ und 13. Sc3–d5. Falls nun 12. ..... 0–0?, dann 13. Lc4×d5! Lé6×Ld5, und es ist nicht ersichtlich, wie Schwarz die Lage meistert.

12.	Lf6×Sc3
13. Té1×Lé6+!	Ké8–f8
14. Td1×d5	Dd8–c8
15. Té6×Sc6!	.....

Wenn 15. ..... b7×Tc6??, dann 16. Td5–d8+!! Dc8×Td8; 17. Dh5×f7#.

15.	g7–g6
16. Tc6×g6!!	.....

Es droht 17. Tg6–g8+!!, Kf8×Tg8; 18. Td5–d8+!! nebst Matt im folgenden Zuge.

16.	f7×Tg6
17. Dh5×g6	Dc8–é8
18. Td5–f5+!	Kf8–é7
19. Dg6–é6+	Ké7–d8
20. Tf5–d5+	Dé8–d7
21. Dé6×Dd7#	

(Bemerkungen von Jules du Mont.)

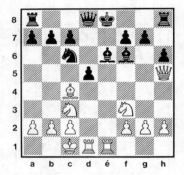

Der Vorstoß: d2−d4

Der Damenbauer ist von der Dame geschützt. Er darf also in den Königsbauernspielen ohne Vorbereitung nach d4 vorziehen. Weiß will damit erreichen, daß Schwarz mit é5×d4 das Zentrum aufgibt. Die »Aufgabe des Zentrums« ist so zu verstehen, daß der schwarze Königsbauer auf é5 die wichtigen Mittelfelder d4 und f4 beherrscht, aber von d4 aus nicht mehr. Das ist zweifelsohne ein gewisser Vorteil für Weiß, aber früher war seine Bedeutung maßlos überschätzt. Denn der Vorteil ist für Weiß durch den Abtausch nur minimal. Außerdem kann Schwarz nach Dd1×d4 mit Sb8−c6 die weiße Dame zu tempoverlierendem Rückzug zwingen. Praktisch aber entsteht nach d2−d4 fast immer ein ziemlich schwieriges Spiel für Schwarz.

Der Vorstoß d2−d4 kann geschehen:
1) im zweiten Zug nach 1. é2−é4, é7−é5; **2. d2−d4** das *Mittelspiel* und *Mittelgambit*: 2. ..... é5×d4; 3. Lf1−c4,
2) im dritten Zug nach 1. é2−é4, é7−é5; 2. Sg1−f3, Sb8−c6; **3. d2−d4** die *Schottische Eröffnung* und 3. ..... é5×d4; 4. Lf1−c4: *Schottisches Gambit,*
3) im vierten Zug nach
   a) 1. é2−é4, é7−é5; 2. Sg1−f3, Sb8−c6; 3. Sb1×c3, Sg8−f6; **4. d2−d4** das *Schottische Vierspringerspiel* und nach
   b) 1. é2−é4, é7−é5; 2. Sg1−f3, Sb8−c6; Lf1−c4, Lf8−c5; **4. d2−d4:** die *Gambitvariante der Italienischen Eröffnung.*

1. Das Mittelspiel: 2. d2−d4

16. Partie
Dr. J. H. Blackburne
Colbourne
Hastings 1892

1. é2−é4	é7−é5
2. d2−d4	é5×d4

Es ist am besten, wenn Schwarz den Bauern abtauscht. Ungünstig wäre die Verteidigung 2. ..... d7−d6?; 3. d4×é5!, d6×é5; 4. Dd1×Dd8+, Ké8×Dd8, und Schwarz verlor die Rochade.

3. Dd1×d4 .....

Will Weiß den Bauern nicht opfern, dann ist es am besten, ihn sofort zurückzunehmen.

3. .....   Sb8–c6
4. Dd4–é3   .....

Die Dame steht zwar auf é3 nicht besonders günstig, erschwert aber den wichtigen Gegenstoß d7–d5. Spielbar ist auch 4. Dd4–a4. Die Rückkehr 4. Dd4–d1?, Sg8–f6! würde dem Schwarz einige Entwicklungstempi schenken.

In der Partie Robert L'Hermet–N. N. geschah 4. ..... Lf8–b4+?; 5. c2–c3, Lb4–a5 (besser wäre Lb4–é7); 6. Lf1–c4, Sg8–é7; 7. Dé3–g3, 0–0?. (Notwendig wäre 7. ..... Sé7–g6!.) 8. h2–h4, Sé7–g6; 9. h4–h5, Sg6–é5; 10. Lc1–g5!, Dd8–é8; 11. Lg5–f6, g7–g6; 12. h5×g6, Sé5×g6; 13. Dg3×Sg6+!!; h7×Dg6; Th1–h8#.

4. .....   g7–g6

Nicht schlecht, aber zeitraubend. Stärker ist 4. ..... Sg8–f6!

Im Mittelspiel rochiert Weiß meistens lang, und Schwarz will dagegen mit dem Flankenläufer auf g7 ins Feld ziehen.

5. Lc1–d2   Lf8–g7
6. Sb1–c3   .....

Wirksamer wäre 6. Ld2–c3!.

6. .....   Sg8–é7
7. 0–0–0   0–0
8. f2–f4   .....

Hier sollte Weiß versuchen, mit 8. Sc3–d5 nebst Ld2–c3 die lange Diagonale zu besetzen.

8. .....   d7–d5!
9. é4×d5   Sc6–b4
10. Lf1–c4   Lc8–f5
11. Lc4–b3   Sé7×d5!
12. Sc3×Sd5   Sb4×Sd5
13. Dé3–f3   Dd8–f6!

Wirksame Angriffsvorbereitung. Es droht Df6×b2#.

14. c2–c3   Sd5–b4!!

Jeder Zug enthält eine neue Feinheit. Weiß darf wegen des Matts den frechen Springer nicht schlagen.

15. Lb3–c4   .....

Weiß möchte das drohende Df6–a6 verhindern.

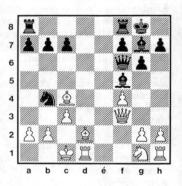

15. .....   Df6–a6!!

Schrecklich! Wenn 15. Lc4×Da6, dann Sb4×a2#.

16. g2–g4   Da6×a2!!
17. Ld2–é3   Lg7×c3!!

Weiß gab auf. Falls 18. b2×Lc3, so Da2–c2#. Wenn 18. g4×Lf5, dann Da2×b2#. Oder 18. Lc4×Da2, Sb4×La2#. Überdies droht Da2–a1# und Da2–b1#. Fünf Mattdrohungen auf einmal. »Der schwarze Tod« (Blackburnes Spitzname) hat sich selbst übertroffen.

2. Das Mittelgambit: 2. é5×d4; 3. Lf1−c4

17. Partie
W. Norwood Potter — J. H. Matthews

1. é2−é4   é7−é5
2. d2−d4   é5×d4
3. Lf1−c4!? .....

Dieses chancenreiche Bauernopfer ist das Mittelgambit.

3. .....   c7−c5?
4. Sg1−f3   d7−d6

Der Entwicklungsvorsprung des Anziehenden ist offensichtlich.

5. 0−0   Sb8−c6
6. c2−c3 d4−d3!

Schwarz gibt den Mehrbauern zurück, um das Feld c3 für den weißen Springer weiter unzugänglich zu halten.

7. Tf1−e1   Lc8−g4?

Diese Fesselung bei völlig rückständiger Entwicklung ist nicht empfehlenswert. Notwendig wäre 7. ..... Lf8−é7, nebst Sg8−f6 und 0−0.

8. é4−é5!   Sc6×é5?

Gegeben wäre 8. ..... d6−d5!

Nun ist die Stellung reif für ein Damenopfer.

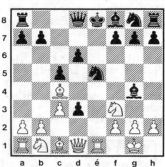

9. Sf3×Sé5!!   Lg4×Dd1
10. Lc4−b5+   Ké8−é7
11. Lc1−g5+   .....

Jetzt würde nach 11. ..... Ké7−é6; 12. Sé5−c6(+) folgen mit Rückgewinn der geopferten Dame.

11. .....   f7−f6
12. Sé5−g6++! Ké7−f7
13. Sg6×Th8#

Dieses Mattbild ist ein Unikum in der Schachliteratur.

3. Schottische Eröffnung: 2. Sg1−f3, Sb8−c6; 3. d2−d4

18. Partie
Napoléon I — Maréchal Bertrand
Sankt Helena 1818

1. é2−é4   é7−é5
2. Sg1−f3   Sb8−c6
3. d2−d4   Sc6×d4

Die beste Fortsetzung ist hier 3. ..... é5×d4. (Siehe die folgende Partie.)

4. Sf3×Sd4   é5×Sd4
5. Lf1−c4   .....

Weiß opfert damit den Bauern.

5. .....   Lf8−c5
6. c2−c3   Dd8−é7
7. 0−0   Dé7−é5?

Eigentlich ein Tempoverlust.

8. f2—f4! d4×c3(+)
9. Kg1—h1 c3×b2
10. Lc4×f7+!! Ké8—d8
11. f4×Dé5 b2×Ta1(D)

Schwarz gewann mit seiner Kombination einen Turm, blieb aber in der Entwicklung zurück.

12. Lf7×Sg8 Lc5—é7!

Nach 12. ..... Th8×Lg8? würde Weiß mit 13. Dd1—d5! fortfahren und Schwarz schwebte bereits in unüberwindlichen Schwierigkeiten.

13. Dd1—b3! a7—a5

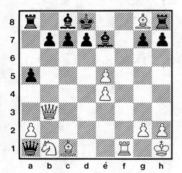

14. Tf1—f8+!! .....

Ein durchschlagendes Turmopfer, dessen Zweck es ist, den schwarzen Läufer von der Schräge g5—d8 abzulenken.

14. ..... Lé7×Tf8
15. Lc1—g5+ Lf8—é7
16. Lg5×Lé7+! Kd8×Lé7
17. Db3—f7+ Ké7—d8
18. Df7—f8#

19. Partie

Slonim — Rjumin
Moskau 1932

1. é2—é4 é7—é5
2. Sg1—f3 Sb8—c6

3. d2—d4 é5×d4
4. Sf3×d4 Sg8—f6!

Eine ältere, aber ebenso gute Fortsetzung ist 4. ..... Lf8—c5. (Siehe die folgende Partie.)
Jetzt sollte Weiß vor allem die Fortsetzung 5. Lc1—g5?, Lf8—é7! vermeiden: 6. Sd4—f5, d7—d5!; 7. é4×d5, Sc6—é5; 8. Sf5×Lé7, Dd8×Sé7; 9. Lg5×Sf6? Sé5—f3## (Miller—Chernev, New York 1935).

5. Sd4×Sc6 b7×Sc6
6. Sb1—c3? .....

Ermöglicht eine lästige Fesselung. Besser wäre 6. Sb1—d2. Spielbar ist ferner 6. é4—é5, Dd8—é7; 7. Dd1—é2, Sf6—d5!

6. ..... Lf8—b4!
7. Lc1—g5? .....

Richtig wäre 7. Lf1—d3!

7. ..... Dd8—é7
8. Lf1—d3 Dé7—é5

Die Entfesselung.

9. Lg5—d2 .....

Weiß hat mit diesem Läufer offensichtlich Zeit vergeudet (c1—g5—d2).

9. ..... d7—d5
10. Dd1—é2 0—0
11. 0—0—0 Ta8—b8
12. f2—f4 Dé5—é7
13. é4×d5 .....

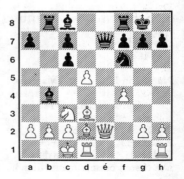

38

13. ..... Lb4–a3!!
Falls Weiß den Läufer nimmt, dann folgt Dé7×a3#.
14. Sc3–a4 La3×b2+!!
15. Sa4×Lb2 Dé7–a3!
16. Dé2–é5 Tf8–é8
17. Dé5–d4 c6–c5!
18. Dd4–c3 Da3×a2!
Es droht 19. ..... Da2–a1#.
19. Ld2–é1 Té8–é2!!
Alles ist geistreich und kraftvoll gespielt.
20. Ld3×Té2 Sf6–é4!
Aufgegeben, da es 21. ..... Da2–a1# droht.
21. Sb2–c4 Tb8–b1#

20. Partie

Wilhelm Steinitz — H. E. Bird

London 1875

1. é2–é4 é7–é5
2. Sg1–f3 Sb8–c6
3. d2–d4 é5×d4
4. Sf3×d4 Lf8–c5!
Falsch wäre jetzt 5. Sd4–f5?, d7–d5!; 6. Sf5×g7+, Ké8–f8; 7. Sg7–h5, Dd8–h4! (Schäfermatt-Drohung) 8. Sh5–g3. Das weiße Rössel hat ein großes Laufpensum bewältigt. Aus insgesamt 7 Zügen der Partie machte das tüchtige Pferd 5 Sprünge, um ein schäbiges Bäuerlein einzustecken! Als Ergebnis blieb der Anziehende in der Entwicklung zurück. 8. ..... Sg8–f6; 9. é4×d5, Lc8–g4!; 10. f2–f3, Ta8–é8+; 11. Lf1–é2, Sc6–d4!; 12. Sb1–a3, Lg4×f3!!; 13. g2×Lf3, Sd4×f3+; 14. Ké1–f1, Dh4–h3# (Charles Minchin–Roger de Soyrés, Frankreich um 1874).
5. Lc1–é3 Dd8–f6!
Gegen die Drohung 6. Sd5×Sc6 gerichtet. Der Textzug ist besser als der doppelte Tausch auf d4, wonach Weiß freier stehen würde.
6. c2–c3 Sg8–é7
7. Dd1–d2? .....
Einfacher und besser wäre 7. Sd4–c2!
7. ..... d7–d5
8. Sd4–b5 Lc5×Lé3
9. f2×Lé3 .....
Danach erhält Schwarz einen sehr starken Angriff. Vorzuziehen wäre das Schlagen mit der Dame.
9. 0–0
10. Sb5×c7? d5×é4!!
11. Sc7×Ta8 Tf8–d8
12. Dd2–c1 Sé7–f5
13. g2–g3 Df6–g5
14. Ké1–f2 .....
Der König muß den gefährdeten Bauern selbst decken.

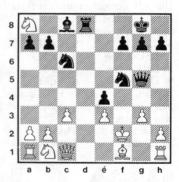

14. ..... Td8–d1!!
Schwarz opfert den Turm, um die Dame von der Verteidigung des Schlüsselbauern é3 abzudrängen.
15. Dc1×Td1 .....
Schwarz kündigt Matt in drei Zügen an:
15. ..... Dg5×é3+
16. Kf2–g2 Sf5–h4+!!
17. g3×Sh4 Lc8–h3#

4. Schottisches Gambit: 3. é5×d4; 4. Lf1−c4

21. Partie
Elie Schumow   C. F. Jänisch

1. é2−é4   é7−é5
2. Sg1−f3   Sb8−c6
3. d2−d4   é5×d4
4. Lf1−c4!?   .....

Das ist das Schottische Gambit. Mehr dem Geist der Eröffnung entspräche jedoch 4. c2−c3! (Göring Gambit).

4. .....   Lf8−c5

Gut ist auch 4. ..... Sg8−f6.

5. Sf3−g5

Ein verfrühter Angriff. Besser ist 5. c2−c3.

5. .....   Sg8−h6
6. Sg5×f7!?   .....

Ein oft gespieltes unkorrektes Figurenopfer. Es führt zu Zeitverlusten der weißen Dame.

6. .....   Sh6×Sf7
7. Lc4×Sf7+   Ké8×Lf7
8. Dd1−h5+   g7−g6
9. Dh4×Lc5   d7−d6?

Mit 9. ..... d7−d5! könnte Schwarz die weiße Spielweise widerlegen.

10. Dc5−b5   Th8−é8
11. 0−0!!   Té8×é4!

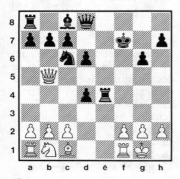

Schwarz ist nicht in der Lage, sich Bauernraube zu erlauben.

12. Db5−d5+!   Té4−é6
13. Lc1−g5!   Dd8−é8
14. f2−f4   Kf7−g7
15. f4−f5!   Té6−é5
16. f5−f6+   Kg7−h8
17. f6−f7!!   .....

Ein tapferer Infanterist. Falls nun 17. ..... Té5×Dd5, so 18. Lg5−f6#.

17. .....   Kh8−g7
18. f7×Dé8(S)+!!   Té5×Sé8
19. Dd5−f7+   Kg7−h8
20. Lg5−f6#

22. Partie
Márton Klein   Dr. Gusztáv Janny

Arad 1923

1. é2−é4   é7−é5
2. Sg1−f3   Sb8−c6
3. d2−d4   é5×d4
4. Lf1−c4!?   Lf8−c5!
5. 0−0   d7−d6
6. Sf3−g5   .....

Verfrüht, denn Schwarz kann bequem decken und gleichzeitig den Läufer c4 angreifen.

6. .....   Sc6−é5!
7. Lc4−b3   h7−h6
8. Dd1−h5?   .....

Das Bestreben, die vorgeschobene Position zu halten, vergrößert das Übel.

8. .....   Dd8−f6
9. f2−f4   d4−d3(+)
10. Kg1−h1   g7−g6
11. Dh5−d1   h6×Sg5
12. f4×Sé5   .....

Gerade, als er glaubt, noch eine kleine Chance zu haben, (Punkt f7!) ist es aus.

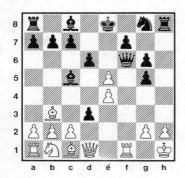

12. .....　　　　　　Th8×h2+!!
Dessen hatte sich Weiß versehen: Die Dame kommt aus dem Hinterhalt:
13. Kh1×Th2　　Df6−h8+!
14. Kh2−g3　　　Dh8−h4+
15. Kg3−f3　　　Dh4−g4#
(Anmerkungen von Kurt Richter.)

5. Schottisches Vierspringerspiel 2. Sg1−f3, Sb8−c6; 3. Sb1−c3, Sg8−f6; 4. d2−d4

23. Partie

Ludajić　　　　　　　　Božić

Serbische Meisterschaft 1953

1. é2−é4　　　　é7−é5
2. Sg1−f3　　　 Sb8−c6
3. Sb1−c3　　　 Sg8−f6
4. d2−d4　　　　é5×d4
5. Sc3−d5!　　　.....
Das sog. »Belgrader Gambit« erfordert ein präzises Gegenspiel.
5. .....　　　　　Lf8−é7!
Die schärfste Fortsetzung ist 5. ..... Sf6×é4!? 6. Dd1−é2!.
6. Lf1−c4　　　　.....
Gut sind auch 6. Lf1−b5 und 6. Lc1−f4.
6. .....　　　　　0−0
7. 0−0　　　　　Sf6×é4?
8. Tf1−é1　　　 Sé4−c5?
Notwendig wäre die Rückkehr 8. ..... Sé4−f6; 9. Sf3−g5! usw.
9. Té1×Lé7!!　　Sc6×Té7
10. Lc1−g5!　　　Tf8−é8
11. Sf3−é5　　　 Sc5−é6
12. Dd1−h5　　　Sé6×Lg5

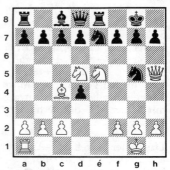

13. Sé5×f7!!　　　.....
Jetzt würde nach 13. ..... Sg5×Sf7; 14. Sd5−f6+!!, g7×Sf6; 15. Dh5×f7+, Kg8−h8; 16. Df7×f6# folgen.
13. .....　　　　　g7−g6
14. Sd5−f6　　　 Kg8−g7
15. Dh5−h6+　　Kg7×Sf6
16. Dh6×Sg5+　 Kf6−g7
17. Dh5−é5+　　Kg7−f8!

Nicht 17. ..... Kg7–g8??; 18. Dé5–h8#.
18. Dé5–h8+   Sé7–g8
19. Sf7–h6   Kf8–é7
20. Ta1–é1+   Ké7–d6
21. Dh8×d4+   Kd6–c6
22. Dd4–d5+   Kc6–b6
23. Dd5–b5#

6. Italienisches Gambit: 2. Sg1–f3, Sb8–c6; 3. Lf1–c4, Lf8–c5; 4. d2–d4

24. Partie
Dr. Xavier Tartacover — N. N.
Paris 1933

1. é2–é4   é7–é5
2. Sg1–f3   Sb8–c6
3. Lf1–c4   Lf8–c5
4. d2–d4!?   .....

Von diesem Gambit darf Weiß sich nicht zu viel erhoffen.

4. .....   é5×d4

Am stärksten ist 4. ..... Lc5×d4!.

5. 0–0   .....

Besser ist 5. c2–c3, d4×c3!; 6. Sb1×c3, d7–d6; 7. Lc1–g5!.

5. .....   Sg8–f6!?

Erlaubt den gefährlichen Max-Lange-Angriff, den Schwarz mit 5. ..... d7–d6! verhindern konnte.

6. é4–é5!?   .....

Das ist der Max-Lange-Angriff.

6. .....   d7–d5!

Stärker als 6. ..... Sf6–g4; 7. Lc1–f4!.

7. é5×Sf6   d5×Lc4

Schwarz hat ein starkes Bauernzentrum, aber sein Königsflügel ist ungeschützt. Der offene é-Weg ermöglicht dem Anziehenden einen kräftigen Angriff.

8. Tf1–é1+   Lc8–é6!
9. Sf3–g5   Dd8–d5!

Der einzig befriedigende Zug.

Zum Figurenverlust führte 9. ..... Dd8×f6?; 10. Sg5×Lé6!, f7×Sé6; 11. Dd1–h5+ nebst Dh5×Lc5.

10. Sb1–c3!! Dd5–f5!

Wieder der einzig rettende Zug.

11. Sc3–é4!   Lc5–f8?

Richtig wäre 11. ..... Lc5–d6!, während 0–0–0!? zu riskant ist.

12. Sg5×f7!! Ké8×Sf7
13. Sé4–g5+   Kf7–g8

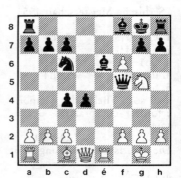

Nun folgt ein äußerst geistreiches und hübsches Schlußspiel:
14. g2–g4!   .....

Der kühne Bauer ist tabu. Falls 14. ..... Df5×g4+??, dann 15. Dd1×Dg4, Lé6×Dg4; 16. f6–f7#.

14. .....   Df5×f6?

Besser wäre 14. ..... Df5–g6!; 15. Té1×Lé6, g7×f6; 16. Dd1–f3, Kg6–g7! und obwohl die weiße Stellung bedrohlich aussieht, ist die Lage nicht ganz klar.

15. Té1×Lé6   Df6–d8
16. Dd1–f3   .....

Es droht 17. Df3–f7#.

16. .....   Dd8–d7
17. Té6–é7!! .....

Das Opfer am Schnittpunkt. Falls 17. ..... Lf8×Té7; 18. Df3–f7#. Wenn 17. ..... Dd7×Té7, dann 19. Df3–d5+ und Matt im folgenden Zug.

17. .....   Sc6–é5

Ein verzweifelter Rettungsversuch.

18. Té7×Sé5   h7–h6
19. Té5–é7!   .....

Die Rückkehr der Opferwendungen. Falls 19. ..... h6×Sg5, so 20. Df3–f7+, Kg8–h7; 21. Té7×Dd7, und Matt in wenigen Zügen nach 22. Td7–d5 usw.

Die Vorbereitung: c2—c3

Weiß beabsichtigt, mit c2—c3 den Vorstoß d2—d4 vorzubereiten, um nach dem evtl. Abtausch é5×d4, c3×d4 die Idealmitte d4/é4 aufzubauen.
Der Nachteil des Zuges c2—c3 besteht darin, daß der Bauer auf c3 das beste Entwicklungsfeld des Damenspringers verstellt. Schwarz kann diesen Nachteil auf zwei Arten ausnützen:
a) Schwarz kommt zum sofortigen Gegenstoß d7—d5, und nach é4×d5, Dd8×d5 hat Schwarz eine mächtige Zentraldame, da dem Anziehenden die Erwiderung Sb1—c3 nicht zur Verfügung steht.
b) Auch der Angriff gegen den weißen Königsbauern Sg8—f6 ist sehr stark und von d2—d4, Sf6×é4, d4×é5 braucht Schwarz nichts zu fürchten.

Weiß kann c2—c3 spielen:
1) im zweiten Zug: 1. é2—é4, é7—é5; **2. c2—c3** — das *Zentrumspiel*,
2) im dritten Zug: 1. é2—é4, é7—é5; 2. Sg1—f3, Sb8—c6; **3. c2—c3** — *Ponzian Eröffnung*,
3) im vierten Zug: 1. é2—é4, é7—é5; 2. Sg1—f3, Sb8—c6; 3. Lf1—c4, Lf8—c5; **4. c2—c3** — *Giuoco piano* (ruhiges Spiel) ist die Hauptvariante der Italienischen Eröffnung.

1. Zentrumspiel: 2. c2—c3

25. Partie
Paul Morphy   André Bottin
Paris 1858

1. é2—é4   é7—é5
2. c2—c3   Sg8—f6!

Ebenso gut wie der Textzug ist 2. ..... d7—d5! Siehe die folgende Partie.
In der Partie Rusakow-Werlinski (Moskau 1947) setzte Schwarz mit 2. ..... Sb8—c6 fort. Es folgte 3. d2—d4, Sg8—f6; 4. Lc1—g5, h7—h6; 5. Lg5—h4? (Weiß könnte mit 5. Lg5×Sf6!, Dd8×Lf6; 6. d4—d5! in Vorteil bleiben.) 5. ..... g7—g5; 6. Lh4—g3, é5×d4; 7. é4—é5, d4×c3; 8. é5×Sf6?? (Er sollte 8. Sb1×c3 spielen.) c3×b2; 9. Dd1—d2. (Weiß hat

jetzt 9. ..... Lf8−e7 erwartet: 10. Dd2×b2, Le7×f6; 11. Sb1−c3! mit Figurengewinn.) Es geschah jedoch 9. ..... Dd8−e7+!!; 10. f6×De7, Lf8−g7!; 11. Dd2×b2, Lf6×Db2; 13. Lg3×c7, Ke8×e7! nebst Lb2×Ta1. Weiß gab auf, da er Qualität und zwei Bauern weniger hat.

3. d2−d4   Sf6×e4
4. d4×e5   Lf8−c5?

Spielbar. Stärker ist jedoch 4. Dd1−e2!, d7−d5; 5. f2−f3, Se4−g5! 6. De2×e5+, Sg5−e6! usw. (Nicht aber 5. ..... Dd8−h4+?; 6. g2−g3!, Se4×g3; 7. De2×e5+ und Weiß erbeutet den Springer.) Auch nach dem stärkeren 4. ..... d7−d5!; 5. Lc1−e3! ist die weiße Stellung vorzuziehen.

5. Dd1−g4!   Se4×f2

Auch 5. ..... Lc5×f2+ ist nicht besser.

6. Dg4×g7   Th8−f8
7. Lc1−g5!   f7−f6
8. e5×f6   d7−d5!

Nicht jedoch 8. ..... Tf8×f6?; 9. Lg5×Tf6, Lc5−e7; 10. Dg7−g8+, und Schwarz verliert die Dame, da er Le7−f8 ziehen muß.

9. Lf1−e2   Lc8−g4
10. Le2×Lg4   Sf2×Lg4
11. f6−f7+   Tf8×f7!
12. Dg7×Tf7×   Ke8×Df7
13. Lg5×Dd8   Sg4−f2
14. Ld8−h4!   Sf2×Th1

Mit großem Geschick gelang es dem Nachziehenden, den materiellen Gleichstand herzustellen. Leider ist sein Springer in der Ecke eingesperrt. Im folgenden entsteht ein Kampf um die Erbeutung des schwarzen Springers.

15. Sg1−f3   Sb8−c6
16. Sb1−d2   Ta8−g8
17. Ke1−f1!   .....

Deckt den Bauern g2.

17. .....   d5−d4
18. c3×d4?   .....

Eine Ungenauigkeit. Offensichtlich führte 18. Sd2−b3! schneller zum Erfolg.

18. .....   Sc6×d4
19. Sf3×Sd4   Lc5×Sd4
20. Sd2−f3   Ld4−b6
21. Ta1−e1!   h7−h6
22. Te1−e7+   Kf7−f8
23. Sf3−e5!   .....

Es droht 24. Se5−d7#.

23. .....   Tg8−g7!
24. Se5−d7+   Kf8−g8
25. Te7×Tg7+   Kg8×Tg7

Die Türme sind Remisfiguren. Deshalb tauscht sie Weiß ab:

26. Sd7×Lb6   c7×Sb6
27. g2−g4   Kg7−g6
28. Kf1−g2   h6−h5
29. h2−h3!   Aufgegeben.

26. Partie

Aus Tomlinsons „Chess Amusements"

1. é2—é4	é7—é5
2. c2—c3	d7—d5!

Der Textzug befreit die schwarze Dame und den Läufer c8. Überdies wird verhindert, daß Weiß ein Bauernzentrum aufbaut. Mit dem Schlagen des Bauern würde Weiß Zeit verlieren, deshalb zieht er:

3. Sg1—f3	d5×é4

Weiß sollte jetzt 4. Dd2—a4+ und 5. Da4×é4 spielen, aber er findet einen kühneren Zug:

4. Sf3×é5	Lf8—d6?

Schlecht! Richtig 4. ..... Sg8—f6 mit Verteidigung des Bauern é4.

Weiß erobert nun einen Bauern und unterstützt seinen angegriffenen Springer.

5. Dd1—a4+	c7—c6
6. Da3×é4	Dd8—é7
7. d2—d4	f7—f6

Erbeutet den Springer. Als Ersatz für die verlorene Figur erhält Weiß zwei Bauern und eine feine Stellung.

8. f2—f4!	.....

Besser als 8. Lc1—f4. Weiß vereint nun zwei Bauern im Zentrum. Der eine ist ein starker Freibauer — eine beständige Ursache der Sorgen für Schwarz.

8.	f6×Sé5
9. f4×é5	.....

Danach ist der f-Weg für den Turm offen.

9.	Ld6—c7
10. Lf1—d3	.....

Ein nützlicher Zug, der die Dame schützt und so Sg8—f6 verhindert.

10.	Lc8—é6

Der Läufer bereitet Sb8—d7 vor. Nach 10. ..... Sg8—h6 würde 11. Lc1×Sh6! folgen.

11. c3—c4	Dé7—f7

Angriff gegen den Bauern c4.

12. Th1—f1!	.....

Die Türme gehören auf offene Wege.

12.	Df7—h5
13. Dé4—f3	.....

Es droht 14. Df3—f8+, Ké8—d7; 15. Df8×g7+ nebst Turmgewinn. Falls 13. ..... Dh5×Df3, dann 14. g2×Df3! nebst Bauernvormarsch.

13.	Dh5—h4+
14. g2—g3	Dh4—é7

Nicht Dh4×h2?; 15. Tf1—h1!. Damenfang.

15. Sb1—c3	Sb8—d7
16. h2—h4	0—0—0—?

Notwendig wäre die Vorbereitung der Rochade mit h7—h6! Der hastige Textzug kostet die Qualität.

17. Lc1—g5!	Dé7—b4
18. Lg5×Td8	Db4×b2
19. Ld8×Lc7	Db2×Ta1+
20. Ké1—d2!	Da1—b2+
21. Ld3—c2	Kc8×Lc7
22. Tf1—b1	Db2—a3
23. Sc3—b5+!	c6×Sb5
24. Df3×Da3	gewinnt leicht.

Die schwarze Dame macht in dieser Partie 10 Züge. Dagegen haben der Turm h8 und Springer g8 überhaupt nicht gezogen. Praktisch hat also Schwarz diese zwei Figuren vorgegeben. Keine Figur soll wiederholt ziehen, solange nicht alle einmal gezogen haben.

2. Ponziani Eröffnung: 2. Sg1−f3, Sb8−c6: 3. c2−c3

27. Partie

Mikhail Tschigorin — G.H.D. Gossip
New York 1889

1. é2−é4 é7−é5
2. Sg1−f3 Sb8−c6
3. c2−c3 d7−d5

Angeblich die beste Verteidigung. Sie führt aber zu einem hektischen Spiel. Viele Meister bevorzugen daher die ruhigere Fortsetzung 3. .....Sg8−f6. (Siehe die folgende Partie.)
Neben diesen Hauptverteidigungen hat Schwarz noch zwei Möglichkeiten, die bei genauem Spiel zum Ausgleich führen: 3. ..... f7−f5 und 3. ..... Sg8−é7.

4. Dd1−a4! f7−f6

Führt zu einer beengten Stellung. Schwarz kann statt des Textzuges entweder mit 4. ..... Sg8−f6 oder mit 4. ..... Lc8−d7 einen Bauern opfern, aber er wird dafür kaum vollwertigen Ersatz finden.
Ungünstig wäre 4. ..... d5×é4?; 5. Sf3×é5, Dd8−d5; 6. Sé5×Sc6, b7×Sc6; 7. Lf1−c4! usw.

5. Lf1−b5 Sg8−é7
6. é4×d5 Dd8×d5
7. 0−0? .....

Besser ist 7. d2−d4, denn jetzt könnte Schwarz mit 7. ..... é5−é4! fortsetzen.

7. ..... Lc8−d7?
8. d2−d4 é5−é4?

Zu spät. Der schwarze Bauer é4 ist schwach. Jetzt wäre 8. é5×d4!; 9. c3×d4, Sc6−é5!!, 10. Lb5×Ld7+, Dd5×Ld7! gegeben (Kurt Richter).

9. Sf3−d2! Sé7−g6

Sogleich 9. ..... f6−f5! wäre vorzuziehen.

10. Lb5−c4 Dd5−a5
11. Da4−b3 f6−f5

Schwarz muß den Bé4 retten und das Schach auf f7 zulassen.

12. Lc4−f7+ Ké8−é7?

Verteigigungsaussichten bot noch 12. ..... Ké8−d8. Bei dem Textzug übersieht Schwarz ein raffiniertes Matt:

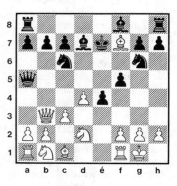

13. Sd2−c4! Da5−a6
14. Lc1−g5+!! Ké7×Lf7
15. Sc4−d6##

28. Partie

William Wayte — C.E. Ranken
London 1893

1. é2−é4 é7−é5
2. Sg1−f3 Sb8−c6
3. c2−c3 Sg8−f6
4. d2−d4 d7−d5

Zu scharf gespielt. Sicherer ist an dieser Stelle: 4. ..... d7−d6 oder 4. ..... Sf6×é4; 5. d4−d5.

5. Lf1—b5   Sf6×é4
6. Sf3×é5   Lc8—d7
7. Dd1—b3   .....

Wenn jetzt Dd8—é7, dann 8. Db3×d5, Sc6×Sé5; 9. Dd5×b7, Sé5—f3+!!; 10. Ké1—f1?, Sé4—g3+; 11. h2×Sg3, Dé7—é1#. (Oder 10. g2×Sf3, Sé4—d6(+), und Weiß verliert die Dame.)

7. .....   Sc6×Sé5
8. Db3×d5   Dd8—é7
9. Dd5×b7   Ld7×Lb5

Schwarz opfert den Turm.

10. Db7×Ta8+   Ké8—d7
11. d4×Sé5   Dé7×é5
12. Lc1—é3   Lf8—c5!!

Schwarz opfert auch den zweiten Turm, um die weiße Dame in die Ecke zu locken.

(siehe Diagramm)

13. Da8×Th8   Sé4×f2!!

Weiß darf das Springeropfer nicht annehmen, da nach 14.

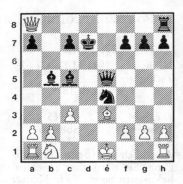

Ké1×Sf2?? Dé5×Lé3# folgt.

14. Ké1—d2   .....

Schwarz kündigt Matt in drei Zügen an:

14. .....   Lc5×Lé3+
15. Kd2—c2   Dé5—é4+
16. Kc2—b3   Dé4—a4#

Oder 15. Kd2—é1, Lé3—f4(+); 16. Ké1×Sf2, Dé5—é3#.

3. Giuoco piano: 4. c2—c3

Die italienische Eröffnung ist eigentlich eine Abart des Läuferspiels. Sie wurde bereits im 15. und 16. Jahrhundert von den alten italienischen Meistern gründlich analysiert. Das Ergebnis dieser Analysen ist nicht immer günstig für Weiß. Die meisten Spiele stehen in Gleichgewicht, und Schwarz kann ohne Anstrengung den Vorteil des Anziehenden ausgleichen. Die Italienische Eröffnung gehört zu den leichtverständlichsten. Besonders ein Anfänger kann gute Stellungen aufbauen und sie gegen stärkere Gegner ziemlich lang behaupten.

a) Offenes Spiel: 4. Sg8—f6

29. Partie

Gioachino Greco N. N.
Kalabrien um 1618

1. é2—é4   é7—é5
2. Sg1—f3   Sb8—c6
3. Lf1—c4   Lf8—c5
4. c2—c3!   .....

Der Textzug ist hier stärker als im zweiten oder dritten Zug, da nun der Vorstoß d2—d4 mit einem Angriff gegen den schwarzen Läufer gekoppelt ist und Weiß somit an Tempo gewinnt. Greco betrachtet diese Vorbereitung als die beste Fortsetzung. Doch ist auch 4. d2–d3 oder 4. Sb1–c3 gut und sicher. Dagegen ist die Rochade minderwertig.

4. ..... Sg8–f6!
Gleichfalls das beste. Doch werden später auch 4. ..... Dd8–é7 und 4. ..... d7–d6 untersucht. Die beiden führen zu einer geschlossenen Partieanlage.

5. d2–d4 .....
Dies scheint auch das beste zu sein, da der Bauer den schwarzen Läufer angreift und dadurch das Schlagen des angegriffenen Bauern é4 verbietet. Aber auch die Verteidigung 5. d2–d3 ist gut. Es käme dann 5. ..... d7–d6; 6. Lc1–é3!, Lc5–b6! (Nicht aber 6. ..... Lc5×Lé3?; 7. f2×Lé3. Der Doppelbauer ist jetzt stark, weil er das Zentrum festigt. Es würde außerdem der f-Weg für den weißen Turm geöffnet.)

5. ..... é5×d4
Ungünstig wäre statt des Bauerntausches der Rückzug 5. ..... Lc5–b6?; 6. d4×é5, Sf6×é4; 7. Dd1–d5! (Mattdrohung) 7. ..... Lb6×f2+; 8. Ké1–é2, 0–0; 9. Dé5×Sé4, und Weiß erbeutet eine Figur. Schwach wäre auch 5. ..... Lc5–d6?; 6. d4×é5, Sc6×é5. (Etwas besser ist 6. ..... Ld6×é5.) 7. Sf3×Sé5, Ld6×Sé5; 8. f2–f4!, Lé5–d6; 9. é4–é5, Dd8–é7; 10. Dd1–é2, und Weiß gewinnt eine Figur.

6. c3×d4 .....
Das ist die logische und natürliche Fortsetzung. Gut ist auch 6. 0–0, Sf6×é4; 7. Tf1–é1!. Nach 6. 0–0 ist d4×c3? verboten. 7. é4–é5!, d7–d5!; 8. é5× Sf6, d5×Lc4; 9. Dd1×Dd8+, Sc6×Dd8; 10. f6×g7, Th8–g8; 11. Sb1×c3, Tg8×g7; 12. Lc1–f4, Sd8–é6; 13. Tf1–é1!, c7–c6; 14. Sc3–é4, Lc5–é7; 15. Ta1–d1!!, Sd6×Lf4??; 16. Sé4–f6+, Ké8–f8; 17. Td1–d8+!!, Lé7×Td8; 18. Té1–é8# (Lorenzo Domenico Ponziani – N.N. Modena 1776).

6. ..... Lc5–b4+!
7. Sb1–c3!? .....
Ein geistreiches Bauernopfer. Leider aber unkorrekt. Die richtige Fortsetzung ist 7. Lc1–d2.

7. ..... Sf6×é4
8. 0–0 Sé4×Sc3
Stärker ist wohl 8. ..... Lb4×Sc3!.

9. b2×Sc3 Lb4×c3?
Diese Habgier kostet die Partie. Notwendig wäre der Rückzug 9. ..... Lb4–é7! gewesen. Doch auch in diesem Fall hat Weiß einen heftigen Angriff.

10. Dd1–b3!! .....

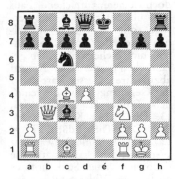

Weiß opfert den Turm, um Tempo zu gewinnen. Solche

Tempogewinne entscheiden häufig den Ausgang der Partie. Sollte Weiß den Turm retten, dann würde er dadurch an Tempo verlieren. Ein Tempoverlust ist häufig auch dann gefährlich, wenn man über stärkere Kräfte verfügt, aber es ist immer verderblich, wenn man schwächer ist — wie hier Weiß um zwei Bauern.

In einer Partie Corte-Jac. Bolbochán, Mar del Plata 1946, spielte Weiß (anstatt Dd1−b3) 10. Lc1−a3!, d7−d5!; 11. Lc4−b5, Lc3×Ta1; 12. Tf1−é1+, Lc8−é6; 13. Dd1−a4, Ta8−b8? (Besser wäre Dd8−d7!.) 14. Sf3−é5!, Dd8−c8; 15. Lb5×Sc6+, b7×Lc6; 16. Da4×c6+, Ké8−d8; 17. Sé5×f7+!!, Lé6×Sf7; 18. La3−é7#.

Erstes Spiel

10. ......   **Lc3×Ta1?**

Wegen des besseren 10. ...... Lc3×d4 siehe das zweite Spiel.

11. Lc4×f7+   **Ké8−f8**
12. Lc1−g5!   **Sc6−é7?**

Diese Verteidigung scheint zwar selbstverständlich zu sein, doch ist sie unzureichend. Falls man über stärkere Kräfte verfügt, sollte man lieber auf seinen materiellen Vorteil verzichten, um solcherweise einen gefährlichen gegnerischen Angriff abzuwehren. Besser wäre daher der Gegenangriff auf die feindliche Dame: 12. .....Sc6×d4!; 13. Db3−a3+, Kf8×Lf7; 14. Lg5×Dd8, Th8×Ld8; 15. Tf1×La1, Sd4−é6!, und Schwarz hat ausreichenden Ersatz für die verlorene Dame. So konnte er noch lange Widerstand leisten, obwohl Weiß eine aggressivere Stellung hat.

13. Sf3−é5!!   .....

Einer der schönsten Entscheidungszüge Grecos.

13. .....   **La1×d4**

Es gibt keine Rettung für Schwarz, z. B. 13. ...... d7−d5; 14. Db3−f3!; Lc8−f5; 15. Lf7−é6!.

14. Lf7−g6!!   .....

Jetzt verstehen wir die Wucht des vorherigen Rösselsprunges. Nun bedrohen zwei Leichtfiguren das Schlüsselfeld f7.

14. .....   **d7−d5**
15. Db3−f3+   **Lc8−f5**
16. Lg6×Lf5   **Ld4×Sé5**
17. Lf5−é6(+)   **Lé5−f6**
18. Lg5×Lf6   **g7×Lf6**
19. Df3×f6+   **Kf8−é8**
20. Df6−f7#

Zweites Spiel

10. .....   **Lc3×d4**
11. Lc4×f7+   **Ké8−f8**
12. Lc1−g5   **Ld4−f6**
13. Ta1−é1!   **Sc6−é7**

Falls statt dessen 13. ...... Lf6−é7?, dann 14. Té1×Lé7!!, Sc6×Té7; 15. Tf1−é1, und Weiß gewinnt, da er mit Dame und zwei Leichtfiguren gegen zwei Türme verbleibt und dazu noch eine vortreffliche Angriffsstellung innehat.

14. Lf7−h5!   .....

mit der Drohung Db3−f7#. Wenn Schwarz die Mattdrohung durch 14. ...... Sé7−g6 abwendet, so verliert er schnell nach 15. Sf3−é5!, Sg6×Sé5; 16. Té1×Sé5, und wieder droht das Matt. 16. ...... g7−g6; 17. Lg5−h6+, Lf6−g7; 18. Té5−f5+!!, g6×Tf5; 19. Db3−f7#.

14. .....   **d7−d5!**
15. Té1×Sé7!!   .....

Dieses hübsche Qualitätsopfer erschüttert das ganze Verteidi-

gungssystem des Nachziehenden.
15. .....   **Dd8×Té7**
Oder 15. ..... Lf6×Té7, so ebenfalls 16. Tf1−é1!, und erbeutet die Dame gegen Turm und Läufer.
Nach 15. ....Kf8×Té7 folgt 16. Tf1−é1+, Ké7−f8; 17. Db3−b4+, und Weiß gewinnt ohne Mühe.
16. Tf1−é1   **Lc8−é6**
Falls statt dessen 16. ..... Dé7−d7, dann 17. Db3−b4+, Kf8−g8; 18. Té1−é8+!, Dd7× Té8; 19. Lh5×Dé8, gleichfalls mit Gewinn.
17. Sf3−d4!!   **.....**
Ein weiteres schönes Opfer.
17. .....   **Lf6×Lg5**
18. Sd4×Lé6+!   **Kf8−g8**
19. Db3×d5   **c7−c6**
20. Dd5−b3   **.....**
Die Dame hält die Drohung eines aufgedeckten Schachs aufrecht.
20. .....   **Dé7−f6**
21. Sé6−d8(+)!   **Kg8−f8**
22. Té1−é8#

30. Partie

G. C. Polerio   N. N.
Italien um 1590

1. é2−é4   **é7−é5**
2. Sg1−f3   **Sb8−c6**
3. Lf1−c4   **Lf8−c5**
4. c2−c3!   **Sg8−f6!**
5. Sf3−g5?!   **.....**
Dieser verfrühte Angriff steht im Gegensatz zu dem allgemeinen Grundsatz, daß man vorerst entwickeln und nur danach angreifen soll. Man sollte überdies ohne triftigen Grund keine Figur zum zweiten Male ziehen, solange nicht alle einmal gezogen haben. Ein verfrühter Angriff ist auch deshalb ungünstig, weil die vorgeprellte Figur zu tempoverlierenden Rückzügen gezwungen werden kann. In dieser Stellung sind 5. d2−d4 oder 5. d2−d3 die richtigen Fortsetzungen.
5. .....   **0−0**

Erstes Spiel

6. d2−d3   **.....**
Die andere Möglichkeit 6. f2−f4 wird im zweiten Spiel erläutert.
6. .....   **h7−h6**
Schwarz möchte den Springer zurückdrängen. Doch ist dieser schwächende Bauernzug — falls Schwarz schon rochiert hat — meistens bedenklich.
7. h2−h4!?   **.....**
Weiß forciert den Angriff um jeden Preis. Falls Schwarz das Springeropfer annimmt, erhält Weiß einen heftigen Angriff. Aber wenn Schwarz das Opfer ablehnt, dann erweist sich dieser Bauernvorstoß als nachteilig.
7. .....   **h6×Sg5?**
Nach der Annahme des Springeropfers wird der h-Weg für den weißen Turm aufgeschlossen, und der weiße Angriff wirkt vernichtend.
Carlo Cozio spielte mit schwarzen Steinen 7. ..... d7−d5!.
Ein Gegenstoß im Zentrum ist immer die richtige Antwort auf einen übereilten Flügelangriff.
8. h4×g5   **Sf6−h7?**
Die einzige Rettung für Schwarz wäre der Verzicht auf die Mehrfigur mit 8. ..... g7−g6!

9. Dd1–h5! **Tf8–é8**
Sonst 10. Dh5×Sh7#.
10. Dh5×f7+! .....
Ein wichtiges Zwischenschach
10. ..... **Kg8–h8**
11. Th1×Sh7+!! Kh8×Th7
12. Df7–h5#

Zweites Spiel
Ercole del Rio   N. N.
Modena 1731

6. f2–f4 **é5×f4?**
Die Annahme des Gambits ist die denkbar schlechteste Erwiderung, da Weiß nun ein gewaltiges Idealzentrum aufbauen kann.
7. d2–d4 **Lc5–b6**
8. Lc1×f4 **h7–h6**
9. 0–0!? .....
Weiß opfert den Springer. Im allgemeinen sollte man seine Figuren und Bauern sorgfältig hüten und nicht opfern, da der Gegner häufig Gelegenheit hat, den Angriff wirkungsvoll zurückzuschlagen.
9. ..... **h6×Sg5?**
Danach wird der weiße Angriff überwältigend. Schwarz sollte das Opfer mit 9. ..... d7–d6! ablehnen.

10. Lf4×g5 **d7–d6!**
Dagegen wäre statt des Textzuges 10. ..... Dd8–é8?? katastrophal wegen 11. Lg5×Sf6!, g7×Lf6; 12. Dd1–g4+, Kg8–h8; 13. Tf1–f3! nebst undeckbarem 14. Tf3–h3#.
11. Lg5×Sf6! **g7×Sf6**
12. Dd1–h5 **Kg8–g7?**
Der Verlustzug. Statt dessen sollte Schwarz das Rückopfer 12. ..... Sc6×d4!! wagen. 13. c3×Sd4, Lb6×d4+, und das stolze weiße Bauernzentrum ist liquidiert. 14. Kg1–h1, f6–f5! Schwarz gibt auch den Mehrbauern zurück. 15. é4×f5, Ld4–g7 nebst Dd8–f6, und Schwarz kann sich verteidigen – obwohl er nicht gerade glänzend steht.
13. Tf1–f4 **Tf8–h8**
um Tf4–h4 zu verhindern. Aber durch den Turmzug bleibt Bf7 ohne Schutz.
14. Dh5×f7+ **Kg7–h6**
15. Tf4–h4+ **Kh6–g5**
16. Df7–g7+!! **Kg5×Th4**
17. g2–g3+ .....
Falls 17. ..... Kh4–h3, dann 18. Lc4–f1#.
17. ..... **Kh4–h5**
18. Lc4–é2+ **Lc8–g4**
19. Lé2×Lg4#

b) Geschlossenes Spiel: 4. Dd8–é7

31. Partie
L. Busnardo   N. N.
Lissabon um 1610

1. é2–é4 **é7–é5**
2. Sg1–f3 **Sb8–c6**
3. Lf1–c4 **Lf8–c5**

4. c2–c3! **Dd8–é7**
Das ist die geschlossene Verteidigung. Schwarz beabsichtigt, einen Bauern auf é5 zu befestigen. Deshalb zieht er baldmöglichst auch d7–d6.
Schwarz droht überdies, mit

der kleinen Kombination: 4. .....
Lc5×f2+!!; 5. Ké1×Lf2, Dé7–c5+ nebst Dc5×Lc4 einen Bauern zu gewinnen und die weiße Rochade zu verderben.
Schwächer wäre statt des Textzuges 4. ..... Dd8–f6; 5. 0–0, Sg8–é7; 6. d2–d4, Lc5–b6!. (Nicht 6. ..... é5×d4?; 7. Lc1–g5!, Df6–d6; 8. Lg5×Sé7, Ké8×Lé7; 9. é4–é5!, Dd6–h6; 13. c3×d4, und Weiß hat ein starkes Bauernzentrum.)

5. 0–0   .....

um das erwähnte Opfer Lc5×f2+ zu verhindern. Doch Weiß konnte das Läuferopfer am besten mit 5. d2–d3! vereiteln.

5. .....   d7–d6
6. d2–d4   Lc5–b6!

Diese Ablehnung des Bauerntausches ist günstiger als 6. ..... é5×d4? 7. c3×d4, und Sb1–c3 ist möglich geworden, während nach dem Textzug das Rössel nicht nach c3 springen kann.

7. Lc1–g5?!   .....

Dieser Angriff scheint dem Anfänger verlockend zu sein. Schwarz muß ja entweder mit der angegriffenen Dame flüchten oder einen Stein dazwischenziehen. Schwarz hat aber einen starken Gegenangriff in petto, und Weiß muß an wichtigem Tempo verlieren. Erheblich besser wäre deshalb 7. Lc1–é3!

7. .....   f7–f6!

Der Zug f7–f6 ist meistens bedenklich, falls Schwarz noch nicht rochiert hat. Hier ist er aber die beste Erwiderung.

8. Lg5–h4   g7–g5?

Der fehlerhafte Textzug ermöglicht ein durchschlagendes Springeropfer. Notwendig wäre vor allem 8. ..... h7–h5!, um der weißen Dame das Feld h5 zu verbieten und obendrein mit Figurengewinn zu drohen.

9. Sf3×g5!?   .....

Ein zwar nicht ganz korrektes, doch äußerst chancenreiches Figurenopfer, da die weißen Figuren in vorzügliche Angriffsstellungen gelangen und der schwarze König exponiert dasteht.

9. .....   f6×Sg5
10. Dd1–h5+   .....

10. .....   Ké8–d7

Der schwarze König hat noch zwei andere Fluchtfelder, aber diese sind auch nicht besser als der Textzug:

a) 10. ..... Ké8–d8; 11. Lh4×g5, Sg8–f6; 12. Dh5–h6, Th8–f8; 13. f2–f4!.

b) 10. ..... Ké8–f8; 11. Lh4×g5, Dé7–g7. (Am besten ist hier 11. ..... Dé7–d7!.) 12. f2–f4, é5×d4!; 13. f4–f5, d4×c3(+); 14. Kg1–h1, c3×b2; 15. f5–f6!, Dg7–g6; 16. f6–f7!!, Dg6×Dh5; 17. f7×Sg8(D)##.

11. Lh4×g5   Dé7–g7?

Nach diesem Fehlgriff folgt ein

elegantes Matt nach drei Zügen. Falsch wäre auch 11. ..... Dé7–f8? 12. Lc4–f7!!

12. Lc4–é6+!!	Kd7×Lé6
13. Dh5–é8+	Sg8–é7
14. d4–d5#	

c) Die Verteidigung: 4. d7–d6

32. Partie
Gioachino Greco   N. N.
Kalabrien um 1618

1. é2–é4	é7–é5
2. Sg1–f3	Sb8–c6
3. Lf1–c4	Lf8–c5
4. c2–c3!	d7–d6

Die Verteidigung 4. ..... d7–d6 ist unzureichend und kann nicht verhindern, daß Weiß das Zentrum mit seinen Bauern erobert.

5. d2–d4   é5×d4

Die Aufgabe der Mitte ist erzwungen.

6. c3×d4   Lc5–b4+?

Dieses Schachgebot ist nur dann gut, wenn Schwarz bereits Sg8–f6 zog und im nächsten Zug rochieren kann. Da aber das nicht der Fall ist, steht der Läufer auf b4 gefährdet.
Die beste Fortsetzung ist daher 6. ..... Lc5–b6, obwohl Weiß auch dann einen kleinen Vorteil hat, weil seine Mittelbauern das Zentrum beherrschen.

7. Sb1–c3   .....

Stärker war 7. Ké1–f1! Im allgemeinen ist es nachteilig, auf die Rochade zu verzichten und den Turm einzusperren, aber hier droht der Königszug mit 8. d4–d5!, S~; 9. Dd1–a4+, und Weiß erbeutet den Läufer b4.
Seltsamerweise hat Schwarz keine ausreichende Fortsetzung nach 7. Ké1–f1!, z. B. Lc8–d7; 8. Dd1–b3, Lb4–a5; 9. Lc4×f7, Ké8–f8; 10. Lf7×Sg8, Th8×Lg8; 11. Sf3–g5!, und Weiß gewinnt. Falls Schwarz das auf f7 drohende Matt mit 11. ..... Dd8–é8 deckt, dann folgt 12. Sg5×h7+, Kf8–é7; 13. Lc1–g5#. (Nach 11. ..... Dd8–é7 folgt gleichfalls 12. Sg5×h7+, Kf8–é8; 13. Db3× Tg8+, Dé7–f8; 14. Dg8× Df8#.)

7.	Sg8–f6
8. 0–0	Lb4×Sc3
9. b2×Lc3	Sf6×é4?

Schwarz glaubt, einen Bauern zu gewinnen, aber er gewinnt ihn nicht. Es ist immer gefährlich, den é-Weg für den feindlichen Turm zu öffnen. Der weiße Königsbauer ist nämlich das natürliche Hindernis für den eigenen Turm.
Es wäre besser zu rochieren, aber auch dann hat Weiß immer einen Vorteil wegen der Stärke seiner Zentrumsbauern.

10. Tf1–é1   d6–d5
11. Té1×Sé4+!?   .....

Das Qualitätsopfer ist riskant, denn es ist nicht sicher, daß der folgende Angriff den Materialverlust wettmacht.
Stärker wäre das Scheinopfer 7. Lc4×d5!! Dd8×Ld5; 8. Sf3– g5, ein lehrreicher Angriff gegen den gefesselten schwarzen

Zentralspringer. Weiß erhält eine vorzügliche Angriffsstellung.

| 11. ..... | d5×Té4 |
| 12. Sf3—g5 | ..... |

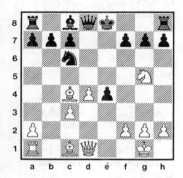

12. .....   0—0?

Es ist immer gefährlich zu rochieren, falls die Figuren zur Verteidigung des Königsflügels fehlen und den gegnerischen Figuren sämtliche Angriffslinien zur Verfügung stehen.

Die Rochade ist daher die denkbar schlechteste Fortsetzung in dieser Stellung. Am besten ist hier 12. ..... Lc8—é6!.

13. Dd1—h5!   .....

Es droht 14. Dh5×h7#.

13. .....   h7—h6

14. Sg5×f7!   .....

Es gibt für Schwarz keine Verteidigung mehr. Falls 14. ..... Tf7×Sf7; 15. Lc4×Tf7+

a) 15. ..... Kg8—h7; 16. Lc1×h6!!, g7×Lh6; 17. Dh5—g6+, Kh7—g8; 18. Dg6×h6#.

b) 15. ..... Kg8—f8; 16. Lc1—a3+, Sc6—é7; 17. Lf7—b3. (Es droht 18. Dh5—f7#.) 17. ..... Dd8—é8; 18. Dh5—d5!!. Der gefesselte Springer darf die Dame nicht nehmen. 18. ..... ~; 19. Dd5—g8#.

| 14. ..... | Dd8—f6 |
| 15. Sf7×h6++ | Kg8—h8 |

Auch 15. ..... Kg8—h7 verliert nach 16. Sh6—g4(+), Df6—h6; 17. Sg4×Dh6, g7×Sh6; 18. Dh5×h6#.

| 16. Sh6—f7++ | Kh8—g8 |
| 17. Dh5—h8# | |

Die Bemerkungen zu den Partien 29 bis 32 stammen von Gioachino Greco. Es mag schon sein, daß in den vergangenen Jahrhunderten einige (nicht viele!) von Grecos Varianten verbessert worden sind. Doch genügen seine vortrefflichen und ungemein klaren Analysen für den Gebrauch der fortgeschrittenen Anfänger.

d) Aljechins Neuerung

33. Partie

Bernhard Horwitz — Dr. L. E. Bledow
Berlin 1837

1. é2—é4	é7—é5
2. Sg1—f3	Sb8—c6
3. Lf1—c4	Lf8—c5
4. c2—c3!	Dd8—é7

Dr. Alexander Aljechin hat diese uralte Verteidigung durch Zugumstellung verbessert und zog vorher 4. ..... Lc5—b6; 5. d2—d4, Dd8—é7!.

| 5. d2—d4 | Lc5—b6 |
| 6. d4—d5? | ..... |

Besser als diese sofortige Festlegung im Zentrum ist 6. 0–0, Sg8–f6!; 7. Tf1–é1 usw. (Nicht aber 6. ..... d7–d6? 7. a2–a4, a7–a6; 8. Lc1–é3!.)

6. .....　　　　　Sc6–d8

Ebenso gut ist 6. ..... Sc6–b8; denn nach d7–d6 kann Sb8–d7 folgen.

7. Lc4–é2?　　　.....

überläßt freiwillig die zentrale Aktion dem Nachziehenden. Richtig ist 7. b2–b4 und falls a7–a6, dann 8. d5–d6!, Dé7×d6; 9. Dd1×Dd6, c7×Dd6; 10. Lc4–d5!

7. .....　　　　　d7–d6!
8. h2–h3　　　　.....

Die Angst vor Fesselung. Schwarz erhält durch diesen Tempoverlust Gelegenheit zu einem starken Gegenangriff.

8. .....　　　　　f7–f5!
9. Lc1–g5　　　　Sg8–f6
10. Sb1–d2　　　 0–0
11. Sf3–h4?　　　.....

Der entscheidende Fehler. Es wäre höchste Zeit gewesen zu rochieren oder durch 11. Dd1–c2 die lange Rochade vorzubereiten.

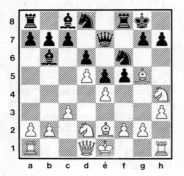

11. .....　　　　　f5×é4!

Weiß ist völlig ahnungslos.

12. Sd2×é4　　　Sf6×Sé4!!

Ein attraktives Damenopfer bringt in vielen Kurzpartien die sofortige Entscheidung.

13. Lg4×Dé7　　Lb6×f2+
14. Ké1–f1　　　Sé4–g3#

34. Partie

Brychta　　　　　　　Botur
　　　　　Prag 1951

1. é2–é4　　　　　é7–é5
2. Sg1–f3　　　　Sb8–c6
3. Lf1–c4　　　　Lf8–c5
4. c2–c3!　　　　Lc5–b6!
5. d2–d4　　　　 Dd8–é7
6. 0–0　　　　　　d7–d6

Schwarz hat eine gut verteidigungsfähige Stellung.

7. Sf3–g5?!　　　.....

Sicherer wäre 7. a2–a4, a7–a6; 8. Tf1–é1, Sg8–f6; 9. h2–h3.

7. .....　　　　　Sg8–h6
8. Lc1–é3　　　　0–0
9. f2–f4!　　　　é5×d4
10. c3×d4　　　　.....

»Weiß steht mit seinen drei Zentrumsbauern sehr stark. Aber der Läufer é3 ist ja ungedeckt. Greifen wir ihn an!« (Dr. Emil Gelenczei), denkt Schwarz und ahnt nicht, daß er arglos in eine Falle läuft. Schwarz sollte mit 10. ..... Kg8–h8! die Fesselung des Bf7 abschütteln und den Gegenstoß f7–f5 vorbereiten.

10. .....　　　　　Sh6–g4

Der Springer läßt seinen König ohne Schutz, aber der Textzug ist noch kein Fehler.

11. f4–f5!　　　　Sg4×Lé3??

Notwendig wäre die reumütige Rückkehr des Springers 11. .....

Sg4−f6!, und Schwarz brauchte sich nicht zu fürchten.
12. Dd1−h5! h7−h6
13. f5−f6!! Lc8−g4
Oder 13. ..... g7×f6; 14. Dh5−g6+!, Kg8−h8; 15. Dg6−h7#.
14. Dh5−g6 h6×Sg5
15. Dg6×g7#

4. Der Zug c2−c3 als Gambit

a) Das Dänische Gambit

35. Partie

G. Schnitzler   N. N.

1. é2−é4   é7−é5
2. d2−d4   é5×d4
3. c2−c3!?   d4×c3
4. Lf1−c4!?   .....

Ein Supergambit. Weiß opfert den zweiten Bauern. Sicherer ist freilich 4. Sb1×c3!.

4. .....   c3×b2
5. Lc1×b2   .....

Das ist die Ausgangsstellung des Dänischen Gambits. (Häufig auch Nordisches Gambit genannt.) Weiß hat für die zwei geopferten Bauern einen riesigen Entwicklungsvorsprung. Schwarz würde am besten zumindest einen Bauern zurückgeben: 5. ..... d7−d5!; 6. Lc4×d5, Lf8−b4+; 7. Sb1−c3, Lb4×Sc3; 8. Lb2×Lc3, Sg8−f6!.

5. .....   Dd8−g5?
6. Sg1−f3   Dg5×g2
7. Lc4×f7+!!   Ké8−d8

Falls 7. ..... Ké8×Lf7?, so 8. Th1−g1, Dg2−h3; 9. Sf3−g5+ Familienschach, und Schwarz verlöre die Dame.

8. Th1−g1   Dg2−h3
9. Tg1−g3   Lf8−b4+
10. Sb1−c3   Dh3−h6
11. Dd1−b3!   Lb4×Sc3+
12. Db3×Lc3   .....

Weiß droht, mit 13. Dc3×g7, Dh6×Dg7; 14. Lb2×Dg7 den Turm h8 zu erbeuten.

12. .....   Sg8−f6

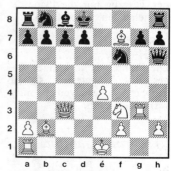

13. Tg3−g6!! h7×Tg6
14. Dc3×Sf6+!! g7×Df6
15. Lb2×f6#

36. Partie

Rezsö Charousek — Géza Wollner
Kaschau 1893

1. é2—é4 é7—é5
2. d2—d4 é5×d4
3. c2—c3 d4×c3
4. Lf1—c4 Sg8—f6

Schwarz lehnt das Schlagen des dritten Bauern ab. Besser wäre allerdings 4. ..... d7—d5; 5. Lc4×d5 und nun die nachträgliche Annahme des Gambits: c3×b2; 6. Lc1×b2; Sg8—f6!, denn Weiß kann bekanntlich die Dame nicht erbeuten: 7. Ld5×f7+, Ké8×Lf7; 8. Dd1× Dd8, Lf8—b4+!; 9. Dd8—d2, Lb4×Dd2 usw.

5. Sg1—f3 Lf8—c5

Der beste Zug wäre 5. ..... Sf6×é4.

6. Sb1×c3 d7—d6

Weiß hat vollständigen Ersatz für den geopferten Bauern.

7. 0—0 0—0
8. Sf3—g5! h7—h6?

Für diesen schwächenden Zug gibt es keine Rechtfertigung. Es ist ja klar, daß der Springer nach f7 strebt, und so fördert der Textzug nur die Pläne des Anziehenden. Es mußte 8. ..... Sb8—c6 geschehen.

9. Sg5×f7! Té8×Sf7
10. é4—é5! .....

Die Pointe des vorherigen Zuges. Bd6 ist gefesselt, so daß Schwarz Materialverlust nicht vermeiden kann.

10. ..... Sf6—g4?

Besser wäre 10. ..... Sf6—h7.

11. é5—é6! Dd8—h4
12. é6×Tf7+ Kg8—f8
13. Lc1—f4 .....

deckt das Matt auf h2.

13. ..... Sg4×f2

Es scheint so, daß der plötzliche schwarze Gegenangriff mit Erfolg gekrönt wird.

14. Dd1—é2! Sf2—g4(+)
15. Kg1—h1 .....

Schwarz hat kein Dauerschach durch 15. ..... Sg4—f2+; wegen 16. Tf1×Sf2+, Dh4×Tf2; 17. Dé2—é8#.

15. ..... Lc8—d7!

deckt das Damenmatt auf é8.

16. Ta1—é1 Sb8—c6

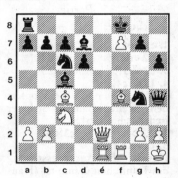

17. Dé2—é8+!! .....

Ein glänzender und unerwarteter Schlag.

17. ..... Ta8×Dé8
18. f7×Té8(D)+ Ld7×Dé8
19. Lf4×d6##

b) Göring-Gambit: 4. c2—c3

37. Partie

John Penrose — A. J. Butcher
London 1962

1. é2—é4 é7—é5
2. Sg1—f3 Sb8—c6
3. d2—d4 é5×d4
4. c2—c3! .....

Das ist die Ausgangsstellung

des Göring-Gambits. Es ist stärker als das Schottische Gambit und solider als das Dänische Gambit.

4. .....   d4×c3?!

Die Annahme des Gambits ist äußerst riskant. Schwarz kann das Gambit entweder mit 4. ..... d7—d5 oder mit 4. ..... d4—d3; 5. Lf1×d3, Lf8—c5! ablehnen.

5. Lf1—c4   .....

Gut ist auch 5. Sb1×c3, Lf8—b4!, und erst jetzt 6. Lf1—c4, d7—d6.

5. .....   Sg8—f6!

Tollkühn wäre 5. ..... c3×b2?! 6. Lc1×b2, Lf8—b4+; 7. Sb1—c3, Sg8—f6; 8. Dd1—c2! nebst 0—0—0 mit vernichtendem weißen Angriff.

6. Sb1×c3!   .....

Ungünstig für Weiß wäre statt des Textzuges 6. é4—é5?!, d7—d5; 7. Lc4—b3, c3×b2; 8. Lc1×b2, Lf8—b4+! usw.

6. .....   Lf8—b4
7. é4—é5!   .....

Spielbar ist auch 7. 0—0, Lb4×Sc3! usw.

7. .....   Lb4×Sc3+?

Das ist ein richtiger Reinfall. Aber auch nach 7. ..... d7—d5! 8. Lc4—b3, Sf6—é4; 9. 0—0! steht Schwarz recht unbequem.

8. b2×Lc3   d7—d5
9. Lc4—b3   Sf6—é4
10. Lb3×d5   Sé4×c3
11. Ld5×Sc6+   b7×Lc6
12. Dd1—c2!   Sc3—b5!

Nicht jedoch 12. ..... Sc—d5?; 13. Dc2×c6+!, und Weiß gewinnt eine Figur.

13. Lc1—b2   .....

Es droht 14. a2—a4 mit Erbeutung des Springers b5. Erzwungen ist daher:

13. .....   a7—a5

Öffnet dem Springer ein Fluchtfeld auf a7.

14. Ta1—d1   Lc8—d7
15. a2—a4   Sb5—a7
16. Lb2—a3!   .....

Verhindert die gegnerische Rochade.

16. .....   Sa7—c8

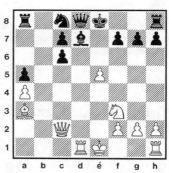

17. 0—0   Sc8—é7

Schwarz möchte rochieren, aber Weiß bereitet den entscheidenden Schlag vor.

18. Tf1—é1!   .....

Schwarz darf nicht rochieren, da er nach 18. ..... 0—0?; 19. Dc2—d3! zumindest die Qualität verliert.

18. .....   Dd8—c8
19. Dc2—c5!   .....

Es droht Matt auf é7.

19. .....   Sé7—g6
20. é5—é6!   f7×é6
21. Sf3—é5!!   .....

Schwarz gab auf, da nach 21. ..... Sg6×Sé5; 22. Dc5—é7# folgt und nach anderen Zügen 22. Sé5×Ld7 entscheidet.

Italienische Gambitspiele

Nebst 4. d2−d4 können aus der Italienischen Partie noch zwei weitere Gambiteröffnungen entstehen: das Jérôme-Gambit und das Evans-Gambit.

1. Das Jérôme-Gambit: 4. Lc4×f7+

38. Partie
De Visser — Frankel
Gespielt in Holland

1. é2−é4   é7−é5
2. Sg1−f3   Sb8−c6
3. Lf1−c4   Lf8−c5
4. Lc4×f7+?!   .....

Dieses Opfer ist unsolid und gestattet dem Nachziehenden eine verhältnismäßig leichte Verteidigung. Ist jedoch Schwarz gierig oder geizig, dann kann er leicht stolpern.

4. .....   Ké8×Lf7
5. Sf3×é5+ .....

Das Springeropfer ist die Pointe des vorhergehenden Läuferopfers. Dieses doppelte Figurenopfer ist das Jérôme-Gambit.

5. .....   Sc6×Sé5

Eine Figur gewinnt Weiß ohne Anstrengung zurück und für die zweite kann er Ersatz in Bauern erhalten, aber mit dem zu frühen Spiel der Dame gerät er in Entwicklungsrückstand.

In einer Partie Tonetti−Ruggieri (Rom 1890) geschah:
6. Dd1−h5+, Kf7−é6; 7. Dh5−f5+, Ké6−d6; 8. d2−d4, Lc5×d4; 9. Lc1−g5, Sg8−f6; 10. c2−c3, Ld4−c5; 11. b2−b4, Lc5−b6; 12. 0−0, Th8−é8; 13. Tf1−d1+, Kd6−c6; 14. b4−b5+, Kc6×b5; 15. Sb1−a3+, Kb5−a5? (Richtig wäre 15. ..... Kb5−a6!.) 16. Sa3−c4+, Ka5−b5; 17. Sc4×Sé5, d7−d6; 18. Ta1−b1+, Kb5−a6; 19. Df5−f3, c7−c6; 20. Df3−d3+, Ka6−a5; 21. Sé5−c4+, Ka5−a6; (Ka5−a4?? 22. Tb1−b4#.) 22. Sc4×Lb6(+), Ka6−a5; 23. c3−c4! ∼ 24. Dd3−a3#.

6. Dd1−h5+ Sé5−g6

Statt dessen 6. ..... Kf7−é6; 7. Dh5−f5+, Ké6−d6; 8. f2−f4! ist für Weiß günstiger.

7. Dh5×Lc5? .....
Genauer ist vorher 7. Dh5–d5+! und erst danach 8. Dd5×Lc5, um die Entwicklung des schwarzen Turmes h8 zu verzögern.

7.	d7–d6!
8. Dc5–b4	Sg8–f6
9. 0–0	Th8–f8
10. Db4–b3+	Lc8–é6
11. Db3×b7	

Weiß hat nun drei Bauern für die Figur, was ein ausreichender Ersatz ist, aber der Nachziehende hat inzwischen eine gute Stellung aufgebaut.

11.	Kf7–g8

Das ist die sog. Chinesische Rochade.

12. f2–f4	Lé6–g4
13. Sb1–c3	Dd8–d7!
14. Db7–a6	Sg6–é7
15. d2–d4	d6–d5
16. é4–é5	Sf6–é4
17. Da6–d3	Sé4×Sc3!

Schwarz hat eine Mehrfigur. In diesem Falle ist der Figurentausch vorteilhaft. Um sein Bauernzentrum zu verstärken, schlägt Weiß mit dem Bauern zurück.

18. b2×Sc3	Lg4–f5
19. Dd3–d2	Lf5–é4!

Schwarz hat einen gewaltigen Zentralläufer.

20. c3–c4	c7–c6
21. c4×d5	c6×d5
22. c2–c4	Sé7–f5!
23. Lc1–b2	.....

Dem Anziehenden gelang es mit großen Geschick, seine Figuren zu entwickeln.

23.	Dd7–c6
24. g2–g4?	.....

Der Verlustzug. Notwendig war 24. c4–c5!

24.	Sf5–h4
25. Ta1–c1	Dc6–g6!

Wäre der Bauer noch auf g2, so hätte Weiß mit g2–g3 eine ausreichende Verteidigung. Jetzt aber bricht die weiße Stellung wie ein Kartenhaus zusammen. – Die meisten Partien gehen durch fehlerhafte Bauernzüge verloren.

26. Tc1–c3	Sh4–f3+!!
27. Tf1×Sf3	Dg6×g4+
28. Kg1–f1	.....

Nach 28. Tf3–g3 folgte Dg4×f4.

28.	Tf8×f4
29. Tf3×Tf4	Dg4×Tf4+!!
30. Dd2–f2	.....

Oder 30. Dd2×Df4, Ta8–f8!. Aber dies wäre noch das kleinere Übel. Jetzt kommt es noch schlimmer.

30.	Df4–g4
31. Kf1–é1	Ta8–f8!
32. Df2–g3	Dg4–f5
33. Tc3–é3	Df5–f1+
34. Ké1–d2	Tf8–f2+
35. Kd2–c3	Df1×c4#

2. Das Evans-Gambit: 4. b2−b4

39. Partie

Dr. J. Zukertort — Payne

1. é2−é4   é7−é5
2. Sg1−f3 Sb8−c6
3. Lf1−c4 Lf8−c5
4. b2−b4!? .....

Das ist das berühmte Evans-Gambit. Weiß opfert den b-Bauern nicht nur, um seine Entwicklung zu beschleunigen, sondern auch, um Raum zu gewinnen und u. U. ein starkes Bauernzentrum zu errichten.

4. .....   Lc5×b4
5. c2−c3   .....

In anderen Eröffnungen ist dieser Zug meistens ein Tempoverlust. Hier aber kann er wegen des Angriffes auf den schwarzen Läufer mit Tempogewinn ausgeführt werden:

5. .....   Lb4−a5

Sicherer ist der Rückzug 5. ..... Lb4−é7; 6. d2−d4, Sc6−a5!; 7. Sf3×é5, Sa5×Lc4; 8. Sé5× Sc4, d7−d5!; 9. é4×d5, Dd8× d5; 10. Sc4−é3, und Schwarz hat den gefährlichen weißen Angriffsläufer beseitigt.

6. d2−d4   é5×d4
7. 0−0!   d4×c3

Das ist das berüchtigte »kompromittierte Evans-Gambit«. Weiß opfert drei Bauern und erhält dafür einen rasenden Angriff mit zahlreichen Möglichkeiten zu glänzenden Wendungen. Schwarz kann die Lage nur mit den größten Anstrengungen meistern.

In der Partie Smogrowicz–Schulz schlug Schwarz 7. ..... La5×c3? (statt d4×c3). Es folgte: 8. Sb1×Lc3, d4×Sc3; 9. Tf1−é1, Sg8−é7; 10. Sf3−g5, Sc6−é5. (Deckt den Bauern f7.) 11. Dd1−h5, g7−g6; 12. Dh5−h6, Sé7−g8; 13. Dh6−h4, Sé5×Lc4; 14. é4−é5!. b7−b5; 15. Dh4−é4. (Angriff gegen den Turm a8.) Ta8−b8; 16. Dé4−d4, Ké8−f8; 17. é5−é6! (Aufgedeckter Angriff der Dame gegen den Th8.) Dd8−f6; 18. é6×f7!! Df6×Dd4; 19. Té1−é8+, Kf8−g7; 20. f7−f8(D)#.

8. Dd1−b3!   Dd8−f6

Deckt die beiden angegriffenen Bauern f7 und c3.

9. é4−é5!   Df6−g6
10. Sb1×c3   Sg8−é7!
11. Lc1−a3! .....

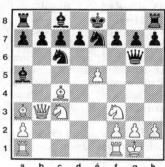

In einer Partie Blackburne–Taylor versuchte Schwarz das Rückopfer 11. ..... b7−b5; 12. Sc3×b5, a7−a6?; (Richtig war Ta8−b8.) 13. Sb5−d6+!, c7× Sd6; 14. é5×d6, Sé7−f5; 15. Tf1−é1+!!, La5×Té1; 16. Ta1×Lé1+, Ké8−f8; 17. Db3−b6, Ta8−b8; 18. Db6× Sc6!!. (Die Dame ist tabu: 18. ..... d7×Dc6??; 19. d6−d7(+), Sf5−d6; 20. d7−d8(T)#.) 18.

..... Dg6—f6; 19. Dc6—c7, Tb8—a8; 20. La3—b2!!, Df6×Lb2; 21. Dc7—d8#.

11.	0—0
12. Ta1—d1!	b7—b5
13. Lc4—d3	Dg6—é6
14. Ld3×h7+!!	Kg8—h8!

Nicht 14. ..... Kg8×Lh7??; 15. Sf3—g5+ Familienschach nebst Erbeutung der schwarzen Dame.

15. Sc3—d5	b5—b4
16. La3—c1	Sé7×Sd5
17. Td1×Sd5	Sc6—é7
18. Sf3—g5!!	Dé6×Td5
19. Db3—h3!	.....

Schwarz gab auf wegen

19.	d7—d6
20. Lh7—f5(+)	Kh8—g8
21. Dh3—h7#.	

40. Partie

Globus — Gross

1. é2—é4	é7—é5
2. Sg1—f3	Sb8—c6
3. Lf1—c4	Lf8—c5
4. b2—b4!?	Lc5×b4
5. c2—c3	Lb4—a5

Spielbar ist auch der Rückzug 5. ..... Lb4—c5. Danach folgen ähnliche Wendungen. Edmund Thorold gewann mit 6. 0—0, Sg8—f6; 7. d2—d4, é5×d4; 8. c3×d4, Lc5—b6; 9. é4—é5!, d7—d5!; 10. é5×Sf6, d5×Lc4; 11. Tf1—é1+, Ké8—f8!, (Nach 11. ..... Lc8—é6? würde 12. d4—d5! den Läufer erbeuten.) 12. Lc1—a3+!, Kf8—g8; 13. d4—d5, Sc6—a5; 14. La3—é7!, Dd8—d7; 15. f6×g7, Kg8×g7; 16. Dd1—d2!, (Es droht 17. Dd2—g5#.) 16. ..... Dd7—g4; 17. Dd2—c3+, Kg7—g8; 18. Dc3×Th8+!!, Kg8×Dh8; 19. Lé7—f6+, ~; 20. Té1—é8#.

6. d2—d4   .....

Ebenso gut ist hier 6. 0—0, Sg8—f6; 7. d2—d4, 0—0; 8. Sf3×é5, Sf6×é4; 9. Dd1—h5, Sc6×Sé5; 10. d4×Sé5, c7—c6?, (Notwendig wäre der Gegenstoß d7—d5!.) 11. Sb1—d2, Sé4×Sd2; 12. Lc1×Sd2, La5—b6; 13. Ld2—g5, Dd8—é8; 14. Ta1—é1, d7—d5; 15. Lg5—f6!!, Lb6—d8? (Richtig wäre Dé8—é6!) 16. Dh5—g5, Ld8×Lf6; 17. é5×Lf6, g7—g6; 18. Dg5—h6!; ~; 19. Dh6—g7# (Showalter—Burille).

6.	é5×d4

Besser ist 6. ..... d7—d6!.

7. 0—0	d7—d6!
8. c3×d4	h7—h6?
9. Dd1—b3!	Dd8—é7
10. Sb1—c3	La5×Sc3
11. Db3×Lc3	Lc8—d7!

Freilich nicht 11. ..... Dé7×é5??; 12. Tf1—é1 Damenfang.

12. é4—é5!	d6×é5
13. Lc1—a3!	é5×d4
14. Sf3×d4	Dé7—f6
15. Ta1—é1+	Sg8—é7
16. Sd4×Sc6!!	Df6×Dc3
17. Té1×Sé7+	Ké8—f8
18. Té7×f7++	Kf8—g8
19. Sc6—é7+	Kg8—h7
20. La3—b2!!	Dc3×Lb2
21. Lc4—d3#	

3. Abgelehntes Evans-Gambit

41. Partie
Albin — Blackburne

1. é2−é4   é7−é5
2. Sg1−f3   Sb8−c6
3. Lf1−c4   Lf8−c5
4. b2−b4!? Lc5−b6!

Wegen der großen Erfolge, die Weiß mit dem angenommenen Evans-Gambit erzielte, ist man auf den Gedanken gekommen, das Gambit abzulehnen.

Die beste Ablehnung ist der Textzug. Spielbar ist ferner auch 4. ..... Lc5−é7; 5. c2−c3!, Sg8−f6; 7. Dd1−b3, 0−0; 8. d2−d3!.

5. Lc1−b2? .....

Zu zahm gespielt. Stärker ist 5. a2−a4! und mit Läuferfang zu drohen 5. ..... a7−a6; 6. Sb1−c3!.

5. .....   d7−d6!
6. 0−0   Sg8−f6
7. b4−b5   Sc6−é7
8. Sb1−c3   Sé7−g6
9. d2−d3   0−0
10. Sc3−d5   Sf6×Sd5!
11. Lc4×Sd5 Sg6−f4

Es ist immer vorteilhaft für Schwarz, einen Springer auf das Feld f4 zu stellen − besonders wenn Weiß kurz rochiert hat.

12. Ld5−b3   Lc8−g4
13. d3−d4   é5×d4
14. Dd1−d2? Dd8−f6!
15. Kg1−h1   .....

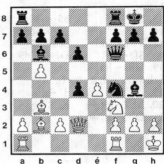

15. .....   Sf4×g2!!

Jetzt würde Schwarz nach 16. Kh1×Sg2?, Df6×Sf3+; 17. Kg2−g1, h7−h6! schnell verlieren.

16. Sf3×d4   Lb6×Sd4
17. Dd2×Ld4 Lg4−f3
18. Dd4×Df6 Sg2−f4(+)
19. Kh1−g1   Sf4−h3#

4. Gambitvariante der Italienischen Partie: 4. d2−d4, 5. 0−0

Als Beispiel siehe die 3. Partie Rosentreter−Höfer auf S. 17.

Andere Verteidigungen im Königsspringerspiel

Die Königsspringerspiele sind die Partieanlagen, in denen Weiß mit **2. Sg1–f3** den ungedeckten Bauern é5 angreift (im Gegensatz zum Läuferspiel: 2. Lf1–c4).

Wir haben bisher die sog. Normale Verteidigung **2. ..... Sb8–c6** (Italienische Eröffnung [Giuoco piano] S. 48, Schottische Eröffnung, S. 37, Ponziani Eröffnung, S. 47) gesehen.

Neben der besten Verteidigung (Sb8–c6) hat Schwarz auch andere Verteidigungen zur Verfügung:
1. Philidor-Verteidigung: 1. é2–é4, é7–é5; 2. Sg1–f3, **d7–d6.**
2. Damiano-Verteidigung: 1. é2–é4, é7–é5; 3. Sg1–f3, **f7–f6.**
3. Unregelmäßige Verteidigungen:
   a) Damenverteidigung: 1. é2–é4, é7–é5; 2. Sg1–f3, Dd8–é7.
   b) Damenverteidigung: **Dd8–f6.**
   c) Läuferverteidigung: 1. é2–é4, é7–é5; 2. Sg1–f3, **Lf8–d6.**
4. Ungarische Verteidigung: 1. é2–é4, é7–é5; 2. Sg1–f3, Sb8–c6; 3. Lf1–c4, **Lf8–é7** ist eine Abart der Italienischen Eröffnung und auch mit der Philidor-Verteidigung verwandt.

1. Philidor-Verteidigung: 2. d7–d6

Schwarz beabsichtigt, seine Stellung geschlossen zu halten. Der Königsläufer wird auf é7 entwickelt.
Weiß kann den Angriff auf zwei Arten fortsetzen:
   a) der Klassische Angriff: 3. **Lf1–c4,**
   b) der Moderne Angriff: 3. **d2–d4.**

a) Der Klassische Angriff: 3. Lf1–c4

42. Partie

Gioachino Greco — N. N.
Italien um 1618

1. é2–é4	é7–é5
2. Sg1–f3	d7–d6

»Die Idee des Bauernzuges ist, den Punkt é5 zu stützen, ohne dabei den Springer nach c6 zu entwickeln und damit den ›spanischen Angriffszug Lf1–b5‹ zu vermeiden. Die Philidor-

Verteidigung ist als eine gute und sichere Eröffnung anzusehen. Ihr einziger Nachteil besteht darin, daß sie Schwarz lange Zeit zu ziemlich passivem Spiel zwingt« (Paul Keres).

3. Lf1—c4   .....

Ein guter Zug. Doch ist 3. d2—d4 energischer.

3. .....   Lc8—g4?

Die Fesselung eines Springers mit einem Läufer ist meistens gut als ein Angriffszug des Anziehenden, aber schlecht als Verteidigung für den Nachziehenden. Schwarz sollte vor allem die schnelle Entwicklung seiner Figuren betreiben und nicht an einen Angriff denken. Überdies könnte der vorgeprellte Läufer mit h2—h3 angegriffen werden und mit dem Rückzug an Tempo verlieren. Die beste Fortsetzung für Schwarz ist an dieser Stelle 3. ..... Lf8—é7, während alle anderen Züge minderwertig sind.

4. h2—h3?   .....

Eine Ungenauigkeit. Die beste Fortsetzung ist hier 4. c2—c3!. Danach hätte Schwarz nichts Besseres zu tun, als den Springer f3 abzutauschen, weil nach etwa 4. ..... Sb8—c6? (oder Sg8—f6?) 5. Dd1—b3! folgt: Doppelangriff gegen die Bauern f7 und b7.

4. .....   Lg4—h5?

Besser wäre 4. ..... Lg4×Sf3; 5. Dd1×Lf3:

a) 5. ..... Sg8—f6?; 6. Df3—b3!, Sf6×é4?; 7. Lc4×f7+, Ké8—d7 (Ké8—é7??; 8. Db3—é6#) 8. Db3×b7, Sé4—g5 (oder Sb8—c6; 9. Lf7—d5!) 9. Lf7—d5, Sb8—a6; 10. Db7—c6+!, Kd7—é7, und Weiß erbeutet den Turm (G. C. Polerio).

b) 5. ..... Dd8—d7!; 6. Df3—b3, c7—c6!; 7. a2—a4! und 8. Sb1—c3 usw.

c) 5. ..... Dd8—f6; 6. Df3—b3, b7—b6; 7. Sb1—c3, Sg8—é7?; 8. Sc3—b5, Sb8—a6; 9. Db3—a4!, Sa6—c5; 10. Sb5×d6++!!, Ké8—d8; 11. Da4—é8#.

5. c2—c3!   .....

Der unmittelbare Angriff 5. g2—g4? ist deshalb schlecht, weil die ungünstig aufgestellten weißen Bauern auf dem Königsflügel Gegenangriffe ermöglichen. Bevor man Flügelangriffe unternimmt, muß das Zentrum gesichert werden.

5. .....   Sg8—f6

6. d2—d3!   .....

Schwächer wäre 6. d2—d4?, Sb8—d7! (Nicht é5×d4?; 7. c3×d4, Sf6×é4?; 8. Lc4—d5!, Dd8—é7; 9. 0—0!, c7—c6; 10. Ld5×Sé4, Dé6×Lé4??; 11. Tf1—é1!, und Weiß gewinnt.)

6. .....   Lf8—é7

7. Lc1—é3   0—0?

Übereilt. Die Rochade war nicht notwendig. Schwarz sollte vorerst die weiße Rochade abwarten. In dieser Stellung ist die Rochade deshalb gefährlich, weil Weiß Gelegenheit erhält, einen starken Angriff gegen den rochierten schwarzen König zu unternehmen.

8. g2—g4!   .....

Der Bauernsturm im 5. Zuge war verfrüht. Jetzt ist er aber am Platze, als Auftakt eines Angriffs gegen die schwarze Rochadestellung.

8. .....   Lh5—g6

9. Sf3—h4   c7—c6?

Statt dieses mangelhaften Zuges wäre der sofortige Gegenstoß 9. ..... d6—d5! gegeben.

10. Sh4×Lg6	h7×Sg6
11. h3–h4!	b7–b5
12. Lc4–b3	a7–a5?

Dieser Flankenangriff kostet mehrere Tempi und führt zu nichts. Schwarz sollte mit 12. ..... d6–d5 versuchen, die tödliche Schräge des weißen Läufers zu versperren.

| 13. a2–a4! | b5–b4 |
| 14. h4–h5 | ..... |

Danach öffnet Weiß den h-Weg für seinen Turm, und dies kann Schwarz nicht mehr verhindern.

14.	g6×h5
15. g4–g5!	Sf6–g4
16. Th1×h5	Sg4×Lé3

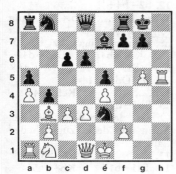

Weiß kündigt Matt in 5 Zügen an:

17. Th5–h8+!! .....

Dieses Turmopfer gewinnt das entscheidende Tempo für den Angriff der weißen Dame.

17.	Kg8×Th8
18. Dd1–h5+	Kh8–g8
19. g5–g6!	.....

Schwarz kann den weißen Bauern nicht schlagen, weil Lb3 den Bf7 fesselt.

19.	Tf8–é8
20. Dh5–h7+	Kg8–f8
21. Dh7–h8#	

43. Partie

Johann Allgaier — N. N.
Wien 1795

1. é2–é4	é7–é5
2. Sg1–f3	d7–d6
3. Lf1–c4	f7–f5!?

Am besten spielt hier Schwarz 3. ..... Lf8–é7!, während alle anderen Verteidigungen mangelhaft sind.

In einer Partie MacDonnel — Gunsberg erfolgte 3. ..... Sb8–c6; 4. c2–c3, Lc8–g4; 5. d2–d4, é5×d4; 6. Dd1–b3?, Dd8–d7!; 7. Lc4×f7+, Dd7×Lf7; 8. Db3×b7, Ké8–d7!!, Schwarz opfert den Turm, um die weiße Dame in der Ecke kaltzustellen. 9. Dg7×Ta8, Lg4×Sf3; 10. g2×Lf3, Df6×f3; 11. Th1–f1, d4–d3!!, und Weiß ist gegen Df3–é2# völlig machtlos.

Der Textzug (f7–f5) in den ersten Zügen ist immer gefährlich und riskant für Schwarz.

4. d2–d4! .....

Stärker ist die andere sichere, aber nicht so energische Fortsetzung 4. d2–d3, Lf8–é7; 5. Dd1–é2.

Gut ist auch 4. c2–c3, Sg8–f6; 5. d2–d4, f5×é4; 6. d4×é5, é4×Sf3; 7. é5×Sf6, Dd8×f6; 8. g2×f3, Sb8–c6; 9. f3–f4, Lc8–d7; 10. Lc1–é3, 0–0–0; 11. Sb1–d2, Td8–é8; 12. Dd1–f3, Ld7–f5!; 13. 0–0–0?. (Es wäre für Weiß besser gewesen, mit 13. Ké1–é2 in der Mitte zu bleiben. Nun bedroht der schwarze Läufer f5 die Felder b1 und c2 sozusagen vor der Nase der weißen Majestät.) 13. ..... d6–d5! (Mit diesem Bauernopfer öffnet Schwarz die

67

Schräge f8−a3 für seinen Königsläufer.) 14. Lc4×d5? (Weiß ist völlig ahnungslos. Notwendig war, den Läufer zu opfern und mit 14. Td1−é1 dem König das rettende Feld d1 zu öffnen.) 14. ..... Df6×c3+!!; 15. b2×Dc3, Lf8−a3#.

4. .....   f5×é4

Falls statt dessen 4. ..... é5×d4, so 5. Sf3−g5, Sg8−h6; 6. Sg5×h7!!, Th8×Sh7. (Besser ist 6. ..... Dd8−é7! nebst f5×é4 und Lc8−f5) 7. Dd1−h5+, Ké8−d7; 8. Dh5−g6!, Th7−h8; 9. Lc1×Sh6!, Th8×Lh6; 10. Dg6×f5+, Kd7−c6; 11. Df5−b5# (oder 10. ..... Kd7−é8(é7); 11. Df5−f7#).

5. Sf3×é5!!   d6×Sé5

Nach 5. ..... d6−d5; 6. Dd1−h5+, g7−g6; 7. Sé5×g6!! kommt Weiß in Vorteil.

6. Dd1−h5+   Ké8−d7

Falls 6. ..... g7−g6, so 7. Dh5×é5+, und Schwarz verliert den Turm h8.

7. Dh5−f5+   Kd7−c6

Nicht 7. ..... Kd7−é8??; 8. Df5−f7#.

8. Df5×é5   .....

Weiß droht 9. Dé5−b5+, Kc6−d6; 10. Lc1−f4+, Kd6−é7; 11. Db5−é5+, Ké7−d7; 12. Dé5−é6#. (Oder 11. ..... Lc8−é6; 12. Dé5×Lé6#.)

8. .....   a7−a6!

Verhindert das fatale Dé5×b5+.

9. d4−d5+!   Kc6−b6

Oder 9. ..... Kc6−d7??; 10. Dé5−é6#.

10. Lc1−é3+   .....

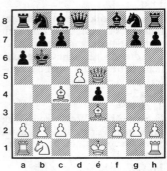

10. .....   Lf8−c5
11. Lé3×Lc5+   Kb6×Lc5
12. b2−b4+!!   .....

Wenn 12. ..... Kc5×Lc4, dann folgt 13. Sb1−a3+!, und Matt in wenigen Zügen, z. B. 13. ..... Kc4×b4; 14. Dé5−d4+, Kb4×Sa3; 15. Ta1−b1!, Ka3×a2; 16. Dd4−a1#.

12. .....   Kc5×b4
13. Sb1−d2!   .....

Öffnet den b-Weg für den Turm und deckt zugleich den Läufer.

13. .....   b7−b5
14. Ta1−b1+   Kb4−a5
15. Dé5−d4!!   .....

Verhindert die Flucht des Königs über b6.

15. .....   Dd8−f6
16. Sd2−b3+   Ka5−b4
17. Dd4−c5+!   Kb4−a4
18. Lc4×b5+!!   a6×Lb5
19. Sb3−d4   Df6−d6
20. Dc5×b5+   Ka4−a3
21. Db5−b3#

b) Der Moderne Angriff 3. d2−d4

Hier folgt Paul Morphys berühmteste Partie, die er gegen den Herzog von Braunschweig und Graf Isouard 1858 in der Loge des Herzogs während der Vorstellung der Oper »Der

Barbier von Sevilla« von Rossini gewann.

44. Partie

Paul Morphy — Herzog Carl von Braunschweig und Graf Isouard

Paris 1858

1. é2–é4 é7–é5
2. Sg1–f3 d7–d6
3. d2–d4! .....

Die Drohung ist 4. d4×é5, d6×é5; 5. Dd1×Dd8+, Ké8× Dé8; 6. Sf3×é5.
Am einfachsten spielt Schwarz 3. ..... é5×d4; 4. Dd1×d4, Sb8–c6!.

3. ..... Lc8–g4?

Besser ist 3. ..... é5×d4 oder 3. ..... Sb8–d7 und auch der Gegenangriff 3. ..... Sg8–f6, um nach 4. d4×é5, Sf6×é4 zu ziehen.

4. d4×é5 Lg4×Sf3
5. Dd1×Lf3 d6×é5
6. Lf1–c4 Sg8–f6?

Dieser Zug sieht eigentlich sehr gut aus, da Schwarz den Springer entwickelt und zugleich das drohende Schäfermatt deckt. Schwarz hat aber nicht bemerkt, daß Weiß auch eine zweite Drohung zur Verfügung hat, sonst hätte er die Mattdrohung durch 6. ..... Dd8–d7! gedeckt.

7. Df3–b3! .....

Doppelangriff gegen die Bauern f7 und b7.

7. ..... Dd8–é7!

Schwarz deckt den Bauern f7 und verzichtet auf den Bauern b7, um nach 8. Db3×b7, Dé7–b4+! den Damentausch zu erzwingen und so zumindest den Turm zu retten. Freilich gewinnt dabei Weiß einen Mehrbauern für das Endspiel, das wahrscheinlich zum Partiegewinn ausreicht, aber eine bessere Verteidigung ist nicht ersichtlich.

8. Sb1–c3! .....

Dem genialen Morphy genügt ein mageres Bäuerlein nicht. Er entwickelt eine Figur und erneuert die Drohung Db3×b7.

8. ..... c7–c6

Deckt durch die Dame den Bb7.

9. Lc1–g5 .....

Weiß entwickelt eine weitere Figur und fesselt zugleich den schwarzen Springer.

9. ..... b7–b5?

Durch diesen Angriff auf den weißen Läufer möchte Schwarz ein wenig Zeit für die Entwicklung seiner Figuren gewinnen, um Sb8–a6 ziehen zu können, ohne Lc4×Sa6, b7×La6 die völlige Zertrümmerung seiner Bauernstellung zu gestatten.

10. Sc3×b5!! .....

Weiß opfert den Springer gegen zwei Bauern, um für seinen Läufer die schwarze Königsschräge é8–a4 zu öffnen.

10. ..... c6×Sb5
11. Lc4×b5+ Sb8–d7
12. 0–0–0 .....

Der weiße Turm kommt mit Tempo ins Spiel und droht, mit Lg5×Sf6 nebst Td1×Sd7 die geopferte Figur mit großem Vorteil zurückzugewinnen, da ja der Sf6 gefesselt ist.

12. ..... Ta8–d8

Schwarz macht laute Zwangszüge und ist in eine tragikomische, zusammengepferchte Stellung geraten, in der er kaum einen vernünftigen Zug machen kann.

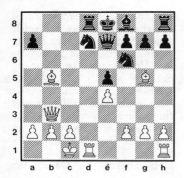

45. Partie

Th. P. W. Barnes — Paul Morphy
London 1858

1. é2—é4   é7—é5
2. Sg1—f3   d7—d6
3. d2—d4   f7—f5

Philidors Gegenangriff. Besser dürfte die Hanham-Verteidigung 3. ...... Sb8—d7 sein, mit Erhaltung des Königsbauern é5. Doch führt diese zu einem eingeengten Spiel.

4. d4×é5   f5×é4
5. Sf3—g5   d6—d5
6. é5—é6   Lf8—c5
7. Sg5—f7   Dd8—f6

Schäfermatt-Drohung auf f2.

8. Lc1—é3?   ......

Gegeben wäre 8. Dd1—é2!. Der Textzug verliert ein wertvolles Tempo, das dem Nachziehenden erlaubt, gegen den weißen König einen heftigen Angriff zu organisieren, der auf die Kraft der mächtigen schwarzen Zentralbauern gegründet ist, die geeignet sind, den Gegner zu überrumpeln.

8. ......   d5—d4!
9. Lé3—g5   Df6—f5
10. Sf7×Th8   Df5×Lg5
11. Lf1—c4   Sb8—c6
12. Sh8—f7   Dg5×g2
13. Th1—f1   Sg8—f6
14. f2—f3?   ......

Dieser Fehlzug öffnet die zweite Reihe für die feindliche Dame mit verheerenden Folgen.

14. ......   Sc6—b4!
15. Sb1—a3   Lc8×é6!!

Dieses Figurenopfer, das einen großartigen Mattangriff einleitet, ist die Folge der Fehler des Anziehenden im 8. und 14. Zug.

16. Lc4×Lé6   Sb4—d3+!!
17. Dd1×Sd3!   ......

13. Td1×Sd7!! ......

Der Zweck dieses Qualitätsopfers ist, den zweiten weißen Turm, der bisher abseits stand, ins Spiel zu bringen und einen konzentrierten Angriff sämtlicher weißer Figuren einzuleiten.

13. ......   Td8×Td7
14. Th1—d1   Dé7—é6

Schwarz entfesselt seinen Springer, damit auch dieser an der Verteidigung des bedrohten Turmes d7 teilnehmen kann.

15. Lb5×Td7+   ......

Doppelangriff gegen König und Dame. Schwarz bleibt nichts anderes übrig als:

15. ......   Sf6×Ld7
16. Db3—b8+!! ......

Der Zweck dieses prächtigen Damenopfers ist, den Springer vom Feld d7 abzulenken, um für den Turm den d-Weg zum tödlichen Schlag zu öffnen.

16. ......   Sd7×Db8
17. Td1—d8#

Diese Glanzpartie ist das beste Schulbeispiel für die richtige Figurenentwicklung in der Eröffnung. Es wird dem geneigten Leser empfohlen, sie mehrmals nachzuspielen.

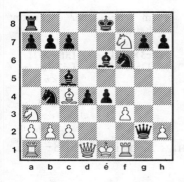

Es ist ja klar, daß 17. c2×Sd3?? wegen Matt in zwei Zügen nicht ging: 17. ..... Lc5−b4+; 18. Dd1−d2, Dg2×Dd2#.

17.	é4×Dd3
18. 0−0−0	Lc5×Sa3!
19. Lé6−b3!	.....

Freilich nicht 19. b2×La3??, Dg2×c2#.

| 19. ..... | d3−d2+! |
| 20. Kc1−b1! | ..... |

Das Schlagen des Bauern würde einen Turm kosten.

| 20. ..... | La3−c5 |
| 21. Sf7−é5 | Ké8−f8! |

Der König räumt das Feld é8 für den Turm.

22. Sé5−d3	Ta8−é8!!
23. Sd3×Lc5	Dg2×Tf1!!
24. Sc5−é6+	Té8×Sé6

Aufgegeben, da nach 25. Lb3×Té6??, Df1×Td1# folgt.

| 25. Td1×Df1 | Té6−é1+ |
| 26. Tf1×Té1 | d2×Té1(T)# |

2. Verzögerte Philidor-Verteidigung: 3. d7−d6

46. Partie
Rodzinski   A. Aljechin
Paris 1913

1. é2−é4	é7−é5
2. Sg1−f3	Sb8−c6
3. Lf1−c4	d7−d6

Eine sichere Verteidigung, die aber zu passiv und arm an Gegenspiel ist. Am besten spielt nun Weiß 4. d2−d4!, Lc8−g4.

| 4. c2−c3 | Lc8−g4 |

Gut ist auch 4. ..... Dd8−é7; 5. d2−d4, g7−g6! nebst Lf8−g7.

| 5. Dd1−b3!? | ..... |

Dieser Doppelangriff gegen f7 und b7 ist verfrüht. Besser wäre 5. d2−d4.

5.	Dd8−d7!
6. Sf3−g5	Sg8−h6
7. Lc4×f7+	Sh6×Lf7
8. Sg5×Sf7	Dd7×Sf7
9. Db3×b7	Ké8−d7!

Schwarz opfert die Qualität. Der Textzug ist besser als 9. ..... Ta8−b8; 10. Db7×Sc6+, da in diesem Falle Schwarz im Endergebnis zwei Bauern weniger hätte.

| 10. Db7×Ta8 | Df7−c4! |

Verhindert die Rochade und droht Dc4−é2#.

| 11. f2−f3 | ..... |

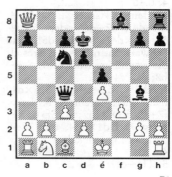

| 11. ..... | Lg4×f3!! |
| 12. g2×Lf3 | Sc6—d4!! |

Ein Opfer nach dem anderen! Falls jetzt 13. c3×Sd4, dann Dc4×Lc1+; 14. Ké1—é2, Dc1×Th1. Weiß möchte den Turm retten, aber es kommt noch ärger:

13. d2—d3?	Dc4×d3
14. c3×Sd4	Lf8—é7!!
15. Da8×Th8	Lé7—h4#

3. Ungarische Verteidigung: 2. Sg1—f3, Sb8—c6; 3. Lf1—c4, Lf8—é7

47. Partie

Dudek — Kühn
Schlesisches Meisterturnier

1. é2—é4	é7—é5
2. Sg1—f3	Sb8—c6
3. Lf1—c4	Lf8—é7

Schwarz vermeidet die Verwicklungen der Italienischen Eröffnung (Lf8—c5) und des Zweispringerspiels (Sg8—f6). Die gewählte Läuferentwicklung ist nicht schlecht und führt zu einem durchaus sicheren Spiel. Der einzige Nachteil der Ungarischen Verteidigung ist, daß Schwarz von vornherein auf ein aktives Gegenspiel verzichtet.

| 4. 0—0 | ..... |

Eindeutig stärker ist hier 4. d2—d4!, d7—d6 (oder é5×d4; 5. Sf3×d4). 5. d4—d5!, und Schwarz hat nichts Besseres als die reumütige Rückkehr: Sc6—b8; 6. Lc4—d3.

Nach 4. d2—d4 ist Sc6×d4? nicht zu empfehlen. 5. Lc4×f7+!!, Ké8×Lf7; 6. Sf3×é5+, nebst 7. Dd1×Sd4, und Weiß ist besser entwickelt.

| 4. ..... | Sg8—f6 |
| 5. Tf1—é1? | ..... |

Verteidigt den angegriffenen Bauern é4.
Auch 5. Sb1—c3 ist tadellos.

| 5. ..... | 0—0 |
| 6. c2—c3 | ..... |

Erheblich günstiger wäre 6. Sb1—c3.
Der Textzug ist zu langsam.

| 6. ..... | Sf6×é4! |

Das Scheinopfer ist nun besonders stark. Nach 7. Té1—Sé4 gewinnt Schwarz die geopferte Figur mit der Gabel d7—d5 zurück.

| 7. Lc4×f7+? | ..... |

Weiß möchte noch ein Bäuerlein einstecken, bevor Schwarz d7—d5 zieht. Doch ist dieser Bauernraub unglücklich, weil dadurch der f-Weg für den schwarzen Turm geöffnet wird.

7.	Tf8×Lf7
8. Té1×Sé4	d7—d5
9. Té4×é5?	.....

Ein weiteres ungesundes Opfer. Es war höchste Zeit, den vernachlässigten Damenflügel zu entwickeln, etwa mit 9. d2—d3(d4) nebst 10. Lc1—é3, samt 11. Sb1—d2.

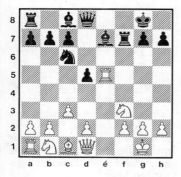

9. ..... Tf7×Sf3!!
10. Té5×Lé7 Dd8×Té7
11. g2×Tf3 .....
Nicht etwa 11. Dd1×Tf3??

Dé7–é1#.
11. ..... Dé7–g5+
12. Kg1–h1 .....
Nach 12. Kg1–f1? würde gleichfalls Lc8–h3+ folgen: 13. Kf1–é2(é1), Ta8–é8+ mit Vernichtung. Z. B. 14. Dd1–é2, Dg5–g1#.
12. ..... Lc8–h3
13. Dd1–g1 .....
Es drohte Dg5–g2#.
13. ..... Dg5×Dg1+!!
14. Kh1×Dg1 Ta8–é8!
Weiß gab auf, weil seine ungezogenen Figuren am Damenflügel untätig zuschauen müssen, wie Schwarz mit Té8–é1# setzt.

4. Damiano-Verteidigung: 2. f7–f6

48. Partie
Em. Schiffers — M. Tschigorin
St. Petersburg 1897

1. é2–é4 é7–é5
2. Sg1–f3 f7–f6?!

Das ist die ungünstige Damiano-Verteidigung. Doch kann man auch mit ihr gewinnen – und zwar auch gegen Meister – wie die vorliegende Partie beweist. Denn es ist immer der Spieler, der gewinnt, und nicht die Eröffnung.

3. Sf3×é5! .....

Ein durchaus korrektes Figurenopfer. Doch sind auch die Fortsetzungen 3. Lf1–c4! (Verhinderung der schwarzen Rochade) sowie 3. d2–d4 stark genug.

3. ..... Dd8–é7!

Die Ablehnung des Springeropfers ist die einzige brauchbare Fortsetzung, während die Annahme des Opfers mit 3. ..... f6×Sé5 in allen Varianten verliert.

4. Sé5–f3! .....

Weiß gibt den Mehrbauern zurück. Ungünstig wäre statt dessen 4. Dd1–h5+?, g7–g6!; 5. Sé5×g6, Dé7×é4+!, und Weiß verliert den Springer.

4. ..... d7–d5!

Ein wichtiger Tempogewinn. Schwarz braucht sich mit dem Schlagen des Bauern nicht zu beeilen.

5. d2–d3 d5×é4
6. d3×é4 Dé7×é4+

Schwarz hat den verlorenen Bauern zurückgewonnen.

7. Lf1–é2 Sb8–c6

Besser ist es, mit 7. ..... Lc8–f5! den Bauern c2 zu bedrohen und dadurch Sb1–c3 zu verhindern.

8. 0–0 .....

Gut wäre auch, mit 8. Sb1–c3 die schwarze Dame anzugreifen. Aber auch der Textzug ist tadellos.

8. ..... **Lc8–d7**

Schwarz bereitet die lange Rochade vor.

9. Sb1–c3 **Dé4–g6?**

Danach verliert Schwarz die Dame, aber auch nach dem besseren 9. ..... Dé4–é7 wäre Weiß überlegen.

10. Sf3–é5!! .....

Der Springer opfert sich erneut und öffnet die Schräge é2–h5 für den Läufer.

10. ..... **Sc6×Sé5**

12. Lé2–h5 **0–0–0**

12. Lh5×Dg6 **h7×Lg6**

Schwarz hat zwei Figuren für die Dame, nebst dem offenen h-Weg für den Turm.

13. Dd1–è2? .....

Besser wäre 13. Dd1–é1 – wie die Folge zeigt.

13. ..... **Lf8–d6**

14. Sc3–é4? .....

Richtig wäre 14. Lc1–f4!.

14. ..... **Sé5–f3+!!**

Dieses hübsche Springeropfer öffnet die Schräge des Ld6 nach h2. Weiß muß das Opfer annehmen, da nach 15. Kg1–h1?? Th8×h2# folgen würde.

15. g2×Sf3 **Ld6×h2+**

16. Kg1–g2 **Ld7–h3+!!**

17. Kg2–h1! .....

Weiß darf das Läuferopfer nicht annehmen, da nach 17. Kg2×Lh2??, Lh3×Tf1(+); 18. K~, Lf1×Dé2 schnell verlieren würde.

17. ..... **Lh2–é5**

18. Kh1–g1 **Lé5–h2+!!**

19. Kg1–h1 **Lh2–é5**

Schwarz möchte Remis durch Zugwiederholung erreichen. Doch will Weiß das Remis nicht zulassen, da er mit Dame gegen Läufer und Bauern zu gewinnen hofft.

20. Dé2–é1 **Lh3–g4(+)**

21. Kh1–g1 .....

Nach 21. Kh1–g2 folgt Th8–h2+; 22. Kg2–g1, Lg4×f3; 23. Sé4–g3 (verhindert das Th2–h1#), Th2–g2+; 24. Kg1–h1, Lé5×Sg3; 25. f2×Lg3, Sg8–é7! nebst unabwendbarem Td8–h8#.

21. ..... **Lg4×f3**

Es droht Th8–h1#.

22. Sé4–g3 **Sg8–é7**

23. Dé1–é3 **Lf3–c6**

24. Dé3×a7? .....

Dieser Fehlzug sollte die Partie kosten. Schwarz zog aber 24. ..... b7–b6? und verpatzte die günstige Gelegenheit, zu einem glänzenden, problemartigen Schluß:

24. ..... **Th8–h1+!!**

25. Sg3×Th1 **Lé5–h2+!!**

26. Kg1×Lh2 **Td8–h8+**

27. Kh2–g3 **Sé7–f5+**

28. Kg3–f4 **Th8–h4#**

5. Unregelmäßige Verteidigungen

Nach 1. é2–é4, é7–é5; 2. Sg1–f3 kann Weiß den angegriffenen Bé5 auch mit der Dame decken. Doch würde 2. ..... Dd8–é7 den Läufer f8 einsperren und nach 2. ..... Dd8–f6?

das beste Entwicklungsfeld des Königsspringers blockieren. Überdies hat die starke Dame wichtigere Aufgaben, als ein schwaches Bäuerlein zu decken.

Seltsamerweise ist aber die dritte Möglichkeit: 1. é2—é4, é7—é5; 2. Sg1—f3, Lf8—d6?! durchaus spielbar, obwohl der Läufer die ganze Damenflanke lahmlegt. Die Ausnützung dieses Mangels ist aber für Weiß nicht leicht, so daß es durchaus möglich ist, mit dieser bizarren Verteidigung den Gegner zu verwirren.

49. Partie
N. N.   Williams
England um 1870

1. é2—é4   é7—é5
2. Sg1—f3   Lf8—d6?!
3. Lf1—c4!   .....

Nach 3. ..... Sg8—f6 spielt Weiß 4. d2—d4!, Sb8—c6! (Nicht 4. ..... é5×d4?; 5. é4—é5!. Auch nicht 4. ..... Sf6×é4; 5. Dd1—é2!, Sé4—f6; 6. d4×é5, und in beiden Fällen verliert Schwarz eine Figur.) 5. d4×é5, Ld6×é5! (Nicht aber 5. ..... Sc6×d5?; 6. Sf3×Sé5, Ld6×Sé5; 7. f2—f4!, Lé5—d6; 8. é4—é5 und Figurenverlust.) 6. Sf3—g5, 0—0; 7. f2—f4, Lé5—d4! usw.

3. .....   b7—b5!
4. Lc4—b3!?   .....

Oder 4. Lc4×b5, c7—c6; 5. Lb5—c4, Ld6—é7 usw.

4. .....   Sg8—f6
5. d2—d3   a7—a5
6. a2—a4   b5—b4!

Der Bauer hindert die Entwicklung des Sb1.

7. Lc1—g5   0—0
8. Sb1—d2   c7—c6!

Um dem Läufer d6 das Fluchtfeld c7 zu öffnen.

9. Sd2—c4   Ld6—c7
10. Sc4×é5?   .....

Der vergiftete Bauer. Besser wäre 10. 0—0.

10. .....   d7—d6
11. Sé5—c4   d6—d5!

Nun wäre es nicht ratsam, 12. é4×d5? Tf8—é8+!.

12. Sc4—é5   Tf8—é8!
13. d3—d4   Lc8—a6!

Verhindert die weiße Rochade.

14. Sé5—g4?   .....

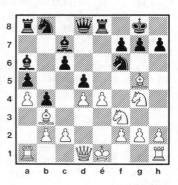

14. .....   Sf6×Sg4!!
15. Lg5×Dd8   Té8×é4+!
16. Ké1—d2   Lc7—f4#

Nach 1. é2—é4, é7—é5; 2. Sg1—f3, Dd8—f6 spielt Weiß am stärksten 3. d2—d4! und evtl. Lc1—g5.

Der Gegenangriff Sg8—f6

In den Königsspringerspielen (1. é2—é4, é7—é5; 2. Sg1—f3) greift Weiß den schwarzen Königsbauern é5 an. Statt sich um den Bé5 zu kümmern, kann Schwarz mit Sg8—f6 einen Gegenangriff auf den ungedeckten weißen Bauern é4 unternehmen.

Dieser Gegenangriff kann stattfinden:
1. im zweiten Zug (1. é2—é4, é7—é5; 2. Sg1—f3, **Sg8—f6**). Dieses System heißt *Russische Verteidigung*),
2. im dritten Zug (1. é2—é4, é7—é5; 2. Sg1—f3, Sb8—c6; 3. Lf1—c4, **Sg8—f6**). Das ist die *Zweispringer-Verteidigung* (auch Zweispringer-Spiel im Nachzug, oder Preußische Verteidigung genannt). Dies ist eigentlich eine Abart der Italienischen Eröffnung.
3. In dieselbe Gruppe gehört auch die *Berliner Verteidigung* des Läuferspiels (1. é2—é4, é7—é5; 2. Lf1—c4, **Sg8—f6**), die wir schon ausführlich kennengelernt haben.

1. Russische Verteidigung

Nach 1. é2—é4, é7—é5; 2. Sg1—f3, Sg8—f6 kann Weiß zwischen vier Fortsetzungen wählen:
a) 3. Sf3×é5, Klassischer Angriff
b) 3. d2—d4, Steinitzens Angriff
c) 3. Sb1—c3, Lf8—b4
d) Nach 3. Lf1—c4 entsteht die Berliner Verteidigung des Läuferspiels.

a) Der klassische Angriff: 3. Sf3×é5

50. Partie

David Janowski   F. J. Marshall

1. é2—é4   é7—é5
2. Sg1—f3   Sg8—f6
3. Sf3×é5!   .....

Das ist die älteste, meistgespielte und wahrscheinlich auch die beste Fortsetzung.
Nun würde der sofortige 3. ..... Sf6×é4 ungünstig sein, wegen 4. Dd1—é2! Und jetzt nur ja

nicht 4. ..... Sé4−f6??; 5. Sé5−c6(+)!, und Schwarz verliert die Dame. Am besten spielt Schwarz 4. ..... Dd8−é7.

3. .....   d7−d6!

Ein durchaus notwendiger Zwischenzug.

Eine pfiffige Fortsetzung wäre 3. ..... Sb8−c6!? (statt d7−d6!). 4. Sé5×Sc6, d7×Sc6; 5. d2−d3, Lf8−c5!; 6. Lc1−g5?, Sf6×é4!!; 7. Lg5×Dd8??, Lc5×f2+; 8. Ké1−é2, Lc8−g4#.

4. Sé5−f3   Sf6×é4
5. d2−d4!   d6−d5!
6. Lf1−d3   Lf8−d6

Gut ist auch 6. ..... Lf8−é7.

7. c2−c4!   0−0

Selbstverständlich nicht 7. ..... d5×c4?; 8. Ld3×Sé4.

8. c4×d5?   .....

Weiß glaubt, einen Bauern einstecken zu können. Doch ist der isolierte Doppelbauer schwach, und das dürfte ein Großmeister wissen.

8. .....   Ld6−b4+!

Verhindert Ld3×Sé4.

9. Ké1−f1   Dd8×d5

Weg ist er!

10. Dd1−c2   Tf8−é8
11. Sb1−c3   Sé4×Sc3
12. b2×Sc3   .....

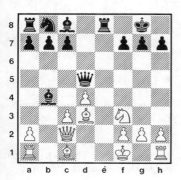

12. .....   Dd5×Sf3!!

Ein Blitz aus heiterem Himmel. Falls 13. g2×Df3??, dann Lc8−h3+; 14. Kf1−g1, Té8−é1+; 15. Ld3−f1, Té1×Lf1#.

13. c3×Lb4?   .....

Es wäre jedenfalls 13. h2−h3! besser.

13. .....   Sb8−c6!

Der naheliegende 13. ..... Lc8−h3?; 14. Th1−g1! würde eine Figur kosten.

14. Lc1−b2   Sc6×b4
15. Ld3×h7+   Kg8−h8
16. g2×Df3?   .....

Eine weitere Illusion des Weißen. Er glaubt, eine Figur zu gewinnen, und verliert das Spiel. Besser wäre 16. Dc2−c4!.

16. .....   Lc8−h3+
17. Kf1−g1   Sb4×Dc2
18. Lh7×Sc2   Té8−é2!
19. Ta1−c1   Ta8−é8

Es droht 19. ..... Té2−é1+; 20. Tc1×Té1, Té8×Té1#.

20. Lb2−c3   Té8−é3!!

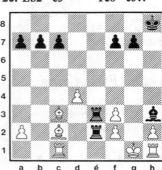

Großartig gespielt! Nach 21. f2×Té3?, Té2−g2+ (zwingt den König, in ein aufgedecktes Schach zu gehen) 22. Kg1−f1, Tg2×Lc2(+); 23. Kf1−é1, Tc2×Tc1+ und 24. ..... Tc1×

Th1 mit leichtem Gewinn. (Oder 23. Kf1−g1, Tc2×Tc1+; 24. Kg1−f2, Tc1×Th1.)
21. Lc3−b4 Té3×f3
22. Lc2−d1 Tf3−f6!
Weiß gab auf, weil nach 23. Ld1×Té2, Tf6−g6+; 24. Ld2−g4, Tg6×Lg4# folgt.

b) Der Steinitz-Angriff: 3. d2−d4

51. Partie
Wilhelm Steinitz   N. N.

1. é2−é4   é7−é5
2. Sg1−f3   Sg8−f6
3. d2−d4   é5×d4
Spielbar ist auch 3. ..... Sf6×é4; 4. Lf1−d3, d7−d5!; 5. Sf3×é5, Lf8−d6 usw.
4. é4−é5!   Sf6−d5?
Stärker ist 4. ..... Sf6−é4!.
5. Dd1×d4   c7−c6
6. Lf1−c4   Dd8−b6
7. Dd4−é4   Lf8−c5
8. 0−0   Sd5−é7
9. Sf3−g5!   .....
Falls jetzt 9. ..... 0−0??, 10. Dé4×h7#.
9. .....   g7−g6
10. Sg5×f7   Th8−f8
11. Sf7−d6+!   .....
Schwarz darf den Springer nicht abtauschen: 11. ..... Lc5×Sd6?; 12. é5×Ld6. (Es droht Dé5×Sé7#.) 12. ..... Db6−d8; 13. Lc1−g5! nebst d6×Sé7 mit Vernichtung.
11. .....   Ké8−d8
12. Dé4−h4   Sb8−a6
Schwarz hat Entwicklungsschwierigkeiten, weil der weiße Vorpostenspringer wie ein Pfahl im Fleisch wirkt.
13. Dh4×Sé7+!! Kd8×Dé7
14. Lc1−g5+   Tf8−f6
Schwarz hat nichts Besseres.
15. é5×Tf6+!   Ké7×Sd6
16. Lg5−f4#
Oder 15. ..... Ké7−f8; 16. Lg5−h6#.
Falls 15. ..... Ké7−d8; 16. Sd6−f7+, Kd8−é8; 17. Tf1−é1+, Ké8−f8; 18. Lg5−h6+, Kf8−g8; 19. Té1−é8#.

c) Die Fortsetzung 3. Sb1−c3

52. Partie
Franz Strauß   N. N.

1. é2−é4   é7−é5
2. Sg1−f3   Sg8−f6
3. Sb1−c3   Lf8−b4
Es wäre besser, mit 3. ..... Sb8−c6 in das Vierspringerspiel einzulenken.
4. Sc3−d5   Sf6×Sd5
Freilich nicht 4. ..... Sf6×é4??; 5. Sd5×Lb4.
5. é4×Sd5   d7−d6
6. c2−c3   Lb4−c5
7. d2−d4   é5×d4
8. Lf1−d3   Dd8−é7+
9. Ké1−d2!   .....
Besser als der zu passive Zug 9. Ld3−é2.
9. .....   d4×c3+
10. b2×c3   0−0
Erzwungen, da Th1−é1 drohte nebst Damenverlust.

11. Th1–é1	Dé7–d7?

Besser wäre 11. ..... Dé7–f6. Die Dame fehlt in der Verteidigung.

12. Sf3–g5	h7–h6
13. Dd1–h5	.....

Jetzt nicht 13. ..... h6×Sg5??; 14. Dh5–h7#.

13.	Dd7–g4?

(siehe Diagramm)

14. Dh5×f7+!!	Tf8×Df7
15. Té1–é8+	Tf7–f8
16. Ld3–h7+	Kg8–h8
17. Té8×Tf8#	

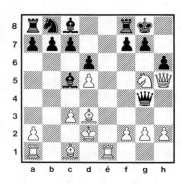

2. Zweispringer-Verteidigung: 3. Lf1–c4, Sg8–f6

Weiß kann zwischen zwei Angriffen wählen:
a) Springerausfall 4. Sf3–g5 und
b) Max-Lange-Angriff 4. d2–d4.
c) Überdies kann Weiß mit 4. d2–d3 (oder 4. Sb1–c3) in das Giuoco pianissimo einlenken.

a) Der Springerausfall 4. Sf3–g5

53. Partie

G. C. Polerio   N.N.
Italien um 1590

1. é2–é4	é7–é5
2. Sg1–f3	Sb8–c6
3. Lf1–c4	Sg8–f6!?

Eine riskante Fortsetzung. Die Partieanlage ist für Schwarz schwieriger als 3. ..... Lf8–c5 Italienische Eröffnung, oder 3. ..... Lf8–é7 Ungarische Verteidigung.

4. Sf3–g5!?	.....

Dr. Siegbert Tarrasch nannte diesen Ausfall einen »Stümperzug«, weil Weiß, statt seine Figuren zu entwickeln, einen Angriff mit nur zwei Figuren unternimmt und deshalb eigentlich an Tempo verliert. Überdies gibt der Sg5 den Druck über die Felder d4 und é5 auf. Der Vorteil des Springerausfalles ist jedoch, daß Schwarz den gefährdeten Bf7 nicht mit einer Figur decken kann und einen Bauern opfern muß.

4.	d7–d5!

Erzwungen. Falls 4. ..... Sf6×é4!? (statt d7–d5), dann 5. Lc4×f7+!, Ké8–é7; 6. d2–d4!, d7–d5!; 7. Sb1–c3!, Sé4×Sc3; 8. b2×Sc3, Dd8–d6; 9. a2–a4! mit der Drohung Lc1–a3.

5. é4×d5   Sf6×d5!?
Stärker ist jedoch 5. .....
Sc6–a5!; 6. Lc4–b5+,
Lc8–d7! usw.
6. Sg5×f7!?   .....
Besser ist 6. d2–d4!, é5×d4; 7.
0–0, Lf8–é7; 8. Sg5×f7!!,
Ké8×Sf7; 9. Dd1–f3+,
Kf7–é6 (um den Sd5 zu decken); 10. Tf1–é1+, Sc6–é5;
11. Lc1–f4, Lé7–f6; 12.
Sb1–c3!!, d4×Sc3; 13. Lf4×
Sé5, Lf6×Lé5; 14. Té1×
Lé5+!!, Ké6×Té5; 15.
Ta1–é1+, Ké5–d4; 16. Lc4×
Sd5, Kd4–c5; 17. Df3×c3+,
Kc5–d6. (Nicht 17. .....
Kc5×Ld5??; 18. Té1–d1+
nebst Damenverlust.)   18.
Dc3–é5+!, Kd6–d7??; 19.
Dé5–é6#.
Falsch wäre 6. Dd1–h5?, g7–
g6; 7. Dh5–f3, Dd8×Sg5; 8.
Lc4×Sd5, Sc6–d4!; 9. Df3×
f7+, Ké8–d8; 10. Ld5–b3
(deckt den Bc2), Dg5×g2!; 11.
Df7–f6+, Lf8–é7!; 12. Df6×
Th8+, Kd8–d7; 13. Th1–f1,
Dg2–é4+; 14. Ké1–d1,
Dé4–é2#.
6. .....   Ké8×Sf7
7. Dd1–f3+   Kf7–é6
Der König muß den Springer
decken, sonst schlägt Weiß ihn

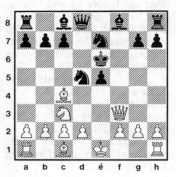

und hat bei besserer Stellung einen Bauern mehr.
8. Sb1–c3   Sc6–é7!
(siehe Diagramm)
Auch 8. ..... Sc6–b4 bietet
einige Perspektiven für die Verteidigung.

Grecos Variante

9. 0–0   .....
Zwar ist die Rochade ein guter
Zug, doch bringt sie keine neue
Figur in den Kampf und ist mit
keiner direkten Drohung verbunden. Der Nachziehende
kann inzwischen einen wichtigen Verteidigungszug ausführen.
Die kräftigste Fortsetzung ist
hier 9. d2–d4!. Es wird die
Bahn für den Damenläufer geöffnet und greift die schwarze
Königsstellung unmittelbar an.
Schwarz darf nicht losschlagen:
9. ..... é5×d4?; 10. Df3–é4+,
und Weiß gewinnt die geopferte Figur mit Gewinnstellung
zurück.
9. .....   c7–c6!
10. Tf1–é1   Lc8–d7?
Ein unnützer Zug, der mit dem
Partieverlust gleichbedeutend
ist. Gegeben wäre 10. .....
b7–b5!; 11. Lc4–b3, b5–b4;
12. Sc3×Sd5, Sé7×Sd5; 13.
d2–d4.
11. d2–d4   Ké6–d6
12. Té1×é5   Sé7–g6
13. Sc3×Sd5   Sg6×Té5
14. d4×Sé5+   Kd6–c5
Auch andere Züge können das
Matt nicht abwenden. Z. B. 14.
....., Kd6×é5; 15. Df3–f4+,
Ké5–é6; 16. Sd5–c7++,
Ké6–é7; 17. Df4–f7+, Ké7–
d6; 18. Lc1–f4+, Kd6–c5; 19.
Lf4–é3+

a) 19. .....   Kc5—b4; 20. a2—a3+, Kb4—a5; 21. b2—b4+, Ka5—a4; 22. Lc4—b3#.
b) 19. .....   Kc5—d6; 20. Df7—f4+, Kd6—é7; 21. Lé3—c5#.
**15. Df3—a3+!!   Kc5×Lc4
16. Da3—d3+   Kc4—c5
17. b2—b4#**

Polerios Variante

**9. d2—d4!   c7—c6!
10. Lc1—g5   h7—h6**
Jetzt ist dieser Bauernzug kein Tempoverlust. Er zwingt den Anziehenden entweder zum Abtausch oder zum Rückzug. In beiden Fällen verliert Weiß an Tempo. Hätte Schwarz einen Zug früher h7—h6 gespielt, so würde er an Tempo verlieren, das Weiß zu Rochade ausnützen könnte.
11. Lg5×Sé7?   .....
Bei einem Angriff — besonders wenn der gegnerische König exponiert steht — sollte man Abtausch vermeiden und die größtmögliche Zahl der Figuren behalten, vornehmlich das vereinte Läuferpaar. Besser wäre also, mit dem Rückzug an Tempo zu verlieren: 11. Lg5—h4, g7—g5; 12. Df3—é4!, Lf6—g7; 13. Lh4—g3, Dd8—d6; 14. 0—0—0! usw.
**11. .....   Lf8×Lé7
12. 0—0—0   Th8—f8
13. Df3—é4   Tf8×f2?**
Besser als dieser Bauernraub dürfte 13. ..... Lé7—g5+ sein.
**14. d4×é5   Lé7—g5+
15. Kc1—b1   .....**
Jetzt würde nach 15. ..... Ké6—é7; 16. é5—é6! folgen.
**15. .....   Tf2—d2
16. h2—h4!   Td2×Td1+
17. Th1×Td1   Lg5×h4**
Weiß hat einen Läufer weniger, aber seine sämtlichen Figuren sind gut entwickelt. Dagegen sind der schwarze Turm und der Damenläufer außer Spiel. Überdies steht der schwarze Herrscher exponiert. Es wundert daher nicht, daß der weiße Angriff durchdringt.
**18. Sc3×Sd5   c6×Sd5
19. Td1×d5   Dd8—g5
20. Td5—d6++   Ké6—é7
21. Td6—g6   Dg5—d2**
Schwarz droht mit Matt, aber er kommt nicht dazu, den Mattzug auszuführen.
**22. Tg6×g7+   Ké7—f8
23. Tg7—g8+   Kf8—é7
24. Dé4—h7#**

b) *Max-Lange-Angriff:* 4. d2—d4

54. Partie

**1. é2—é4   é7—é5
2. Sg1—f3   Sb8—c6
3. Lf1—c4   Sg8—f6!?
4. d2—d4   é5×d4**
Nun würde 5. é4—é5, d7—d5! zu gleichem Spiel führen. Erheblich stärker ist:
5. 0—0!   .....

Erstes Spiel

5. .....   Lf8—c5
Wegen 5. ..... Sf6×é4 siehe zweites Spiel.
**6. é4—é5   d7—d5!
7. é5×Sf6   d5×Lc4
8. Tf1—é1+   Lc8—é6**
Schwarz könnte statt des Textzuges 8. ..... Ké8—f8 ziehen mit äußerst schwierigem Spiel.

9. Sf3–g5	Dd8–d5
10. Sb1–c3!	.....

Die Macht der Fesselung. Nach 10. ..... d4×Sc3??; 11. Dd1×Dd5 verliert Schwarz die Königin, da der Läufer é6 gefesselt ist.

10.	Dd5–f5
11. Sc3–é4	Lc5–b6!
12. f6×g7	Th8–g8
13. g2–g4!!	Df5–g6
14. Sg5×Lé6	f7×Sé6
15. Lc1–g5!	Tg8×g7
16. Dd1–f3	h7–h6
17. Sé4–f6+	Ké8–d8
18. Té1×é6!!	.....

Wenn 18. ..... h6×Lg4?, dann 19. Df3–d5+, Kd8–c8; 20. Té6–é8+, und Schwarz muß die Dame herschenken.

18.	Sc6–é7
19. Lg5×h6!!	Dg6×Lh6
20. Df3–d5+!!	.....

Schwarz darf die Dame nicht nehmen, da nach 20. ..... Sé6×Dd5??, 21. Té6–é8# folgt.

20.	Kd8–c8
21. Dd5–d7+	Kc8–b8
22. Dd7–d8+	Sé7–c8
23. Dd8×Sc8+!!	Kb8×Dc8
24. Té6–é8#	

Zweites Spiel

5.	Sf6×é4?!

Es ist äußerst gefährlich, den é-Weg gegen den nicht rochierten König zu öffnen, da der weiße Turm sofort eingreifen kann.

6. Tf1–é1	d7–d5
7. Lc4×d5!!	Dd8×Ld5
8. Sb1–c3!	.....

Wieder die verfluchte Fesselung.

8.	Dd5–c4?

Die Dame steht auf c4 schlecht. Es wäre besser, die Mehrfigur und den Mehrbauern sofort zurückzugeben: 8. ..... Dd5–a5!; 9. Té1×Sé4+, Lc8–é6; 10. Sf3×d4, 0–0–0! =.

9. Sc3×Sé4	Lc8–é6
10. b2–b3	Dc4–b5

Etwas besser wäre 10. ..... Dc4–d5.

11. Sf3×d4	Sc6×Sd4
12. Dd1×d4	Ta8–d8
13. Sé4–f6+!!	g7×Sf6
14. Dd4×f6	Th8–g8
15. Té1×Lé6+!!	.....

und Weiß gewinnt. Z. B. 15. ..... f7×Té6; 16. Df6×é6+, Lf8–é7; 17. Dé6×Tg8+, Ké8–d7; 18. Dg8×h7, und Weiß hat drei gesunde verbundene Mehrbauern.

Selbstverständlich kann in dieser Eröffnung auch Schwarz gewinnen. Hierzu ein Beispiel:

55. Partie

Oscar Field — Oscar Tenner
Blitzturnier New York

1. é2–é4	é7–é5
2. Sg1–f3	Sb8–c6
3. Lf1–c4	Sg8–f6!?
4. Sf3–g5	.....

Dieser Angriff galt lange Zeit als verfrüht, aber die neuesten Analysen haben seine Richtigkeit bewiesen.

4.	d7–d5
5. é4×d5	Sc6–a5
6. d2–d3	h7–h6
7. Sg5–f3	é5–é4!
8. Dd1–é2	Sa5×Lc4
9. d3×Sc4	Lf8–c5

Gemäß Reuben Fine hat Schwarz in dieser Stellung das bessere Spiel.

10. Sf3–d2	0–0
11. 0–0	.....

Zum Ausgleich kann 11. Sd2–b3 führen.

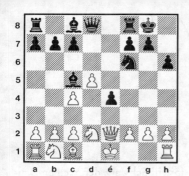

11.	Lc8–g4
12. Dé2–é1	Dd8–d7
13. Sd2–b3	Lg4–f3!!

Sehr wirkungsvoll. Falls 14. g2×Lf3, é4×f3; 15. Kg1–h1, Dd7–h3; 16. Tf1–g1, Sf6–g4!, und Schwarz gewinnt.

14. Lc1–f4	Dd7–g4
15. Lf4–g3	Sf6–h5!
16. Sb3×Lc5	Sh5–f4
17. Sc5×é4	Dg4–h3!!
18. g2×Dh3	Sf4×h3#

Das Gambit f7−f5 und d7−d5

Mit dem kühnen Gegenstoß f7−f5 will Schwarz den weißen Bauern é4 bekämpfen. Zieht Weiß é4×f5, dann hat Schwarz auf Kosten eines Bauern zwei Vorteile erreicht:
1. Der weiße Königsbauer gab sozusagen die Herrschaft über das Zentrum auf und wirkt nicht mehr auf die wichtigen Zentralfelder d5 und f5.
2. Der f-Weg wurde nach Verschwinden des schwarzen f-Bauern für Schwarz halb geöffnet, so daß Schwarz später evtl. den f-Weg für seinen Turm als Angriffsbasis benutzen kann.

Schlägt Weiß den schwarzen Gambitbauern nicht, sondern macht einen anderen Zug, dann erwidert Schwarz f5×é4 und hat auch in diesem Fall sein Ziel erreicht: Er vernichtete den weißen Bauern é4.
Das schwarze Gambit kann sowohl im Läuferspiel als auch im Königsspringerspiel erfolgen:
1. Grecos Gegengambit: 1. é2−é4, é7−é5; 2. Lf1−c4, **f7−f5!?**
2. Lettisches Gambit: 1. é2−é4, é7−é5; 2. Sg1−f3, **f7−f5!?**

1. Grecos Gegengambit: 2. Lf1−c4, f7−f5

56. Partie

N. N.   G. Greco
Italien um 1590

1. é2−é4   é7−é5
2. Lf1−c4   f7−f5!?

Ein halsbrecherisches Gambit, da Schwarz die eigene Rochadeschräge aufreißt, aber es birgt auch für Weiß viele Gefahren.
3. Lc4×Sg8 .....

Weiß gewinnt durch diesen Abtausch einen Bauern und verdirbt die schwarze Rochade. Doch ist dies nicht die richtige Fortsetzung. Schwarz erhält auf Kosten eines Bauern einen dauerhaften Gegenangriff, und Weiß verliert mehrere Tempi, besonders, falls Weiß den Gambitbauern behaupten will. Das Schlagen selbst ist bereits ein klarer Tempoverlust, weil Weiß mit einer entwickelten Figur den noch in der Grundreihe

stehenden, unentwickelten Springer schlug.
Die beste Erwiderung gegen das schwarze Gambit ist 3. d2–d3!, Sg8–f6; 4. Sg1–f3 usw.

3. .....   Th8×Lg8

Erstes Spiel

4. Dd1–h5+   .....
Dieses Schachgebot ist stärker als 4. é4×f5. Siehe zweites Spiel.
4. .....   g7–g6
5. Dh5×h7   Tg8–g7
6. Dh7–h8?   .....
Zeitverlust. Vorteilhafter wäre der schnelle Rückzug 6. Dh7–h3, f5×é4.
6. .....   Dd8–g5
7. Dh8–h3   f5×é4!
Verhindert Sg1–f3.
8. Sb1–c3   Dg5–f5
Deckt den Gambitbauern é4. Überdies droht noch d7–d6 nebst Damentausch, die weißen Rochadebauern zu zersplittern.
9. Dh3–é3   .....
Der Abtausch 9. Dh3×Df5, g6×Df5 ist offensichtlich für Schwarz günstig.
9. .....   Tg7–f7!
Ungünstig wäre nun 10. Sc3×é4?, d7–d5!; 11. Sé4–g5, Lf8–h6! Fesselung, 12. h2–h4, Df5×c2; 13. f2–f4. (Nicht 13. Dé3×é5??, Tf7–é7!.) 13. ..... Tf7–é7; 14. f4×é5, d5–d4!; 15. Dé3–é2, Sb8–c6; 16. Sg1–f3, Lc8–g4; 17. Dé2–b5, Lh6×Sg5; 18. h4×Lg5, Lg4× Sf3, und Schwarz gewinnt. Z. B. 19. Db5×b7, Dc2–d1+; 20. Kg1–f2, Dd1–é2+; (21. Kf2–g1??, Dé2×g2#) 21. Kf3–g3, Dé2×g2+; 22. Kg3–f4(h4), Dg2–g4#.
10. Sg1–h3   d7–d5!!
Ein gut durchdachtes Bauernopfer, das Weiß annehmen muß und dadurch in eine unbequeme Stellung gerät.
11. Sc3×d5   Sb8–c6
Falls nun 12. d2–d3, dann Sc6–d4!. Es droht Familienschach auf c2. 13. Ké1–d2, é4×d3!; 14. c2×d3, Lc8–é6; 15. Sd5–c3, Ta8–d8; 16. Th1–é1, Lf8–h6!!. Dieses spektakuläre Figurenopfer geschieht mit der Absicht, die weiße Dame von der Verteidigung des Königs abzulenken. 17. Dé3×Lh6, Sd4–b3+!!; 18. a2×Sb3, Df5×d3#. (Oder 18. Kd2–c2 [é2, é3] Df5×d3#.)
12. c2–c3   .....
Weiß darf Sc6–d4 nicht zulassen.

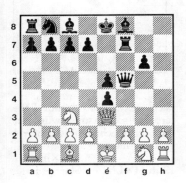

12. .....   Lc8–é6
13. c3–c4   Sc6–d4
Und wieder droht das Familienschach auf c2.
14. Dé3–c3   Df5–g4!
Es droht Dg4–é2#. Weiß hat keinen rettenden Zug mehr. Es bleibt ihm also nichts anderes übrig, als in den Angriff hineinzurochieren:
15. 0–0   Sd4–é2+
Weiß verliert die Dame.

Zweites Spiel

4. é4×f5   d7—d5!

Das ist bestimmt stärker als 4. ..... Dd8—g5?, weil die exponierte schwarze Dame dann mehrere Tempi verlieren würde, wegen der Angriffe der weißen Leichtfiguren.

5. Dd1—h5+   g7—g6
6. f5×g6   Tg8×g6
7. Dh5×h7   Dd8—f6

Jetzt nicht 8. Dh7×c7?, Sb8—c6; 9. Dc7—h7, Sc6—d4; 10. Ké1—d1, Lc8—g4+; 11. f2—f3, Sd4×f3!!; 12. Dh7×b7, Sf3×h2(+); 13. Sg1—é2, Lg4×Sé2+; 14. Kd1×Lé2, Tg6×g2+; 15. Ké2—é3(d3), Df6—f3#. – Man spiele in der Eröffnung nicht auf Bauerngewinn, sondern entwickle schleunigst seine Figuren!

8. Sb1—c3   Tg6×g2
9. Dh7—h5+   Ké8—d8

Es droht Df6×f2+, Ké1—d1, Df2—f1#.

10. Dh5—é2   Lf8—c5!

Ein weiterer Angriff gegen Bf2.

11. Sc3—d1   Df6—g7

Jetzt droht Tg2×Sg1+ mit Vernichtung.

12. Dé2—f1   Sb8—c6
13. c2—c3   .....

Es mußte Sc6—d4—f3+ verhindert werden. Weiß macht lauter Zwangszüge.

13. .....   é5—é4!

Falls nun 14. d2—d4, so é4×d3 e.p. Der schwarze Königsbauer räumte überdies das Feld é5 für den Springer.

14. Sg1—é2   Sc6—é5

Es droht das Erstickte Matt Sé5—f3# (oder d3#).

15. Sé2—f4   Sé5—f3+
16. Ké1—é2   Lc8—g4!!

Schwarz gewinnt. Z. B. 17. Df1×Tg2, Sf3—h4(+)!!, und Weiß verliert zumindest die Dame.

57. Partie

N. N.   Peterson
      Schweden um 1880

1. é2—é4   é7—é5
2. Lf1—c4   f7—f5!?
3. é4×f5   Sg8—f6

Notwendig, um das Damenschach zu verbieten.

4. d2—d4   é5×d4
5. Dd1×d4   Sb8—c6
6. Dd4—d1   .....

Am sichersten, falls Weiß Damentausch vermeiden will.

6. .....   d7—d5!
7. Lc4—b5   Lc8×f5
8. Sg1—é2   .....

Mit der Drohung Sé2—d4.

8. .....   Lf8—d6!
9. Sb1—c3   0—0
10. Lb5×Sc6   b7×Lc6
11. 0—0?   .....

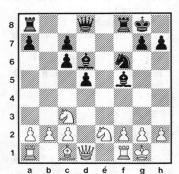

Weiß merkt das folgende Läuferopfer nicht, sonst würde er vor der Rochade 11. Lc1—f4 gezogen haben.

11. .....   Ld6×h2+!!
12. Kg1×Lh2   Sf6—g4+

Nach 13. Kh2−g3 gewinnt Schwarz mit Dd8−d6+; 14. Lc1−f4, Dd6−g6!. Es droht Sg4−é3(+) nebst Erbeutung der weißen Dame.

13. Kh2−g1	Dd8−h4
14. Lc1−f4	.....

um das auf h2 drohende Matt zu decken.

14.	Lf5×c2!!

Der Läufer ist tabu: 15. Dd1×Lc2?, Tf8×Lf4!! nebst Dh4−h2#.

15. Dd1−d2	.....

um nach Tf8×Lf4?; 16. Dd2×Tf4 das Matt zu decken.

15.	Ta8−é8!
16. Lf4−g3	Dh4−h5
17. Dd2×Lc2	Té8−é6
18. Sé2−f4	Tf8×Sf4!!
19. Lg3×Tf4	Té6−h6!!

Es droht Dh5−h1#.

20. Lf4×Th6	Dh5−h2#

58. Partie

X. Y.   J. H. Blark
England um 1850

1. é2−é4	é7−é5
2. Lf1−c4	f7−f5!?
3. Sg1−f3	f5×é4!?
4. Sf3×é5	Sg8−f6
5. Sé5−f7	Dd8−é7
6. Sf7×Th8	d7−d5!
7. Lc4−é2	Sb8−c6
8. Lé2−h5+	g7−g6
9. Sh8×g6	h7×Sg6
10. Lh5×g6+	Ké8−d8

Weiß gewann die Qualität und zwei Bauern, obendrein verdarb er die schwarze Rochade. Doch blieb der Anziehende in der Entwicklung zurück.

11. d2−d3	Sc6−é5
12. Lg6−h5	é4×d3

Nun war es höchste Zeit zu rochieren.

13. c2×d3?	Sé5×d3++!
14. Ké1−d2	.....

Falls 14. Ké1−f1, dann gleichfalls Lc8−f5, mit der Drohung Sf6×Lh5, Dd1×Sh5??, Dé7−é1#.

14.	Lc8−f5
15. Dd1−é2	Sf6−é4+!!

Falls 16. Kd2×Sd3??, Sé4−g3(+), und Weiß verliert die Dame.

16. Kd2−d1	Sé4×f2+
17. Kd1−d2	Lf8−h6+
18. Kd2−c3	Dé7−b4+
19. Kc3−c2	Sd3−é1##

59. Partie

Hewitt   Wilhelm Steinitz
Wien 1860

1. é2−é4	é7−é5
2. Lf1−c4	f7−f5!?
3. d2−d3!	Sg8−f6!

Nicht 3. ..... f5×é4? 4. Dd1−h5+!.

4. Sg1−é2?	Lf8−c5
5. c2−c3	Sb8−c6
6. d3−d4	é5×d4
7. Sé2×d4	f5×é4
8. Lc1−f4	d7−d5
9. Lc4−b5	Lc5×Sd4
10. Dd1×d4	0−0
11. Lb5×Sc6	b7×Lc6

Weiß fand keine bessere Verwendung für seinen Läufer, und überdies verdirbt er die schwarze Bauernstellung.

12. Dd4−a4	Lc8−d7

Das Spiel auf Bauerngewinn mit 13. Da4−a5? verliert schnell nach 13. ..... Sf6−g4!; 14. Lf4×c7, Dd8−f6!.

13. Lf4−g5	Dd8−é8
14. Da4−b3	Sf6−g4
15. Lg5−h4	é4−é3!

Wer besser entwickelt ist, soll Linien öffnen.

16. 0–0	Dé8–h5
17. Lh4–g3	é3–é2!
18. Tf1–é1	Tf8×f2!!

Weiß darf den mutigen Turm nicht schlagen: 19. Lg3×Tf2??, Dh5×h2#.

19. Sb1–d2	Ta8–f8
20. c3–c4!	.....

um die Dame zur Verteidigung der Königsstellung heranzuführen. Leider hilft dieser vortreffliche Zug nicht mehr.

20.	Tf2×g2+!!

Der Beginn eines hübschen Feuerwerks. Wie leicht ersichtlich, muß Weiß das Turmopfer annehmen.

21. Kg1×Tg2	Dh5–h3+!!

Die Ablehnung des Damenopfers hilft auch nicht. Z. B. 22. Kg2–g1, Tf8–f2; 23. Db3–f3, Tf2×Df3.

22. Kg2×Dh3	.....

Der weiße König gerät nun unter die Räder der Läufer-Springer-Batterie. Schwarz kündigt Matt in fünf Zügen an.

22.	Sg4–é3(+)

Der Springer verbietet das Fluchtfeld g2. Der König muß wandern.

23. Kh3–h4	Sé3–g2+
24. Kh4–g5	Tf8–f5+
25. Kg5–g4	.....

Ein anderes Fluchtfeld gibt es nicht. Jetzt entstand die Turm-Läufer-Batterie.

25.	h7–h5+
26. Kg4–h3	Tf5–f2(#)

2. Lettisches Gambit: 2. Sg1–f3, f7–f5

Nach 1. é2–é4, é7–é5; 2. Sg1–f3, f7–f5!? entsteht das Lettische Gambit. Weiß hat vier gute Fortsetzungen:
a) Annahme des Gambits mit dem Springer: 3. Sf3×é5!
b) Annahme des Gambits mit dem Bauern: 3. é4×f5
c) Ablehnung des Gambits mit 3. Lf1–c4.
d) Das Gegengambit 3. d2–d4.

a) Der Angriff: 3. Sf3×é5

60. Partie
H. Ruben   S. A. Sorensen
Dänemark um 1900

1. é2–é4	é7–é5
2. Sg1–f3	f7–f5!?
3. Sf3×é5!	.....

Die beste Fortsetzung für Schwarz ist 3. ..... Dd8–f6!; 4. d2–d4, d7–d6!. Schwarz darf den starken Zentralspringer keinen Augenblick lang in der

Mitte dulden, da sonst die Drohung Lf1—c4 sehr unangenehm wäre. 5. Sé5—c4, f5×é4; 6. Sb1—c3, Df6—g6! nebst Sg8—f6, und wenn es Weiß zuläßt, dann auch d6—d5.
Nach dem minderwertigen 3. ..... Dd8—é7 würde 4. d2—d4! folgen.

3. .....   Sg8—f6

Auch gut, da er das lästige Dd1—h5+ verbietet.
Nicht sofort 3. ..... f5×é4? wegen 4. Dd1—h5+!, g7—g6; 5. Sé5×g6!! usw.

4. Lf1—c4   Dd8—é7
5. d2—d4   f5×é4
6. 0—0   d7—d5!
7. Lc4—b3   Lc8—f5

Schwarz will den Gambitbauern é4 behaupten.

8. c2—c4!   Sb8—d7!

Nun ist es soweit, den mächtigen weißen Zentralspringer zu beseitigen.

9. Lc1—f4   g7—g5!!

Ein Bauernopfer, das den weißen Läufer von der Verteidigung des Springers ablenkt und den g-Weg für den Turm öffnet.

10. Lf4×g5   Sd7×Sé5
11. d4×Sé5   Dé7×é5
12. Lg5×Sf6   Dé5×Lf6
13. Dd1×d5   c7—c6
14. Dd5—d2   Th8—g8!

Schwarz faßt den heldenhaften Entschluß, mit seinem König in der Mitte des Brettes zu bleiben. Übrigens, es wäre 14. ..... Lf8—g7 nebst 0—0 gefährlich, da der weiße Angriffsläufer auf b3 lauert.

15. Tf1—é1   Ta8—d8

Dem Nachziehenden ist es gelungen, mit geduldiger und umsichtiger Verteidigung die Spiele auszugleichen.

16. Dd2—c3   Td8—d4
17. Lb3—c2   Lf8—b4!!

Schaarz opfert den Läufer, um die weiße Dame von der Verteidigung ihres Herrn Gemahls abzulenken.

18. Dc3×Lb4   Tg8×g2+!!

Die Pointe des vorherigen Läuferopfers. Weiß ist jedenfalls verloren. Die Ablehnung des Turmopfers hilft auch nicht, da nach 19. Kg1—f1, Lf5—h3! folgte. 20. Kf1—é2, Df6×f2#.

19. Kg1×Tg2   Lf5—h3+!!

Drei glänzende Figurenopfer! Der Zweck des Läuferopfers ist, den König auf das Feld h3 zu lenken. Eine Ablehnung hilft nichts: 20. Kg2—g1, Df6—g5+ oder 20. Kg2—h1, Df6—f3+ nebst Df3—g2#.

20. Kg2×Lh3   Df6—f3+
21. Kh3—h4   é4—é3(+)
22. Kh4—g5   Td4—g4+
23. Kg5—h6(h5)   Df3—h3#

61. Partie

Hunter   Rossel

1. é2—é4   é7—é5
2. Sg1—f3   f7—f5!?
3. Sf3×é5!   Dd8—f6!

Fehlerhaft wäre jetzt 4. Dd1—h5+? g7—g6; 5. Sé5×g6, h7×Sg6! Figurenverlust, da die schwarze Dame ihren Turm h8 deckt.

4. d2—d4   .....

Wahrscheinlich stärker ist 4. Sé5—c4!, f5×é4; 5. Sb1—c3! (Sonst käme Schwarz mit d7—d5 in Vorteil.) 5. ..... Df6—g6; 6. d2—d3!, Lf8—b4; 7. d3×é4, Dg6×é4+; 8. Sc4—é3, Lb4×Sc3+! usw.

4. .....   d7—d6!

Nicht jedoch 4. ..... f5×é4?; 5. Lf1−c4!.
5. Sé5−c4   f5×é4
6. Sc4−é3   .....
Stärker ist vielleicht 6. Sb1−c3, Df6−g6!.
Weiß kann auch mit 6. Lf1−é2, Df6−g6?? verhindern, wegen 7. Lé2−h5 Damenfang.
6. .....   c7−c6
7. d4−d5   Df6−g6
8. Sb1−c3   Sg8−f6
9. Lf1−c4   .....
Besser ist 9. Lf1−é2!.
9. .....   Sb8−d7
10. 0−0   Lf8−é7
11. Tf1−é1   Sd7−b6
Genauer wäre 11. ..... Sd7−c5!.
12. Dd1−é2   Lc8−h3
13. Kg1−h1   c6×d5
14. Sc3×d5   Sb6×Sd5
15. g2×Lh3?   .....
Mit 15. Lc4×Sd5!, Sf6×Ld5; 16. Dé2−b5+, Lh3−d7; 17. Db5×Sd5 könnte Weiß in Vorteil kommen.
15. .....   Sd5−f4!
16. Lc4−b5+   Ké8−f7
17. Dé2−d2?   .....
Eine weitere Ungenauigkeit. Notwendig wäre 17. Dé2−c4+!, d6−d5; 18. Dc4−d4! mit guten Aussichten.

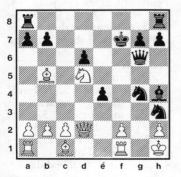

17. .....   Sf4×h3!
18. Sé3−d5   Sf6−g4
19. Té1−f1   Lé7−h4!
(siehe Diagramm)
Weiß gab auf. Das war sein bester Zug. Es droht 20. ..... Sg4×f2+; 21. Tf1×Sf2+, Sh3×Tf2+; 22. Dd2×Sf2+, Lh4×Df2. Weiß verliert Dame, Turm und zwei Bauern gegen zwei Leichtfiguren.

62. Partie

Rudolph von Heydebrand
Bilguer   von der Lasa
Berlin, 1838

1. é2−é4   é7−é5
2. Sg1−f3   f7−f5!?
3. Sf3×é5   Dd8−f6
4. d2−d4   d7−d6!
Um den drohenden Lf1−c4 vorzubeugen.
5. Sé5−c4   f5×é4
6. Sb1−c3   Lc8−f5
Gut ist auch die Deckung Df6−g6.
7. Sc3−d5   Df6−f7!
Die Dame verteidigt sich selbst und den Bauern c7.
8. Sc4−é3   Lf5−é6
9. c2−c4?   c7−c6
10. Sd5−c3   d6−d5!
Schwarz hat ein starkes Bauernzentrum aufgebaut.
11. c4−c5   Sg8−f6
12. Lf1−é2   b7−b6
13. b2−b4?   a7−a5
14. Dd1−b3   a5×b4
15. Db3×b4   b6×c5
16. d4×c5   Df7−a7!
Belagerung des schwachen vereinzelten Bauern c5.
17. 0−0   Lf8×c5
18. Db4−b3   0−0
19. a2−a4   Da7−f7
20. Db3−c2   d5−d4!

Nun ist Schwarz der Herr des Zentrums.

21. Sc3×é4   Sf6×Sé4
22. Dc2×Sé4   d4×Sé3
23. f2×é3   Df7−g6
24. Tf1×Tf8+ Lc5×Tf8
25. Dé4−é5?   .....

Der Beginn eines verderblichen Abenteuers.

25. .....   Sb8−d7
26. Dé5−c7   Lé6−d5!

Schwarz droht mit Dg6×g2#.

27. Lé2−f1   Sd7−c5
28. a4−a5   Lf8−d6!

Unheimlich stark sind die zentralisierten Figuren.

29. Dc7−b6   Ta8−f8
30. a5−a6   Tf8×Lf1+!!
31. Kg1×Tf1   Dg6×g2+
32. Kf1−é1   Sc5−d3+
33. Ké1−d1   Ld5−f3#

Der ungezogene Läufer c1 war Ursache des Zusammenbruchs.

Partie 62a

N. N.   Paul Keres
Estnische Fernpartie 1940

1. é2−é4   é7−é5
2. Sg1−f3   f7−f5!?
3. Sf3×é5!   Sb8−c6!?

Stärker ist wohl 3. ..... Dd8−f6!.

4. Dd1−h5+?   .....

Richtig wäre das einfache 4. Sé5×Sc6!, d7×Sc6; 5. Sb1−c3, und Schwarz hat keinen Ersatz für den geopferten Bauern.

4. .....   g7−g6

Erst jetzt merkt Weiß, daß 5. Sé5×g6?, Sg8−f6!; 6. Dh5−h4, Th8−g8; 7. Sg6×Lf8, Tg8−g4! nebst Tg4×é4+ unerfreulich wäre. Er tauscht deshalb ab, obwohl er dadurch an wichtigem Tempo verliert.

5. Sé5×Sc6   d7×Sc6
6. Dh5−é2   Lf8−g7!

Schwarz opfert zwei weitere Bauern, um schleunigst seine Figuren zu entwickeln.

7. é4×f5(+)   Sg8−é7
8. f5×g6   Lc8−f5!
9. g6×h7   Dd8−d7
10. Dé2−h5+   Lf5−g6
11. Dh4−h3   .....

Mit vier Mehrbauern versucht Weiß Damentausch herbeizuführen.

11. .....   Sé7−f5
12. Dh3−d3   Dd7−f7
13. Dd3−c4   Df7−f6!

Es würde nun der weitere Angriff 14. Dc4−c3??, Df6−é6+ die Dame kosten.

14. Sb1−c3   0−0−0
15. d2−d3   Td8−é8+!
16. Lc1−é3   .....

Weiß opfert einen Bauern, um seine zurückgebliebene Entwicklung nachzuholen. Schwarz aber opfert die Qualität:

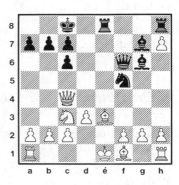

16. .....   Té8×Lé3+!!
17. f2×Té3   Sf5×é3
18. Dc4−a4?   .....

Genauer wäre 18. Dc4−b3!.

18. .....   Th8−f8
19. Lf1−é2   Df6×Sc3+!!
20. b2×Dc3   Lg7×c3#

b) Die Annahme: 3. é4×f5

63. Partie

Sletser — Mikhail Tschigorin
St. Petersburg 1878

1. é2–é4 é7–é5
2. Sg1–f3 f7–f5!?
3. é4×f5 Sb8–c6

Besser ist 3. ..... é5–é4!.
Nach 3. ..... Dd8–f6 folgte 4. Sb1–c3.

4. Lf1–b5 Lf8–c5
5. Lb5×Sc6? .....

Ein verfrühter Abtausch. Angebracht wäre 5. 0–0 und, falls é5–é4, dann 6. d2–d4!.

5. ..... d7×Lc6
6. Sf3×é5 Lc8×f5!
7. Dd1–h5+ g7–g6!
8. Sé5×g6 h7×Sg6!
9. Dh5×Th8 Dd8–é7+
10. Ké1–d1! .....

Oder 10. Ké1–f1, Lf5×c2!!; 11. Dh8×Sg8+, Ké8–d7; 12. Dg8×Ta8, Lc2–d3+; 13. Kf1–g1, Dé7–é1#.
Der Textzug droht mit 11. Th1–é1 die feindliche Dame zu erbeuten.

10. ..... Lc5×f2!

Es droht Lf5–g4#.

11. Dh8×Sg8+ Ké8–d7
12. Dg8–c4! .....

Freilich nicht 12. Dg8×Ta8??, Lf5–g4#.

12. ..... Ta8–é8!

Weiß gab auf, da es 13. ..... Dé7–é1+!!; 14. Th1×Dé1, Té8×Té1# droht.
Falls 13. d2–d3, so Dé7–é2#.

13. d2–d4 Lf5–g4+
14. Kd1–d2 Dé7–é3#

c) Die Ablehnung: 3. Lf1–c4

64. Partie

Fränkel — Rudolph von Bilguer
Berlin 1839

1. é2–é4 é7–é5
2. Sg1–f3 f7–f5!?
3. Lf1–c4 .....

Diese Ablehnung galt lange Zeit als die stärkste, dürfte aber hinter der Annahme 3. Sf3×é5! zurückstehen.

3. ..... Sg8–f6

Der Textzug ist spielbar. Doch ist hier 3. ..... f5×é4 stärker. Pfiffig ist das Gambit 3. ..... b7–b5!?; 4. Lc4–b3! (Nicht jedoch 4. Lc4×b5?, f5×é4; 5. Sf3×é5?, Dd8–g5!, und Weiß verliert eine Figur.)

4. Sf3×é5 d7–d5!
5. é4×d5 Lf8–d6!

Greift den Springer an und blockiert zugleich den weißen Zentrumsbauern.

6. Lc4–b5+? .....
Gegeben wäre 6. d2–d4!.
6. .....   **c7–c6**
7. d5×c6   **0–0!**
8. Lb5–c4+ .....
Erzwungen, da der Springer hängt.
8. .....   **Kg8–h8**
9. Sé5–f7+? .....
Vorsichtiger wäre die Rückkehr 9. Sé5–f3.
9. .....   **Tf8×Sf7!**
10. Lc4×Tf7   **Dd8–é7+**
Diesen Doppelangriff hat Weiß offensichtlich übersehen.

11. Dd1–é2   **Dé7×Lf7**
12. c6×b7   **Lc8×b7**
13. 0–0   **Sb8–c6**
14. c2–c3? .....
Notwendig wäre 14. h2–h3. Nun folgt eine peinliche Überraschung:
(siehe Diagramm)
14. .....   **Ld6×h2+!!**
15. Kg1×Lh2   **Sf6–g4+**
16. Kh2–g3 .....
Ein bitteres Muß. Der König muß wandern, da nach 16. Kh2–g1?, Df7–h5 das Matt auf h2 nur durch Hergabe der Dame zu decken wäre.
16. .....   **Df7–h5**
17. Kg3–f4 .....
Wieder erzwungen, denn es drohte 17. ..... Dh5–h2+; 18. Kg3–f3, Sc6–d4##.
17. .....   **g7–g5+!**
Schwarz opfert den Bauern, um den weißen König weiterzulocken.
18. Kf4×f5   **Sc6–d4+!!**
Eine weitere Überraschung, um dem gehetzten König das Fluchtfeld é4 zu versperren.
19. c3×Sd4   **Ta8–f8+**
20. Kf5–é6   **Dh5–é8+**
21. Ké6–d6   **Dé8–c6+**
22. Kd6–é7   **Tf8–é8+**
23. Ké7–f7   **Dc6–g6#**

d) Das Gegengambit: 3. d2–d4

65. Partie
Morales   B. Moritz
Guayaquil 1939

1. é2–é4   **é7–é5**
2. Sg1–f3   **f7–f5!?**
3. d2–d4   .....

Dieses Gegengambit bietet dem Anziehenden keinen Vorteil.
3. .....   **f5×é4!**
4. Sf3×é5   **Sg8–f6!**
Falls jetzt 5. Lf1–c4, so d7–d5!. Oder 5. Lc1–g5, d7–d6!.

5. Sb1—c3 d7—d6!
6. Sé5—c4 d6—d5!

und Schwarz hat ein starkes Bauernzentrum aufgebaut.

7. Sc4—é3 .....

Zu passiv. Nach dem kräftigerem 7. Sc4—é5 spielt Schwarz Lf8—d6!

7. ..... c7—c6
8. Lf1—é2 Lf8—d6
9. 0—0 0—0
10. f2—f3 Dd8—c7

Es droht 11. Ld6×h2+.

11. g2—g3 Lc8—h3!
12. Sé3—g2 .....

(siehe Diagramm)

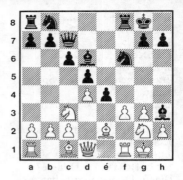

12. ..... Ld6×g3!!
13. h2×Lg3 Dc7×g3
14. Tf1—f2 Sf6—g4!!

Weiß gab auf. Es droht 15. ..... Dg3—h2+; 16. Kg1—f1, Dh2—h1#.

15. f3×Sg4 Dg3×Tf2+
16. Kg1—h2(h1) Df2×Sg2#

3. Mittelgambit in Rückhand

Seltsamerweise ist das Gambit 1. é2—é4, é7—é5; Sg1—f3, d7—d5!? zu riskant. Doch muß Weiß aufpassen, denn an den vielen offenen Linien kann Schwarz gefährliche Angriffe einleiten.

66. Partie

F. Kozelen — Erich Elisakses
Österreichische Fernpartie
1932

1. é2—é4 é7—é5
2. Sg1—f3 d7—d5!?
3. é4×d5 .....

Falls nun 3. ..... Dd8×d5, so 4. Sb1—c3, Dd5—a5. (Auch 4. ..... Dd5—é6 ist spielbar.) 5. Dd1—é2? (Die Dame verstellt nun seinen Läufer. Besser wäre ein Entwicklungszug mit dem Läufer.) 5. ..... Sb8—c6; 6. d2—d3, Lc8—g4!; 7. Lc1—d2, Sc6—d4! (Schwarz nützt die ungünstige Stellung der weißen Dame aus.) 8. Dé2×é5+? (Notwendig wäre 8. Dé2—d1.) 8. ..... Da5×Dé5+; 9. Sf3×Dé5, Sd4×c2#. (Gewonnen von Hans Oberhauser.)

3. ..... é5—é4!
4. Dd1—é2 .....

Die Dame fesselt den Bauern é4.

4. ..... Sg8—f6

Genauer ist 4. ..... Dd8—é7; 5. Sf3—d4 und erst jetzt 5. ..... Sg8—f6!.

5. Dé2—b5+? .....

Besser wäre 5. Sb1—c3. Das Damenabenteuer verliert viel Zeit, und indessen kann Schwarz seine Figuren mit den einfachsten Mitteln entwickeln.

5. ..... c7—c6

6. d5×c6	b7×c6
7. Db5–é5+	Lf8–é7
8. Sf3–g5	Sb8–d7!
9. Dé5–f4	0–0
10. Sg5×é4	.....

Endlich gelang es Weiß, einen zweiten Bauern zu erbeuten. Dies kostete aber sechs wertvolle Tempi.

Außerdem haben die schwarzen Springer Gelegenheit, eine dominierende Stellung in der Brettmitte zu besetzen.

10.	Sf6–d5
11. Df4–f3	Tf8–é8!

Der Turm bedroht den weißen König.

12. d2–d3	Sd7–é5
13. Df3–g3	Lé7–h4!

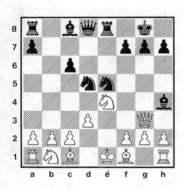

14. Lc1–g5! .....

Nur so kann Weiß seine Dame retten.

14.	Lh4×Lg5
15. Dg3×Lg5	Dd8×Dg5
16. Sé4×Dg5	Sé5–f3++
17.Ké1–d1	Té8–é1#

67. Partie

K. Zámbelly   Géza Maróczy

Ungarische Fernpartie 1902

1. é2–é4	é7–é5
2. Sg1–f3	d7–d5!?
3. é4×d5	.....

Am häufigsten wird hier 3. ..... é5–é4! gespielt.

3.	Lf8–d6

Auch diese Fortsetzung ist spielbar.

4. Sb1–c3	Sg8–f6
5. Lf1–b5+	.....

An dieser Stelle und auch im vorhergehenden Zug wäre d2–d4! stärker.

5.	c7–c6
6. Lb5–a4?	.....

Besser wäre der Tauschwechsel auf c6. Der Läufer hat keine Aussichten auf a4, da Schwarz bald rochieren wird.

6.	é5–é4
7. d5×c6	0–0!

Schwarz opfert den zweiten Bauern.

8. Sf3–d4	b7×c6
9. Sd4×c6	Dd8–b6
10. Sc6×Sb8	Ta8×Sb8
11. La4–b5!	Tf8–d8!

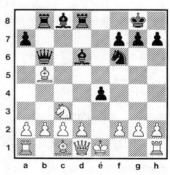

Schwarz hat zwar eine drohende Stellung aufgebaut, doch sind keine unmittelbaren Gefahren vorhanden. Weiß könnte also mit 12. Lb5—é2 fortfahren. Die Rochade ermöglicht eine entscheidende, glänzende Kombination:

12. 0—0?   Ld6×h2+!!
13. Kg1×Lh2   Sf6—g4+

Dieser Zug wäre auch dann geschehen, wenn Weiß mit 13. Kg1—h1 das Läuferopfer abgelehnt hätte.

14. Kh2—g3!   .....

Nach 14. Kh2—g1?, Db6—h6! könnte Weiß das sofortige Matt auf h2 nur durch Aufopferung seiner Dame verhindern.

14. .....   Db6—c7+
15. f2—f4   é4×f3 e.p. (+)
16. Kg3×f3   Td8—d4!
17. d2—d3   Lc8—b7+
18. Sc3—é4   Lb7×Sé4+!!
19. Kf3×Sg4   Dc7—h2!

um den gehetzten König von hinten weiterzutreiben.

20. d3×Lé4   Dh2×g2+
21. Kg4—h4   Tb8×Lb5!!

Es droht 22. Td4×é4+. Erzwungen ist daher:

22. Dd1×Td4   Tb5—h5+!!

Schwarz opfert auch diesen Turm, um den weißen König in die Nähe der schwarzen Bauern zu locken.

23. Kh4×Th5   Dg2—h3+
24. Kh5—g5   h7—h6+
25. Kg5—f4   g7—g5+
26. Kf4—é5   Dh3—é6#

68. Partie

Verlain   Tennison
        USA um 1800

1. é2—é4   é7—é5
2. Sg1—f3   d7—d5!?
3. d2—d3   .....

Eine zahme Ablehnung. Nur durch die Annahme des Gambit 3. Sf3×é5 oder 3. é4×d5 kann Weiß in Vorteil kommen.

3. .....   Sb8—c6
4. é4×d5   Dd8×d5
5. Sb1—c3   Lf8—b4!

Durch diese Fesselung und den folgenden Abtausch sichert Schwarz den Verbleib seiner Dame im Zentrum.

6. Lc1—d2   Lb4×Sc3
7. Ld2×Lc3   Lc8—g4
8. Lf1—é2   Sg8—é7
9. 0—0   Sé7—g6
10. h2—h3   h7—h5!!

Schwarz opfert den Läufer, um den h-Weg für den Turm zu öffnen.

11. h3×Lg4?   h5×g4
12. Sf3—h2   Sg6—f4!

Es droht bereits Dd5×g2#.

13. f2—f3   g4—g3!

verbietet dem weißen König das Fluchtfeld f2.

14. Sh2—g4   f7—f5!
15. Sg4—é3   Dd5—é6

Weiß gibt auf, da er nichts gegen das folgende Matt unternehmen kann.

16. Tf1—é1   Dé6—h6
17. ~   Dh6—h1#

Das Königsgambit 2. f2−f4

Wer große Fortschritte im Schach machen will, sollte ausführlich das uralte Königsgambit studieren. Das Königsgambit ist eine wahrhafte Fundgrube für den Lernenden.

69. Partie
Max Löwy — N. N.
Wien 1910

1. é2−é4　é7−é5
2. f2−f4!?　Dd8−h4+?

Das Schulbeispiel für ein unnötiges Schach, das nichts einbringt und nur Tempoverluste verursacht.

3. g2−g3　Dh4−h6

Die Dame befindet sich auf der Schräge des Läufers c1. Bei Spieleröffnung wird das zu erneutem Tempoverlust führen. Besser wäre es daher, den Fehler zu erkennen und mit der Dame nach d8 zurückzukehren.

4. Sb1−c3!　é5×f4
5. d2−d4　Dh6−f6
6. Sc3−d5　Df6−c6

Deckt den angegriffenen Bc7.

7. Lf1−b5!!　.....

Dieser Läufer darf wegen Sd5×c7+ nicht genommen werden.

7. .....　Dc6−d6
8. Lc1×f4!　.....

Während Schwarz ununterbrochen mit seiner Dame zieht, bringt Weiß eine Figur nach der anderen ins Spiel.

8. .....　Dd6−g6

Schwarz plant, den Bauern é4 zu überfallen, um den Turm durch einen Doppelangriff zu erbeuten. Diese Berechnung erweist sich jedoch als falsch.

9. Sd5×c7+　Ké8−d8
10. Sc7×Ta8　Dg6×é4+
11. Dd1−é2　Dé4×Th1
12. Lf4−c7#

Von den 11 Zügen, die Schwarz in dieser Partie gemacht hat, entfielen acht auf die Dame! Es ist daher nicht erstaunlich, daß Schwarz so schnell verloren hat.

Falls Schwarz den Gambitbauern f4 schlägt, entsteht das Angenommene Königsgambit. Läßt Schwarz den Gambitbauern stehen und führt einen anderen Zug aus, dann ist das Gambit abgelehnt. Aus didaktischen Gründen werden wir vorerst das abgelehnte Königsgambit behandeln, denn es hat nur wenige, leichtverständliche Abzweigungen.

Abgelehntes Königsgambit

Nach 1. é2—é4, é7—é5; 2. f2—f4 kann Schwarz das Gambit auf die folgenden Arten ablehnen:
1. Klassische Ablehnung: 2. ..... Lf8—c5,
2. Grecos Ablehnung: 2. ..... Sg8—f6,
3. Unregelmäßige Ablehnungen: 2. ..... Sb8—c6 und 2. ..... d7—d6.

Außerdem hat Schwarz zwei Gegengambite zur Verfügung:
4. Falkbeer-Gegengambit: 2. ..... d7—d5 und
5. Symmetrisches Gegengambit: 2. ..... f7—f5.

1. Die klassische Ablehnung 2. Lf8—c5

70. Partie

Leonardo da Cutri — N. N.

Italien um 1590

1. é2—é4	é7—é5
2. f2—f4!?	Lf8—c5
3. Sg1—f3!	d7—d6
4. Lf1—c4	Sb8—c6

Gut st auch 4. ..... Sg8—f6.

5. Sb1—c3! .....

In einer Partie Minkwitz—Flechsig geschah 5. c2—c3, f7—f5!?; 6. Sf3—g5. (Oder 6. d2—d3, f5×é4!; 7. d3×é4, Sg8—f6; 8. Dd1—é2! usw.) 6. ..... é5×f4!; 7. h2—h4, f5×é4; 8. Sg5—f7? (Vor allem Entwicklung und erst danach Angriff.) 8. ..... Dd8—é7; 9. Sf7×Th8, Sc6—é5; 10. Lc4×Sg8? (Besser wäre 10. Lc4—é2.) 10. ..... Sé5—d3+. (Ein vortrefflicher Blockadezug, der den ganzen weißen Damenflügel lahmlegt.) 11. Ké1—f1, f4—f3!; 12. g2×f3, é4×f3; 13. Dd1×f3, Lc8—h3+!!; 14. Df3×Lh3, Dé7—é1+; 15. Kf1—g2, Dé1—f2#. (Oder 14. Th1×Lh3, Dé7—é1+; 15. Kf1—g2, Dé1—g1#.)

5. ..... **Sg8—f6**
6. d2—d3 **Lc8—g4?**

Schwarz hat es versäumt, mit 6. ..... a7—a6! ein Fluchtfeld für seinen Angriffsläufer c5 zu öffnen, um zu verhindern, daß Weiß nach Sc3—a4 den Läufer abtauscht.

7. h2—h3   Lg4×Sf3
8. Dd1×f3   Sc6—d4?
Ein verfrühter Gegenangriff. Besser wäre die Weiterentwicklung: 8. ..... Dd8—é7; 9. Sc3—é2, 0—0—0! usw.
9. Df3—g3!!   .....
Weiß opfert den Turm, um an wertvollem Tempo für die Vorbereitung eines glänzenden Angriffs zu gewinnen. Nach 9. Df3—d1?; c7—c6! nebst b7—b5 stünde Schwarz besser.
9. .....   Sd4×c2+?
Ein schwerwiegender Tempoverlust. Besser wäre 9. ..... 0—0!; 10. f4×é5, d6×é5; 11. Lc1—g5, Dd8—d6! usw.
10. Ké1—d1   Sc2×Ta1
Der Springer hat vier Züge verschwendet, um den außer Spiel stehenden Turm zu erbeuten.
11. Dg3×g7   .....
Es droht das Schäfermatt Dg7×f7#.
11. .....   Ké8—d7
12. f4×é5   d6×é5
13. Th1—f1!   Lc5—é7
Deckt den bedrohten Springer f6.
14. Lc1—g5!   .....
Besser als 14. Dg7×f7?; Kd7—c8!, und der schwarze Herrscher befindet sich in Sicherheit.

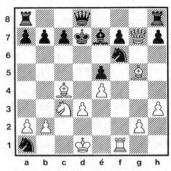

14. .....   Th8—g8
In einer Partie geschah 14. ..... Sf6—h5; 15. Dg7×f7, und Weiß gewann nach Dd8—é8; 16. Df7—é6+, Kd7—d8; 17. Lc4—b5!, c7—c6; 18. Dé6—d6+!.
15. Dg7×f7   Tg8×Lg5
16. Df7—é6+   Kd7—é8
17. Tf1×Sf6!   Tg5—g7
18. Dé6×é5   c7—c6
19. Tf6—f3   Tg7—g6
20. Tf3—f8+!!   Ké8×Tf8
21. Dé5—h8+   Tg6—g8
22. Dh8×Tg8#

2. Grecos Ablehnung: 2. Sg8—f6

71. Partie
G. Greco   N. N.
Italien um 1618

1. é2—é4   é7—é5
2. f2—f4!?   Sg8—f6!
Ebenso gut ist das Gegengambit 2. ..... d7—d5!.
3. Sb1—c3   .....
Stärker und aggressiver ist 3. Sg1—f3!.
3. .....   é5×f4?
Die richtige Erwiderung ist der Gegenstoß 3. ..... d7—d5!, und Schwarz hat nicht nur Ausgleich, sondern steht auch besser.
4. d2—d4!   Lf8—b4
5. Lf1—d3   Dd8—é7?
Besser wäre der sofortige 5. ..... Sb8—c6.
6. Dd1—é2   Sb8—c6

Im Schachbuch von Gustavus Selenus (Herzog von Braunschweig) aus dem 17. Jahrhundert finden wir die folgende lehrreiche Fortsetzung: 7. Sg1–f3!, g7–g5; 8. d4–d5, Sc6–é5; 9. Sf3×g5, Sf6×d5! (Aufgedeckter Angriff der Dame gegen den weißen Springer g5.) 10. é4×Sd5, Dé7×Sg5; 11. g2–g3!, Ké8–d8!; 12. Lc1×f4, Sé5×Ld3+; 13. Dé2×Sd3, Th8–é8+; 14. Ké1–d2, Dg5–g6; 15. Ta1–é1, Dg6×Dd3+; 16. Kd2×Dd3, Lb4–é7; 17. Té1×Lé7!!, Té8×Té7; 18. Lf4–g5 (die tödliche Fesselung), 18. ..... Kd8–é8 (Es drohte Th1–é1 nebst Erbeutung des schwarzen Turmes.) 19. Lg5×Té7, Ké8×Lé7; 20. Th1–é1+, Ké7–d8!; 21. Sc3–é4, c7–c6? (Besser wäre 21. ..... d7–d6!.) 22. d5–d6!! (Es droht 23. Sé4–f6 nebst Té1–é8#.) 22. ..... Kd8–é8; 23. Sé4–f6++, Ké8–f8; 24. Té1–é7! usw. mit forciertem Gewinn für Weiß.

7. é4–é5?   Sf6–d5?

Die beste Erwiderung ist 7. ..... Sc6×d4!; 8. é5×Sf6, Sd4×Dé2; 9. f6×Dé7, Sé2×Sc3!; 10. a2–a3, Lb4×é7!; 11. b2×Sc3, g7–g5; 12. h2–h4, f7–f6, und Schwarz hat drei starke Bauern für die verlorene Figur.

8. Lc1–d2   Sc6×d4?

Besser wäre 8. ..... Lb4×Sc3!.

9. Sc3×Sd5   Dé7–h4+

10. g2–g3   f4×g3
11. Dé2–g2!   g3×h2(+)?

Das kleinere Übel wäre 11. ..... Lb4×Ld2+; 12. Ké1×Ld2.

12. Ké1–f1   h2×Sg1(D)+
13. Dg2×Dg1   Dh4–d8

Die Dame hat keinen anderen Rückzug.

14. Dg1×g7   Th8–f8

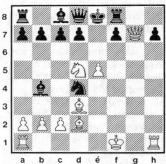

Die schwarze Stellung ist hoffnungslos. Weiß kann auf mehrere Arten gewinnen.

15. Ld2–g5   f7–f6
16. Ld3–g6+!!   .....

Dieses überraschende Läuferopfer öffnet den h-Weg für den weißen Turm.

16. .....   h7×Lg6
17. Dg7×g6+   Tf8–f7
18. Th1–h8+   Lb4–f8
19. Th8×Lf8+!!   Ké8×Tf8
20. Lg5–h6+   Kf8–é8
21. Dg6–g8+   Tf7–f8
22. Dg8×Tf8#

3. Falkbeer-Gegengambit 2. d7–d5

72. Partie
Heyermann   Blackburne

1. é2–é4   é7–é5
2. f2–f4!?   d7–d5!?

Dr. Siegbert Tarrasch glaubte, daß dieser zentrale Gegenstoß die Widerlegung des Königsgambits sei. Das ist zwar nicht der Fall, aber dieses Gegenopfer erwies sich doch als sehr wirkungsvoll: Schwarz opfert einen Bauern, um zu verhindern, daß Weiß den f-Weg öffnet und ein starkes Bauernzentrum aufbaut.

3. é4×d5!   .....

Das ist zwar die beste Fortsetzung für Weiß, aber der Anziehende kann auch anders spielen: 3. Sg1–f3, d5×é4!; 4. Sf3×é5, Lf8–d6!; 5. d2–d4!, und Weiß hat ein schönes Spiel.

3. .....   é5–é4!

Der Textzug verhindert, daß Weiß den f-Weg für seinen Turm öffnet. Überdies verbietet der Bauer Sg1–f3, wodurch die Entwicklung des weißen Königsflügels verzögert wird.

4. Sb1–c3   Sg8–f6
5. Lf1–c4?   .....

Diese Partie ist ein Schulbeispiel dafür, daß Weiß den gefährlichen schwarzen Vorposten auf é4 keinen Augenblick dulden darf. Es war deshalb unentbehrlich, mit 4. d2–d3! den Mehrbauern zurückzugeben.

5. .....   c7–c6
6. d5×c6   Sb8×c6
7. Sg1–é2   Lf8–c5
8. Sé2–g3   Dd8–d4!

Es droht Schäfermatt auf f2.

9. Dd1–é2   Lc8–g4!
10. Dé2–f1   Sc6–b4

Nun droht bereits 11. Sb4×c2#.

11. Lc4–b3   0–0–0

Mit jedem Zug verstärkt Schwarz den Druck.

12. Sc3–é2   Dd4–d7
13. f4–f5   .....

Weiß hat keinen vernünftigen Zug mehr. Z. B. nach 13. c2–c3 würde Sb4–d3+ folgen. Doch wäre 13. a2–a3 besser als der Textzug.

13. .....   Th8–é8
14. h2–h3   .....

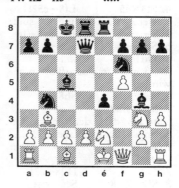

14. .....   Sb4–d3+!!

Falls nun 15. c2×Sd3, dann gewinnt Schwarz mit é4×d3 die geopferte Figur zurück.

15. Ké1–d1   Sd3–f2+

Das ist ein trauriges Katz-und-Maus-Spiel.

16. Kd1–é1   Lg4×Sé2
17. Df1×Lé2   é4–é3!
18. d2–d4?   .....

Das kleinere Übel wäre 18. d2×é3.

18. .....   Dd8×d4

19. c2—c3   Dd4—f4
Jetzt ist der Sg3 angegriffen.
20. Dé2—f3   é3—é2!!
Ein eindrucksvolles Damenopfer.
21. Lc1×Df4   Td8—d1+!
22. Ta1×Td1   é2×Td1(T)
##

73. Partie

Ettliger — David Janowski

1. é2—é4   é7—é5
2. f2—f4!?   d7—d5!?
3. Sg1—f3   .....

Weiß lehnt das Gegengambit ab. Gut ist auch die Annahme des Bauernopfers durch 3. é4×d5, é5—é4!.

3. .....   d5×é4
4. Sf3×é5   Lf8—c5?!

Bessere Fortsetzungen sind: Sb8—c6, Lf8—d6 und Sg8—f6.

5. Sb1—c3   Sg8—f6
6. Dd1—é2   .....

Weiß möchte einen Bauern gewinnen.

6. .....   Sb8—c6
7. Sé5×f7!?   .....

Schwarz darf den geopferten Springer nicht schlagen: 7. ..... Ké8×Sf7? 8. Dé2—c4+ nebst Dc4×Lc5.

7. .....   Dd8—é7!
8. Sf7×Th8   Sc6—d4!
9. Dé2—d1   .....

Erzwungen. Sonst käme Sd4×c2+ nebst Rückgewinn des Turmes.

9. .....   Sd4—f3+!!
10. g2×Sf3   é4×f3(+)
11. Lf1—é2   .....

Das Läuferopfer ist offensichtlich erzwungen.

11. .....   f3—f2+!!

Schwarz verzichtet auf Figurengewinn und spielt auf Matt.

12. Ké1—f1   Lc8—h3#

74. Partie

Dr. J. Rosanes — Adolph Anderssen
London 1862

1. é2—é4   é7—é5
2. f2—f4!?   d7—d5!?
3. é4×d5!   é5—é4!
4. Lf1—b5+   .....

Eine altmodische Fortsetzung. Auch 4. Dd1—é2 ist zweifelhaft. Am besten spielt hier Weiß 4. d2—d3!.

4. .....   c7—c6
5. d5×c6   Sb8×c6

In der Beratungspartie Langley/Berry—J.Burt (Cardiff 1868) folgte 5. ..... b7×c6; 6. Lb5—a4, Dd8—d4; 7. c2—c3, Dd4—d6; 8. Sg1—é2, Lc8—g4; 9. 0—0, Dd6—d3!; 10. Tf1—é1, Lf8—c5+; 11. Kg1—f1??, Dd3—f3+!!; 12. g2×Df3, Lg4—h3#.

6. Sb1—c3   .....

Weiß sollte mit 6. d2—d3! das Zentrum bekämpfen. Nach den folgenden Manövern von Weiß erhält Schwarz eine überlegene Entwicklung auf Kosten von zwei Bauern.

6. .....   Sg8—f6
7. Dd1—é2   Lf8—c5!
8. Sc3×é4   0—0!

Weiß darf nun den Läufer c5 nicht schlagen wegen Tf8—é8.

9. Lb5×Sc6   b7×Lc6
10. d2—d3   Tf8—é8
11. Lc1—d2   Sf6×Sé4
12. d3×Sé4   Lc8—f5!
13. é4—é5   Dd8—b6
14. 0—0—0   Lc5—d4!

Infolge der falschen weißen Strategie ist der schwarze Angriff unwiderstehlich geworden.

15. c2—c3   Ta8—b8!

Es droht erneut Db6×b2#.
16. b2—b3   Té8—d8!!
Jetzt würde nach 17. c3×Ld4? Db6×d4 erfolgen, mit Mattdrohung auf a1.
(siehe Diagramm)
17. Sg1—f3

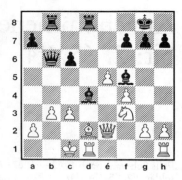

17. .....   Db6×b3!!
18. a2×Db3   Tb8×b3
Es droht Tb3—b1#.
19. Ld2—é1   Ld4—é3+!!
Das feine Läuferopfer deckt den Turm d8 auf.
20. Dé2×Lé3   Tb3—b1#

4. Symmetrisches Gegengambit 2. f7—f5

75. Partie
N. N.   Gioachino Greco
         Kalabrien um 1618

1. é2—é4   é7—é5
2. f2—f4!?   f7—f5!?
Auch dieses seltsame Gegengambit ist spielbar. Bei richtiger Angriffsführung von Schwarz gewinnt es einen Bauern.
3. é4×f5!   Dd8—h4+!
verhindert die fatalen Folgen der drohenden Dd1—h5+.
4. g2—g3   Dh4—é7
5. Dd1—h5+   .....
Das ist ein grober Fehler, da das Schachgebot überflüssig ist und dem Nachziehenden eine Gelegenheit bietet, seinen König in Sicherheit zu bringen. Überdies wird die weiße Dame angegriffen und muß mit Rückzügen Zeit verlieren.
Besser wäre 5. f4×é5! Dé7×é5+.
5. .....   Ké8—d8!
6. f4×é5   Dé7×é5+
7. Lf1—é2   Sg8—f6

8. Dh5—f3   d7—d5
9. g3—g4?   .....
Weiß hätte besser daran getan, den Mehrbauern mit 9. d2—d3! zurückzugeben, da die Verteidigung des Mehrbauern seine Stellung verdirbt.
9. .....   h7—h5!
10. h2—h3?   .....
Vorzuziehen wäre statt dessen 10. g4—g5!, Sf6—é4; 11. d2—d3!.
10. .....   h5×g4
11. h3×g4   Th8×Th1
12. Df3×Th1   Dé5—g3+
13. Ké1—d1   Sf6×g4
14. Dh1×d5+?   .....
Weiß steht schon schlecht, aber das ist bereits der entscheidende Fehler. Notwendig wäre der Abtausch 14. Lé2×Sg4, Dg3×Lg4+ und Schwarz hat auch in diesem Fall das bessere Spiel.
14. .....   Lc8—d7
15. Sg1—f3   Sg4—f2+!
16. Kd1—é1   Sf2—d3++
Falls nun 17. Ké1—f1?, dann Dg3—f2#.
17. Ké1—d1   Dg3—é1+!!
18. Sf3×Dé1   Sd3—f2#

Angenommenes Königsgambit: 2. é5×f4

Falls Schwarz nach 1. é2−é4, é7−é5; 2. f2−f4!? den Gambitbauern schlägt: **2. é5×f4,** dann entsteht das Angenommene Königsgambit, und Schwarz droht gefährlich mit Dd8−h4+.

Weiß kann diese Drohung auf mehrere Arten bekämpfen:

1. am einfachsten zieht er 3. Sg1−f3. Das ist das *Springergambit*.
2. Weiß kann aber auch 3. Lf1−c4 erwidern, um nach Dd8−h4+; 4. Ké1−f1 zu spielen, in der Erkenntnis, daß sein König auf f1 sicherer steht als die schwarze Dame auf h4. Das ist das *Läufergambit*.

Die anderen weißen Spielweisen sind weniger stark:

3. wie z. B. 3. Dd1−f3, das *Breyer-Gambit*,
4. oder 3. d2−d4, das *Steinitz-Gambit*,
5. schließlich 3. Sb1−c3, das *MacDonnel-Gambit*.

Das Springergambit: 3. Sg1—f3

Schwarz hat viele Fortsetzungen:
1. den *Gegenstoß*: 3. ..... d7—d5,
2. die *Gegenentwicklung*: 3. ..... Sg8—f6,
3. die *Cunningham-Verteidigung*: 3. ..... Lf8—é7,
4. die *Fischer-Verteidigung*: 3. ..... d7—d6,
5. schwächer sind die *unregelmäßigen Verteidigungen*, wie 3. ..... c7—c6, sowie 3. ..... f7—f5, ferner 3. ..... h7—h6, und 3. ..... Sg8—é7—g6.
6. Am wichtigsten ist jedoch das *klassische Königsgambit*: 3. ..... g7—g5.

1. Unregelmäßige Verteidigungen

76. Partie
G. C. Polerio — N. N.
Italien um 1590

1. é2—é4   é7—é5
2. f2—f4!   é5×f4!
Die Ablehnung des Gambits bringt dem Nachziehenden einen geringen Nachteil.
3. Sg1—f3   Sg8—é7?!
Der Springer strebt nach g6, um den Gambitbauern f4 zu schützen. Besser ist jedoch das sofortige 3. ..... g7—g5!.
4. h2—h4   .....
um den Springer von g6 zu vertreiben. Gut ist auch 4. d2—d4, d7—d5; 5. Sb1—c3, d5×é4; 6. Sc3×é4.
4. .....   h7—h5
um den weiteren Vormarsch des weißen h-Bauern zu verhindern.
5. Lf1—c4   Sé7—g6?
Verfrüht. Besser wäre vorerst 5. ..... c7—c6.
6. Sf3—g5   Sg6—é5
Notwendig. Sonst käme Sg6×f7.
7. Lc4—b3   f7—f6
8. Sg5—h3   .....
Jetzt würde nach 8. ..... Sé5—g6; 9. d2—d4, Sg6×h4 folgen. 10. Sh3×f4, g7—g5; 11.

Th1×Sh4!!, g5×Th4; 12. Sf4–g6, Th8–h7; 13. Lb3–g8!, Th7–g7; 14. Dd1×h5!!, Tg7×Lg8; 15. Sg6–é5(+), Ké8–é7; 16. Dh5–f7+, Ké7–d6; 17. Lc1–f4!, Tg8–g7; 18. Sé5–c4++, Kd6–c6; 19. Df7–d5#.

8.	g7–g5
9. h4×g5	f6×g5
10. d2–d4	Sé5–f7

Oder 10. ..... Sé5–g6; 11. g2–g3!.

11. g2–g3! .....

Weiß forciert die Öffnung des f-Wegs für seinen Turm.

11.	f4×g3
12. Lb3×Sf7+!	Ké8×Lf7
13. Sh3×g5+	Kf7–é8

Verhängnisvoll wäre 13. ..... Kf7–g6?; 14. Dd1–f3, Dd8–f6; 15. Df3×g3!, und Schwarz kann das schreckliche aufgedeckte Schach des Springers nicht verhindern.

14. Th1×h5 .....

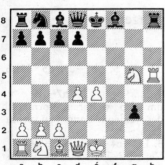

14. ..... **Th8×Th5?**

Nach dem besseren 14. ..... Th8–g8! folgt einfach 15. Dd1–f3.

15. Dd1×Th5+	Ké8–é7
16. Dh5–f7+	Ké7–d6
17. Df7–d5+	Kd6–é7
18. Dd5–é5#	

77. Partie

Spieler unbekannt

1. é2–é4	é7–é5
2. f2–f4!?	é5×f4
3. Sg1–f3	h7–h6

Der Textzug ist kein direkter Fehler. Doch ist er schwächer als g7–g5.

4. Lf1–c4?! .....

Stärker wäre 4. h2–h4!, um den folgenden schwarzen Zug zu vereiteln.

4.	g7–g5
5. h2–h4	f7–f6?

Die beste Fortsetzung für Schwarz wäre 5. ..... Lf8–g7!.

6. Sf3×g5?! .....

Richtig wäre 6. Sf3–é5! Z. B. f6×Sé5?; 7. Dd1–h5+, Ké8–é7; 8. Dh5–f7+, Ké7–d6; 9. Df7–d5+, Kd6–é7; 10. Dd5×é5#.

Mit 6. ..... h6×Sg5! könnte Schwarz eine Figur erbeuten.

6.	Dd8–é7?
7. Dd1–h5+	Ké8–d8
8. Sg5–f7+	Kd8–é8
9. Sf7×Th8(+)	Ké8–d8
10. Sh8–f7+	Kd8–é8
11. Sf7×h6(+)	Ké8–d8
12. Sh6×Sg8	Dé7×é4+
13. Dh5–é2!	.....

und Schwarz gab auf, da er zwei Figuren verlor.

78. Partie

Hell   Dr. Künzel

1. é2–é4	é7–é5
2. f2–f4!?	é5×f4
3. Sg1–f3	c7–c6?

Ein offensichtlicher Tempoverlust.

4. d2–d4 **d7–d6**

Folgerichtig, aber schwach wäre 4. ..... Dd8–c7.

5. Lc1×f4	Lc8—g4
6. Sb1—c3	Sb8—d7
7. Lf1—c4	Sg8—f6
8. 0—0	Lf8—é7
9. é4—é5!	d6×é5
10. d4×é5	Sf6—h5

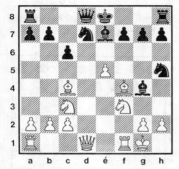

11. Lc4×f7+!! Ké8—f8
Falls 11. ..... Ké8×Lf7, so 12. Sf3—g5+.
12. Lf4—h6!! .....
Der Läufer räumt den f-Weg.
12.	g7×Lh6
13. Sf3—d4!!	Lg4×Dd1
14. Sd4—é6#	

79. Partie

H. Ward — H. Brown
1. é2—é4	é7—é5
2. f2—f4!?	é5×f4
3. Sg1—f3	f7—f5?!

Das Gegengambit ist hier nicht am Platze. Besser wäre 3. ..... g7—g5!.
| 4. Lf1—c4 | f5×é4 |
| 5. 0—0!! | ..... |

Ein chancenreiches Springer-opfer.
5.	é4×Sf3
6. Dd1×f3	Lf8—c5+
7. d2—d4!!	.....

Weiß opfert auch den Bauern, um an wichtigem Entwicklungstempo zu gewinnen.
7.	Lc5×d4+
8. Kg1—h1	d7—d6
9. Lc1×f4	Sg8—f6
10. Sb1—c3	Lc8—g4
11. Ta1—é1+	Ké8—f8

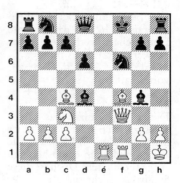

12. Df3—d5!! .....
Falls 12. ..... Sf6×Dd5??, dann 13. Lf4×d6++, Kf8—g8; 14. Lc4×Sd5+, Lg4—é6; 15. Ld5×Lé6#≠.
12. ..... Dd8—d7
deckt das Matt auf f7.
13. Dd5×Ld4	Sb8—c6
14. Dd4×Sf6+!!	g7×Df6
15. Lf4—h6+	Dd7—g7
16. Tf1×f6#	

2. Cunningham-Verteidigung: 3. Sg1–f3, Lf8–é7

80. Partie
Carlo Cozio   N. N.

1. é2–é4   é7–é5
2. f2–f4!?   é5×f4
3. Sg1–f3   Lf8–é7

mit der Absicht, auf h4 Schach zu bieten, die weiße Rochade zu verderben und einen Bauern zu erbeuten.

4. Lf1–c4!   .....

Die beste Fortsetzung. Weiß kann mit 4. h2–h4 das geplante Läuferschach verhindern, aber Schwarz setzt dann mit 4. ..... d7–d5!; 5. é4×d5!, Lf8–g4! vorteilhaft fort.

4. .....   Lé7–h4+
5. g2–g3!?   .....

Dieser Zug enthält das Opfer eines zweiten oder sogar eines dritten Bauern. Weiß öffnet alle Linien und kann einen heftigen Angriff einleiten. Doch ist diese Spielweise nicht sicher.

Weiß könnte mit 5. Ké1–f1! den Angriff behalten und den geopferten Bauern mit besserer Stellung zurückgewinnen.

In einer Partie MacDonnel–Bird folgte 5. ..... d7–d5!; 6. Lc4×d5, Sg8–f6; 7. Sb1–c3, 0–0; 8. Sf3×Lh4? (Besser wäre 8. Ld5–b3!) Sf6×Ld5; 9. Sc3×Sd5, Dd8×Sh4!!; 10. Sd5×c7, Sb8–c6; 11. Sc7×Ta8, Sc6–d4; 12. d2–d3, f4–f3; 13. g2–g3, Dh4–h3+; 14. Kf1–f2, Dh3–g2+; 15. Kf2–é3, Sd4×c2+; 16. Ké3–f4, f7–f5!; 17. é4–é5, h7–h6 (Es droht g7–g5#!.) 18. h2–h4, g7–g5+; 19. h4×g5, h6×g5+; 20. Kf4×g5, Dg2×g3+; 21. Kg5–h6, Kg8–f7! und Tf8–h8# im folgenden Zug.

5. .....   f4×g3
6. 0–0   g3×h2+
7. Kg1–h1!   .....

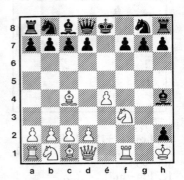

Weiß schont den feindlichen Bauern, da der König nun besser geschützt ist als hinter einem eigenen Bauern.

In einer Partie Dus Chotimirski–N. N. geschah 7. ..... d7–d5!; 8. é4×d5, Lh4–f6; 9. d2–d4, Sg8–é7; 10. Sf3–g5!, h7–h6? (Besser wäre die Rochade.) 11. Sg5×f7!, Ké8×Sf7; 12. d5–d6(+), Kf7–f8; 13. Dd1–h5! (Mattdrohung.) 13. ..... Dd8–é8; 14. Tf1×Lf6+!!, g7×Tf6; 15. Dh5×h6+!!, Th8×Dh6; 16. Lc1×Th6#.

Die beste Verteidigung ist 7. ..... d7–d5!; 8. Lc4×d5, Sg8–f6; 9. Ld5×f7+!, Ké8×Lf7; 10. Sf3×Lh4, Th8–f8; 11. d2–d4, Kf7–g8 usw. (Philippe Stamma).

7. .....   Lh4–f6

Schwarz ist bereit, für die drei Bauern eine Figur zu opfern: 8. é4—é5, d7—d5!; 9. é5×Lf6, Sg8×f6 usw. Doch auch in diesem Falle hat Weiß das bessere Spiel.

8. Sf3—é5?   **Lf6×Sé5**

Oder 8. ..... Dd8—é7; 9. d2—d4!.

Die beste Möglichkeit wäre 8. ..... d7—d5!; 9. Lc4×d5, Lc8—é6! usw.

9. Dd1—h5   .....

Es droht Matt auf f7 und Läuferverlust.

9. .....   **Dd8—é7!**
10. Tf1×f7!   **Dé7—c5**

droht Dc5—g1#.

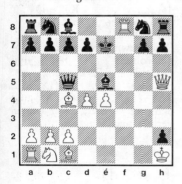

11. Tf7—f8++!!   **Ké8—é7**

und nicht 11. ..... Ké8×Tf8??, 12. Dh5—f7#.

12. d2—d4!!   .....

(siehe Diagramm)

Dieser vortreffliche Zug gewinnt in jeder Variante. Z. B. 12. ..... Dc5×Lc4; 13. Dh5—é8+, Ké7—d6; 14. Dé8×Lé5+, Kd6—c6; 15. Sb1—a3, Dc4—b4; 16. Lc1—d2!!, Db4×Ld2; 17. Dé5—c5#.

12. .....   **Lé5×d4**
13. Dh5—f7+   **Ké7—d6**
14. b2—b4!!   **Dc5×b4**
15. Lc1—a3   **Db4×La3**
16. Sb1×Da3   **Ld4×Ta1**

Schwarz hat mehr als ausreichenden Ersatz für die Dame (einen Turm, zwei Leichtfiguren und vier Bauern). Das würde normalerweise zum Gewinn ausreichen. Aber die Stellung des schwarzen Königs ist exponiert und alle seine Figuren sind so eingesperrt, als ob sie überhaupt nicht existieren würden.

17. Df7—d5+   **Kd6—é7**
18. Tf8—é8+!!   **Ké7×Té8**
19. Dd5—f7+   **Ké8—d8**
20. Df7—f8#

3. Fischer-Verteidigung: 3. Sg1—f3, d7—d6

81. Partie

Phillippe Stamma   N. N.

1. é2—é4   **é7—é5**
2. f2—f4!?   **é5×f4**
3. Sg1—f3   **d7—d6**

Eine solide Verteidigung.

4. Lf1—c4!   .....

Jetzt 4. ..... Lc8—é6; 5. Lc4×Lé6, f7×Lé6; 6. d2—d4! (Verhindert é6—é5.) 6. ..... g7—g5; 7. h2—h4!, Lf8—h6; 8. h4×g5, Lh6×g5; 9. g2—g3! ist für Weiß vorteilhaft.

4. .....   **g7—g5**
5. h2—h4!   **g5—g4**
6. Sf3—g5   **Sg8—h6**
7. d2—d4   **f7—f6**

Nun würde 8. Sg5–é6, Dd8–é7; 9. d4–d5, Lc8×Sé6 für Schwarz günstig sein. Weiß opfert daher den Springer.

8. Lc1×f4!!   f6×Sg5
9. Lf4×g5   Dd8–d7?

Besser wäre, die gewonnene Figur mit 9. ..... Lf8–é7! zurückzugeben. Doch auch nach 10. Lg5×Sh6 hätte Weiß das bessere Spiel.

10. 0–0   c7–c6
11. Dd1–d2   .....

Angriff gegen den Springer h6.

11. .....   d6–d5
12. é4×d5   c6×d5
13. Sb1–c3!!   .....

Nach 13. ..... d5×Lc4?; 14. Ta1–é1+ verlöre Schwarz die Dame. Und falls 13. ..... Dd7–g7, so gewinnt Weiß schnell und leicht mit 14. Sc3×d5.

13. .....   Sb8–c6
14. Ta1–é1+   Lf8–é7
15. Lc4–b5   Sh6–g8

Oder 15. ..... Sh6–f5; 16. Tf1×Sf5!!, Dd7×Tf5; 17. Té1×Lé7+!, Ké8–f8; 18. Té7!–é1!.

16. Dd2–f4!   .....

Es droht Df4–f8#.

16. .....   Ké8–d8
17. Lb5×Sc6   b7×Lc6
18. Df4–é5!   .....

Weiß gewinnt wegen der Doppeldrohung Tf1–f8+ und Dd5×Th8. Z. B. 18. ..... Sg8–f6; 19. Tf1×Sf6!!, Th8–é8; 20. Tf6–f7!, und Schwarz verliert, da er keinen vernünftigen Zug hat.

4. Der Gegenstoß 3. Sg1–f3, d7–d5

82. Partie

Boris Spasski — David Bronstein

Moskau 1960
Meisterschaft der Sowjetunion

1. é2–é4   é7–é5
2. f2–f4!?   é5×f4
3. Sg1–f3   d7–d5!

Eine der besten Fortsetzungen für Schwarz.

4. é4×d5   Lf8–d6!?

Stärker ist 4. ..... Sg8–f6!; 5. c2–c4, c7–c6! oder 5. Lf1–b5+, c7–c6! =.

5. Sb1–c3   .....

Spielbar ist auch 5. d2–d4 nebst c2–c4.

5. .....   Sg8–é7

Nach 5. ..... Sg8–f6 würde 6. Lf1–b5+, Lc8–d7 folgen.

6. d2–d4   0–0
7. Lf1–d3   Sb8–d7
8. 0–0   h7–h6?

Tempoverlust. Besser wäre 8. ..... Sé7–g6.

9. Sc3–é4   Sé7×d5

10. c2–c4	Sd5–é3
11. Lc1×Sé3	f4×Lé3
12. c4–c5!	Ld6–é7
13. Ld3–c2!	.....

Nur gleiches Spiel ergibt 13. Dd1–é2 nebst Erbeutung des Bé3.

13.	Tf8–é8
14. Dd1–d3	é3–é2!?

Auf diese Weise hofft Schwarz den gegnerischen Angriff zu verlangsamen.

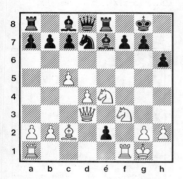

15. Sé4–d6!! .....

Es droht 16. Dd3–h7+, Kg8–f8; 17. Dh7–h8#.

15. ..... Sd7–f8?

Günstigere Aussichten auf Verteidigung böte 15. ..... Lé7×Sd6!.

16. Sd6×f7!!	é2×Tf1(D)+
17. Ta1×Df1	Lc8–f5!

Nach 17. ..... Kg8×Sf7 würde 18. Sf3–g5++ folgen. Oder 17. ..... Dd8–d5; 18. Sf3–é5!.

18. Dd3×Lf5	Dd8–d7
19. Df5–f4	Lé7–f6
20. Sf3–é5!	Dd7–é7
21. Lc2–b3!	Lf6×Sé5
22. Sf7×Lé5(+)	Kg8–h7
23. Df4–é4+!	.....

Schwarz gab auf, wegen:

23.	Kh7–h8
24. Tf1×Sf8+!!	Dé7×Tf8
25. Sé4–g6+	Kh8–h7
26. Sg6×Df8++	Kh7–h8
27. Dé4–h7#	

Die Partie erhielt einen Schönheitspreis.

5. Die Gegenentwicklung 3. Sg1–f3, Sg8–f6

83. Partie

Stevens   Frost

1. é2–é4	é7–é5
2. f2–f4!?	é5×f4
3. Sg1–f3	Sg8–f6
4. é4–é5!	.....

Spielbar ist an dieser Stelle auch 4. Sb1–c3, d7–d5!?; 5. é4–é5? (Besser ist der Abtausch 5. é4×d5.) 5. ..... Sf6–h5; 6. d2–d4, g7–g5; 7. Lf1–é2, g5–g4; 8. 0–0!!, Th8–g8!. Die Annhme des Springeropfers würde zu einem großen Entwicklungsvorsprung des Anziehenden führen. 9. Sf3–é1, Lf8–h6; 10. Lé2–d3, Lc8–é6; 11. Ld3×h7?. Dieses gierige Zuschnappen öffnet den h-Weg für den schwarzen Turm. 11. ..... Tg8–h8; 12. Dd1–d3, Sb8–c6; 13. a2–a3, Dd8–h4; 14. Lh7–f5, 0–0–0; 15. Lf5×Lé6+, f7×Lé6; 16. Sc3–a4, Lh6–g5!. Der Läufer räumt den h-Weg für seinen Turm. 17. Sa4–c5, Sc6×d4!!. Schwarz opfert den Springer, um die weiße Dame von der 3. Reihe abzulenken. 18. Dd3×Sd4, Dh4×h2+!!; 19. Kg1×Dh2?. Die Annahme des Damenopfers führt zu schnellem Matt. (Längeren Widerstand ermöglichte 19. Kg1-f2.) 19. ..... Sh5-g3(+); 20. Kh2-g1, Th8-h1+; 21. Kg1-f2, Th1×Tf1# (Lowtski-Nyholm, Abbazia 1912)

| 4. ..... | Sf6-d5? |

Nach dem besseren 4. ..... Sf6-h5 folgte 5. d2-d4 nebst Lf1-é2!

5. d2-d4	Sd5-é3
6. Lc1×Sé3	f4×Lé3
7. Lf1-c4	c7-c5?

Stärker wäre 7. ..... d7-d5!.

8. c2-c3	c5×d4
9. c3×d4	Dd8-a5+
10. Sb1-c3	Lf8-b4
11. Ta1-c1	b7-b5?

(siehe Diagramm)

12. Lc4×f7+!!	Ké8×Lf7
13. Sf3-g5+	Kf7-é7
14. 0-0	Lb4×Sc3
15. Tc1×Lc3	Lc8-b7
16. d4-d5!	b5-b4
17. d5-d6+!	Ké7-é8
18. Tc3-c8+!!	.....

Weiß opfert den Turm, um den schwarzen Läufer von der Bewachung der Diagonale b7-f3 abzulenken.

18.	Lb7×Tc8
19. Dd1-f3	Da5×é5
20. Df3-f7+!	Ké8-d8
21. Df7-f8+!!	Th8×Df8
22. Tf1×Tf8+	Dé5-é8
23. Sg5-f7#

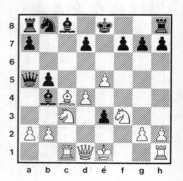

Klassisches Königsgambit mit g7—g5

Die beste, aber zugleich die riskanteste Fortsetzung von Schwarz nach 1. é2—é4, é7—é5; 2. f2—f4!?, é5×f4; 3. Sg1—f3 ist zweifellos g7—g5!?. Der Bauer g5 verteidigt den Gambitbauern f4 und erschwert dessen Rückgewinn. Obendrein droht auch g5—g4 mit Vertreibung des Springers f3, um so das störende Dd8—h4+ durchzusetzen. Es gibt mehrere Verteidigungen, die sicherer sind, aber keine, die schöner ist.

Weiß hat vier Fortsetzungen:
A) Der Sprengungszug 4. h2—h4!, um nach dem erzwungenen Vormarsch 4. ..... g5—g4 entweder 5. Sf3—g5 *(Allgaier-Gambit)* oder 5. Sf3—é5! *(Kieseritsky-Gambit)* zu wählen.
B) Nach 4. Lf1—c4 hat Schwarz zwei Erwiderungen zur Verfügung:
I. die solide 4. ..... Lf8—g7 *(Greco-Philidor-Gambit)* und
II. den ungestümen Vormarsch 4. ..... g5—g4!?. Danach ist dem Anziehenden die Pistole auf die Brust gerichtet. Er hat die Qual der Wahl:
a) Rettet er den Springer mit 5. Sf3—é5, dann muß er sich 5. ..... Dd8—h4+ *(Salvio-Gambit)* gefallen lassen.
b) Falls er das gefährliche Damenschach verhindern will, muß er den Springer opfern. Das Springeropfer kann auf drei verschiedene Arten bewerkstelligt werden:
1) 5. 0—0!, das *Muzio-Polerio-Gambit,*
2) 5. d2—d4, das *Ghulam-Kassim-Gambit,*
3) schließlich 5. Sb1—c3, das *MacDonnel-Gambit*.
Außer dem Sprengungszug 4. h2—h4! und der Entwicklung 4. Lf1—c4 hat Weiß noch zwei weitere Möglichkeiten:
C) 4. Sb1—c3, das sog. *Quade-Gambit,* und
D) schließlich 4. d2—d4, das *Rosentreter-Gambit*.

Diese kleine Übersicht zeigt unmißverständlich, daß das Klassische Königsgambit (3. Sg1—f3, g7—g5) hohe Anforderungen an beide Parteien stellt. Doch lohnt sein Studium, weil der Lernende unendlich viel schachliches Wissen für sein praktisches Spiel erwirbt — auch dann, wenn er andere Eröffnungen spielt.

1. Allgaier-Gambit: 4. h2−h4, g5−g4; 5. Sf3−g5

84. Partie

Mephisto N. N.

1. é2−é4　　é7−é5
2. f2−f4!?　　é5×f4
3. Sg1−f3　　g7−g5!?
4. h2−h4!　　g5−g4!

Praktisch erzwungen, da nach 4. ..... f7−f6? das Opfer 5. Sf3×g5!! forciert gewinnt.

5. Sf3−g5!?　　.....

Einladung zur Erbeutung des Springers. Sicherer, aber weniger energisch ist 5. Sf3−é5! (Kieseritsky-Gambit).

5. .....　　h7−h6
6. Sg5×f7　　Ké8×Sf7

Nach diesem erzwungenen Springeropfer erhält Weiß in jedem Fall ein äußerst gefährliches, an brillanten Kombinationen reiches Angriffsspiel.

7. d2−d4　　d7−d5

Spielbar. Stärker ist jedoch 7. ..... f4−f3!; 8. g2×f3?, d7−d5! (Weiß spielt am besten 8. Lf1−c4!+, d7−d5!; 9. Lc4×d5+, Kf7−g7 und erst jetzt 10. g2×f3, Sg8−f6! usw.)

8. Lc1×f4!　　Sg8−f6!

Nicht 8. ..... d5×é4?; 9. Lf1−c4+, Kf7−g7; 10. Lf4−é5+, Sg8−f6; 11. 0−0!, und der weiße Angriff dürfte zum Erfolg führen.

9. Sb1−c3　　Lf8−b4!

In einer Partie Gunsberg−MacDonnel spielte Schwarz 9. ..... c7−c6? und verlor nach 10. Dd1−d2, Kf7−g7; 11. Lf1−d3, Lf8−é7; 12. 0−0, d5×é4; 13. Sc3×é4, Dd8×d4+; 14. Lf4−é3, Dd4−é5; 15. Sé4×Sf6, Lé7×Sf6; 16. Tf1×Lf6!!, Dé5×Tf6; 17. Ta1−f1, Df6−é5; 18. Dd2−f2! (Es droht Df2−f7# und zugleich Lé3−d4 Damenverlust.) 18. ..... Dé5−é8; 19. Df2−f6+, Kg7−g8; 20. Ld3−c4+, und Schwarz kann das Matt nicht verhindern: Kg8−h7; 21. Df6+h6#.

10. Lf4−é5　　Sf6×é4
11. Lf1−d3　　Sé4×Sc3?

Etwas besser wäre Lb4×Sc3+.

12. 0−0+　　Kf7−g8
13. Dd1−é1　　Sc3−é4
14. Dé1×Sé4!!　　.....

Weiß opfert die Dame, um den Bauern d5 von der Rochadeschräge a2−g8 zu entfernen.

14. .....　　d5×Dé4
15. Ld3−c4+　　Kg8−h7
16. Tf1−f7+　　Kh7−g6

Oder 16. ..... Kh7−g8?; 17. Tf7−d7(+) nebst Erbeutung der Dame und des Turmes h8.

17. Tf7−g7+　　Kg6−h5

Nicht 17. ..... Kg6−f5?? 18. Ta1−f1#.

18. Lc4−f7+!　　Kh5×h4
19. Kg1−h2!!　　.....

Es droht g2−g3#.

19. .....　　g4−g3+
20. Lé5×g3#

2. Kieseritsky-Gambit: 4. h2–h4, g5–g4; 5. Sf3–é5

In dieser Stellung kann Schwarz zwischen acht Verteidigungen wählen:
a) 5. ..... h7–h5, die *Lange-Peitsche-Verteidigung*,
b) 5. ..... Dd8–é7, die *Salvio-Lolli-Verteidigung*,
c) 5. ..... Lf8–é7, die *Polerio-Verteidigung*,
d) 5. ..... d7–d6, die *Labourdonnais-Verteidigung*,
e) 5. ..... Sb8–c6, die *Neumann-Verteidigung*,
f) 5. ..... Lf8–g7, die *Paulsen-Verteidigung*,
g) 5. ..... d7–d5, die *Brentano-Verteidigung*,
h) 5. ..... Sg8–f6!, die *Moderne Verteidigung*.

Es würde den Rahmen unseres Anfänger-Büchleins sprengen, alle diese Verteidigungen ausführlich zu behandeln. Wir begnügen uns daher mit den zwei ältesten Verteidigungen und der Modernen Verteidigung.

a) Lange-Peitsche-Verteidigung 5. h7–h5

85. Partie

MacDonnel — H. E. Bird

1. é2–e4   é7–é5
2. f2–f4!?   é5×f4
3. Sg1–f3   g7–g5!?
4. h2–h4!   g5–g4!
5. Sf3–é5   h7–h5

Früher glaubte man, daß diese Verteidigung in Zusammenhang mit Th8–h7 die beste sei. Heute ist man der Meinung, daß Schwarz froh sein muß,

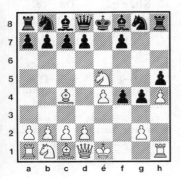

wenn er mit diesem System ein Remis ertrotzt.

6. Lf1–c4!   .....

Früher spielte hier Schwarz 6. ..... Th8–h7. Allerdings ist weder der Turmzug noch der folgende Textzug geeignet zur Erhaltung des Mehrbauern.

6. .....   Sg8–h6!

Der Textzug ist besser als 6. ..... Th8–h7, da er gewissermaßen die Möglichkeiten des weißen Angriffs begrenzt.

7. d2–d4   d7–d6

Die beste Verteidigung ist hier 7. ..... Dd8–f6!
Schwächer als der Textzug wäre 7. ..... Lf8–é7?; 8. Lc1×f4!.

8. Sé5–d3   f4–f3
9. g2–g3   f7–f5

Der Beginn einer riskanten Kombination. Schwarz entfernt zwar den weißen Königsbauern, öffnet aber dadurch Angriffslinien gegen seinen unrochierten König. Er hätte lieber seinen Damenflügel entwickelt, um baldmöglichst lang zu rochieren. Besser wäre also 9. ...... Sb8—c6 und, falls 10. d4—d5?, dann Sc6—é5.

10. Sb1—c3	f5×é4
11. Sc3×é4	Sh6—f5
12. Ké1—f2	Lf8—é7
13. Sd3—f4	Th8—h7

Die unglückliche Eröffnungsbehandlung des Nachziehenden erlaubt, daß Weiß nach Th1—é1 in entscheidenden Vorteil kommt.

14. Sf4—g6?	d6—d5!
15. Sg6×Lé7	d5×Sé4
16. Sé7—d5	Lc8—é6
17. Lc1—g5?	.....

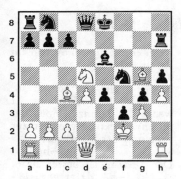

Nach diesem Fehlzug erreicht Schwarz in wenigen energischen Zügen eine dominierende Stellung. Besser wäre 17. Lc1—f4.

17.	Lé6×Sd5!!
18. Lg5×Dd8	é4—é3+
19. Kf2—g1	Ld5×Lc4
20. Ld8—g5	f3—f2+
21. Kg1—h2	é3—é2

Diese Partie ist ein Schulbeispiel für die ungeheuerliche Kraft des beweglichen Bauernzentrums.

| 22. Dd1—d2 | f2—f1(S)+ |
| 23. Th1×Sf1 | é2×Tf1(S)+ |

Diese kuriose Kombination steht einzigartig in den Annalen des königlichen Spiels: Zwei Bauern wurden nacheinander in Springer umgewandelt!

24. Ta1×Sf1	Lc4×Tf1
25. Dd2—é1+	Sf5—é7
26. Dé1×Lf1	Sb8—c6
27. d4—d5	Th7—f7!

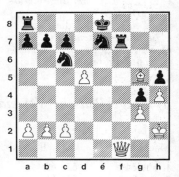

28. Df1—c4 .....

Nicht 28. Df1—b5?, Ta8—d8!; 29. d5×Sc6, b7×c6; 30. Db5—é2, Td8—d5 und dann Td5—f5 mit vernichtendem Angriff.

28.	Sc6—é5
29. Dc4×c7	Sé5—f3+
30. Kh2—g2	Ta8—c8!
31. Dc7—a5	Tc8×c2+
32. Kg2—f1	.....

Natürlich nicht 32. Kg2—h1??, Tc2—h2#.

32.	Sf3×Lg5(+)
33. Kf1—é1	Sg5—f3+
34. Ké1—d1	Tc2—d2+
35. Kd1—c1	Sé7×d5

Weiß gab auf, da er ein baldiges Matt nur durch den Abtausch seiner Dame verzögern konnte.

b) Polerio-Verteidigung: 5. Lf8–é7

86. Partie

N. N.   G. C. Polerio
Italien um 1590

1. é2–é4   é7–é5
2. f2–f4!?   é5×f4
3. Sg1–f3   g7–g5!?
4. h2–h4!   g5–g4!
5. Sf3–é5   Lf8–é7

Diese Verteidigung ist nicht geeignet, den Mehrbauern zu behalten. Überdies kommt Weiß bei richtigem Gegenspiel in Vorteil.

6. Dd1×g4?!   .....

Der Beginn eines Raubfeldzuges von zweifelhaftem Wert. Die beste Fortsetzung ist hier 6. Lf1–c4!, Lé7×h4+; 7. Ké1–f1, d7–d5!.

6. .....   d7–d6!
7. Dg4–g7   Lé7×h4+

Und nur ja nicht 7. ..... Lé7–f6??; 8. Dg7×f7#, Schäfermatt.

8. Ké1–d1   d6×Sé5!

Schwarz opfert die Qualität. Zum Ausgleich würde auch 8. ..... Dd8–f6 genügen.

9. Dg7×Th8   Lc8–g4+
10. Lf1–é2   Lg4×Lé2+!

Die einzig richtige Fortsetzung. Dagegen würde 10. ..... Dd8–g5?! bei richtigem Gegenspiel verlieren. Weiß spielt ja nicht etwa 11. Lé2×Lg4??, Dg5×Lg4#, sondern deckt den Läufer mit 11. Sb1–c3!, Sb8–c6!.

11. Kd1×Lé2   Dd8–g5

Falls jetzt 12. Ké2–f1, so Sb8–d7; 13. Th1×Lh4? (Richtig ist 13. Dh8×h7!.) Sd7–f6!; 14. Th4×h7, Dg5–g4; 15. Th7–g7, Dg4–d1+; 16. Kf1–f2, Sf6×é4#.

12. Th1×Lh4   Dg5×g2+
13. Ké2–d3?!   .....

Weiß verschmäht das Dauerschach Ké2–é1–é2 (13. Ké2–d1?? Dg2–f1#).

13. .....   Sb8–d7!

Besser als 13. ..... Sb8–c6.

14. Dh8×h7   .....

Der gute Rat ist bereits teuer. Falls 14. Kd3–c3, so Dg2–g1!. Oder 14. Sb1–c3, Dg1–f1+; 15. Sc3–é2, Df1–f3+, und Schwarz gewinnt in beiden Fällen.

14. .....   Sg8–f6!!

Schwarz opfert auch den zweiten Turm.

15. Dh7–h8+   Ké8–é7
16. Dh8×Ta8   Dg2×é4+
17. Kd3–c3   Sf6–d5+
18. Kc3–b3   Dé4–b4#

Spielen Sie in der Eröffnung nicht auf Figurengewinn, sondern entwickeln Sie schleunigst Ihre Streitkräfte!

c) Moderne Verteidigung: 5. Sg8—f6

87. Partie
Dr. S. Rosanes – Adolph Anderssen
London 1861

1. é2—é4   é7—é5
2. f2—f4!? é5×f4
3. Sg1—f3   g7—g5!?
4. h2—h4!   g5—g4!
5. Sf3—é5   Sg8—f6!

Zweifellos eine gute Verteidigung, aber es ist nicht bewiesen, daß sie den Nachziehenden in Vorteil bringt.

6. Lf1—c4   d7—d5!

Schwarz gibt den Mehrbauern freiwillig zurück. Hier ist dieser Gegenstoß besonders vorteilhaft, da Schwarz nach 7. Lc4×d5?, Sf6×Ld5; 8. é4×Sd5, Dd8×d5 den geopferten Bauern sofort zurückgewinnt und von dem gefährlichen weißen Angriffsläufer losgekommen ist.

7. é4×d5   Lf8—d6!

Der Läufer blockiert den Bauern, und dadurch wird der weiße Angriffsläufer kaltgestellt, da ihm die Bahn nach dem schwachen Punkt f7 verlegt ist.

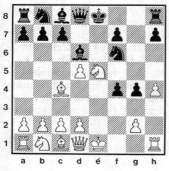

Der Textzug ist wahrscheinlich stärker als 7. ..... Lf8—g7.

8. d2—d4   .....

Statt des Textzuges kann hier Weiß durch 8. 0—0!? den Springer opfern. Das ist das *Rice-Gambit*. Der Erfinder dieses Gambits, der amerikanische Millionär I. Rice, hat hohe Geldsummen zwischen den zeitgenössischen Schachmeistern verteilt, um sein Gambit zu erforschen und zu popularisieren.

Schwarz lehnt am besten das Gambit mit etwa 8. ..... Sf6—h5 ab. 9. Sé5×g4, Dd8×h4; 10. Dd1—é1+ usw.

Die Annahme des Rice-Gambits hat wenig Sinn, denn Schwarz kann die Mehrfigur auf die Dauer nicht konservieren und kommt zwangsläufig in Nachteil. Z. B. 8. 0—0!?, Ld6×Sé5; 9. Tf1—é1, Dd8—é7; 10. c2—c3, f4—f3; 11. d2—d4, Sf6—é4!!. Ein geistreiches Rückopfer. 12. Té1×Sé4, Lé5—h2+!! usw.

8. .....   Sf6—h5

Deckt den angegriffenen Bauern f4.

In einer Partie Wilhelm Steinitz—Belajeff geschah 9. Sb1—c3, Dd8—é7? (Besser wäre die Rochade und danach Tf8—é8.) 10. Lc4—b5+, Ké8—d8; 11. 0—0, Ld6×Sé5; 12. d4×Lé5, Dé7×h4; 13. Tf1×f4!!, Sh5×Tf4; 14. Lc1×Sf4, g4—g3; 15. Dd1—f3, Th8—g8; 16. é5—é6!, f7×é6; 17. Lf4×g3!! (Falls jetzt Dh4×Lg3??, so 18. Df3—f6#, und wenn Tg8×Lg3??, dann 18. Df3—f8#.) 17. ..... Dh4—g5;

18. Df3−f7, é6−é5? (Notwendig wäre 18. ..... Lc8−d7.) 19. Df7×Tg8+!!, Dg5×Dg8; 20. Lg3−h4+, Dg8−g5; 21. Lh4×Dg5#.

9. Lc4−b5+? .....

Richtig wäre 9. Sb1−c3, 0−0; 10. Sc3−é2, Tf8−é8, aber auch dann steht Schwarz gut.

9. ..... c7−c6!
10. d5×c6 b7×c6
11. Sé5×c6 Sb8×Sc6
12. Lb5×Sc6+ Ké8−f8!?
13. Lc6×Ta8 Sh5−g3!
14. Th1−h2? .....

Nach dem besseren 14. Th1−f1, Dd8×h4−h2 käme der Turm in Bedrängnis.

14. ..... Lc8−f5
15. La8−d5 Kf8−g7!
16. Sb1−c3 Th8−é8+
17. Ké1−f2 Dd8−b6
18. Sc3−a4 Db6−a6
19. Sa4−c3 .....

(siehe Diagramm)

Nicht 19. c2−c4??, Da6×Sa4!!; 20. Dd1×Da4, Té8−é2+; 21. Kf2−g1, Té2−é1+; 22. Kg1−f2, Té1−f1#.

19. ..... Ld6−é5!!

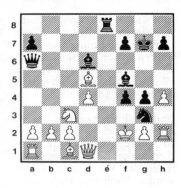

Weiß darf den Läufer nicht schlagen: 20. d4×Lé5??, Da6−b6+; 21. Lc1−é3, Db6×Lé3#.

Oder 21. Kf2−é1, Té8×é5+; 22. Sc3−é2, Db6−g1+; 23. Ké1−d2, Té5×Ld5+; 24. Kd2−c3, Sg3−é4+; 25. Kc3−b3, Dg1−b6+; 26. Kb3−c4, Db6−b5#.

20. a2−a4 Da6−f1+!!
21. Dd1×Df1 Lé5×d4+
22. Lc1−é3 Té8×Lé3
23. Df1−d1 Té3−é2##

3. Greco-Philidor-Gambit: 4. Lf1−c4, Lf8−g7

88. Partie

G. C. Polerio   N. N.
Italien um 1590

1. é2−é4 é7−é5
2. f2−f4!? é5×f4
3. Sg1−f3 g7−g5!?

Nach diesen Zügen kann Weiß mit 4. h2−h4 den Bauern g5 sofort angreifen − wie wir vorher erörtert haben. Statt dessen kann Weiß auch durch Aufstellen seines Königsläufers auf c4 das Spiel fortsetzen:

4. Lf1−c4 Lf8−g7

Schwarz entwickelt den Königsläufer in einer für die Verteidigung sehr günstigen Art. Denn wenn später h2−h4 geschieht, kann der g-Bauer durch h7−h6 verteidigt werden, weil nach Abtausch der Bauern der Turm h8 durch den Läufer gedeckt ist.

Eine andere interessante Spielweise ist g5–g4. Die aus diesem Zug sich ergebenden Spielarten werden später behandelt.

Es kann auch ohne Nachteil h7–h6 geschehen, um später auf h2–h4, Lf8–g7 folgen zu lassen.

Andere Fortsetzungen im 4. Zug sind nicht zu empfehlen. So würde Lf8–c5? ausgesprochen schlecht sein, da der Läufer in der Verteidigung fehlen würde. (Nach Jean Dufresne.)

5. h2–h4   h7–h6
6. d2–d4   d7–d6!

Falls 6. ..... g5–g4, so 7. Lc1×f4!, g4×Sf3; 8. Dd1×f3 mit gutem Spiel für Weiß.

7. Sb1–c3   c7–c6

Der Bauer c6 verbietet dem weißen Springer die Felder d5 und b5. Es kann jedoch ohne Nachteil Sb8–c6 gespielt werden.

8. h4×g5   h6×g5
9. Th1×Th8   Lg7×Th8

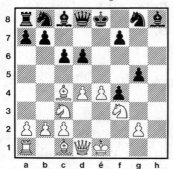

In dieser Stellung ist die nachfolgende glänzende Opferkombination möglich:

10. Sf3–é5!?   .....

Dieses Springeropfer ist nicht korrekt, führt jedoch zu merkwürdigen Verwicklungen, mit deren Kenntnis man vertraut sein muß:

10. .....   d6×Sé5
11. Dd1–h5   Dd8–f6!

Es müssen das Matt auf f7 und der Läufer h8 gedeckt werden.

12. d4×é5!   Df6–g7!
13. é5–é6   Sg8–f6?

Besser ist 13. ..... Lc8×é6; 14. Lc4×Lé6, Sg8–f6; 15. Lé6×f7+, Ké8–é7; 16. Dh5–g6, Dg7×Lf7, und Schwarz behauptet die gewonnene Figur.

14. é6×f7+   Ké8–f8?

Ein lehrreicher Fehler. Der richtige, zum Gewinn führende Zug ist hier 14. ..... Ké8–é7!. Z. B. 15. Dh5–é2, Lc8–g4; 16. Dé2–d3, Sb8–d7; 17. Dd3–d4, Sf6–h5!, und Schwarz muß gewinnen.

15. Lc1×f4!!   .....

Ein überraschender Zug. Weiß läßt absichtlich die Dame einstehen. Wenn Schwarz nämlich Sf6×Dh5 spielt, so setzt 16. Lf4–d6#. Geschieht aber g5×Lf4, so folgt Matt durch 16. Dh5–c5.

15. .....   Kf8–é7
16. Lf4–d6+!!   Ké7×Ld6

Auf 16. ..... Ké7–d7? gewinnt 17. Dh5×Lh8!!.

17. é4–é5+!!   Kd6×é5!

Wenn 17. ..... Kd6–é7?, so 18. é5×Sf6+, Dg7×f6; 19. 0–0–0, Sb8–d7; 20. Td1–f1!, Df6–g7; 21. Tf1–h1, und Weiß gewinnt.

18. f7–f8(D)!!   Sf6×Dh5
19. Df8–c5+,   Ké5–f6!
20. Sc3–é4+ und Weiß setzt in vier Zügen matt:
20. .....   Kf6–g6
21. Dc5×g5+   Kg6–h7
22. Dg5×Sh5+   Dg7–h6
23. Sé4–g5+   Kh7–g7
24. Dh5–f7#.

4. Salvio-Gambit: 4. Lf1—c4, g5—g4; 5. Sf3—é5

89. Partie
N. N.   G. Greco
Italien um 1618

1. é2—é4   é7—é5
2. f2—f4!?   é5×f4
3. Sg1—f3   g7—g5!?
4. Lf1—c4   g5—g4

Dieser Zug führt zu einem Spiel reich an brillanten Kombinationen und Überraschungen, besonders wenn Weiß den Springer einstehen läßt. Ruhiger und sicherer ist 4. ..... Lf8—g7, den wir in vorhergehender Partie kennengelernt haben.

5. Sf3—é5?!   .....

Weiß rettet den Springer, aber der Angriff geht an Schwarz über. Falls Weiß den Springer opfert, dann erhält er einen äußerst heftigen und chancenreichen Angriff.

5. .....   Dd8—h4+!

Das ist die richtige Fortsetzung. Spielbar ist auch 5. ..... Sg8—h6; 6. Sé5×g4!, Sh6×Sg4; 7. Dd1×g4, d7—d5!; 8. Dg4× f4, d5×Lc4; 9. Df4—é5+, Lc8—é6; 10. Dé5×Th8, Dd8— h4+; 11. Ké1—f1, Dh4—f4+; 12. Kf1—g1, Df4×é4; (Es droht Dé4—é1#.) 13. h2—h3, Lé6—d5! (Es droht Dé4× g2#!.) 14. Dh8—g8, f7—f5!; 15. Dg8—g3, f5—f4; 16. Dg3— f3, Dé5—é1+; 17. Df3—f1??, Lf8—c5+!; 18. Kg1—h2, Dé1— g3#.

6. Ké1—f1   .....

Erste Variante
6. .....   Sg8—f6?!
7. Lc4×f7+!   .....

Schlecht für Weiß wäre 7. Sé5×f7?, d7—d5! (Noch stärker ist f4—f3!.) 8. Lc4×d5, Sf6×Ld5; 9. Sf7×Th8, Sd5— f6; 10. é4—é5, Sf6—é4; 11. Dd1—é2, Sé4—g3!, und Schwarz gewinnt.

7. .....   Ké8—d8

Hier ist 7. ..... Ké8—é7! stärker.

8. d2—d4   .....

Falls statt dessen 8. Lf7—b3, dann Sf6—h5; 9. Sé5—f7+, Kd8—é7; 10. Sf7×Th8, Sh5— g3+!!; 11. Kf1—g1, Sg3×Th1; 12. Kg1×Sh1, g4—g3! (Mattdrohung) 13. h2—h3, d7—d6; 14. Sh8—f7, Lc8×h3!!; 15. Kh1—g1, Lh3—g4; 16. Dd1— é1, Dh4—h2+; 17. Kg1—f1, Dh2—h1#.

8. .....   Sf6×é4
9. Dd1—é2   Sé4—g3+!!
10. h2×Sg3   Dh4×Th1+
11. Kf1—f2   f4×g3+
12. Kf2×g3   Lf8—é7!

und nicht etwa 12. ..... Dh1×Lc1??; 13. Sé5—c6+!!, d7×Sc6; 14. Dé2—é8#.

13. Lc1—d2!   .....

Falls statt dessen 13. Dé2×g4, dann d7—d6; 14. Dg4—g7, Dh1—h4+; 15. Kg3—f3, Th8—f8!, und Schwarz gewinnt.

13. .....   Dh1—h4+
14. Kg3—f4   lé7—g5+
15. Kf4—é4   d7—d6
16. Sé5—d3   g4—g3(+)
17. Ké4—d5!   .....

Nicht 17. Ké4—f3??, Dh4— g4#.

17. .....   b7—b5!

und Schwarz gewinnt.

Zweite Variante
6. .....   Sb8—c6!

Weiß hat verschiedene Mög-

lichkeiten, aber er gerät immer in Nachteil. Z. B. 7. Sé5×Sc6, d7×Sc6; 8. d2−d4, f4−f3!; 9. Lc1−f4 usw.
Oder 7. Sé5×f7, Lf8−c5!, Mattdrohung. 8. Dd1−é1, g4−g3! usw.

7. Lc4×f7+	Ké8−é7
8. Sc5×Sc6+	d7×Sc6
9. Lf7×Sg8	Th8×Lg8
10. Dd1−é1	g4−g3
11. d2−d4	f4−f3!
12. h2−h3	Lc8−g4!!
13. Dé1−é3	Tg8−g6

Jetzt würde nach 14. g2×f3?,

Dritte Variante

Das Cochrane-Gambit

6.	f4−f3!

Mit diesem Zug beginnt das Cochrane-Gambit, die kräftigste Fortsetzung für Schwarz. Die beste Fortsetzung von Weiß ist 7. d2−d4!, Sg8−f6; 8. Sb1−c3, Sb8−c6. In einer Partie Zukertort−Anderssen geschah: 9. Lc4×f7+, Ké8−d8; 10. Lf7−b3, Sc6×Sé5; 11. d4×Sé5, f3×g2+!; 12. Kf1×g2, Dh4−h3+; 13. Kg2−f2! (Nicht 13. Kg2−g1??, Lf8−c5+, und Weiß kann das Matt nicht abwenden.) 13. ..... Lf8−c5+; 14. Kf2−é1, Dh3−h4+; 15. Ké1−d (Nicht 15. Ké1−f1??, Dh4−f2#.) 15. ..... Sf6−h5; 16. Th1−f1 (verhindert Th8−f8). 16. ..... Dh4×h2+; 17. Dd1−é2, Sh5−g3!!, und Schwarz gewinnt: 18. Dé2×Dh2, Sg3×Tf1+ nebst Sg1×Dh2.

7. g2×f3	Sg8−f6!
8. h2−h3	.....

Der Textzug verhindert das spätere Damenschach von h3. Der Anziehende hat noch eine Menge anderer Fortsetzungen, die aber noch weniger befriedigend sind als der Textzug.

8.	g4×h3
9. Sé5×f7	d7−d5!!

Ein Qualitätsopfer im Interesse der schnellen Entwicklung.

10. Lc4×d5	Sf6×Ld5
11. Sf7×Th8	Dh4−g3!!
12. Th1−g1	.....

Erzwungen, da nach 12. Dd1−é2, Sd5−f4! nebst Dg3−g2+ folgen würde.

12.	h3−h2!!
13. Tg1×Dg3	h2−h1(D)+
14. Tg3−g1	Lc8−h3+
15. Kf1−é2	Dh1−h2+
16. Ké2−d3	.....

Selbstverständlich nicht 16. Ké2−é1??, Dh2×Tg1+.

16.	Sd5−f4+
17. Kd3−é3	.....

Nicht besser wäre 17. Kd3−c4, Lh3−é6+.

17.	Sb8−c6
18. c2−c3	Lf8−c5+
19. d2−d4	0−0−0!!

Eine interessante Fesselung. Weiß darf den Läufer nicht

g3−g2+!!; 15. Kf1×g2, Lg4×h3++; 16. Kg2−h2, Lh3−f1(#) folgen.

14. b2−b3	Lf8−h6
15. Dé3−é1	Tg6−f6
16. Lc1−a3+	Ké7−d7
17. Dé1−b4	.....

Es droht 18. Db4−é7+, Kd7−c8; 19. Dé7−é8#.

17.	f3×g2++!!
18. Kf1×g2	Lg4×h3+!!
19. Th1×Lh3	Dh4×é4+
20. Kg2×g3	Ta8−g8+
21. Kg3−h2	Dé4−g2#

schlagen wegen Td8×Dd1.
20. Sh8—f7   Td8×d4!!
Schwarz opfert den Turm, um ein späteres Doppelschach vorzubereiten.

21. c3×Td4	Sc6×d4
22. Tg1—g8+	Kc8—d7
23. Sf7—é5+	Kd7—é7
24. Tg8—g7+	Ké7—é6
25. Tg7×c7	Sd4—f5##

5. Muzio-Polerio-Gambit 5. 0—0

Wir haben gesehen, daß nach 4. Lf1—c4, g5—g4 die Flucht des Springers nach é5 (also das Salvio-Gambit) für Weiß ungünstig ist. Es ist also ratsam, das Roß zu opfern. Dieses Springeropfer kann auf drei verschiedene Arten erfolgen. Am günstigsten ist 5. 0—0!?.

a) Polerios Supergambit

Weiß kann in diesem tollkühnen Gambit sogar zwei Figuren opfern. Das zweite Figurenopfer ist zwar nicht korrekt, doch die Stellung ist derart reich an Angriffsmöglichkeiten, daß daran auch Großmeister mit Schwarz unter Blitz und Donner gescheitert sind.

90. Partie
W. Joung   F. J. Marshall

1. é2—é4	é7—é5
2. f2—f4!?	é5×f4
3. Sg1—f3	g7—g5!?
4. Lf1—c4	g5—g4
5. 0—0!	g4×Sf3
6. Lc4×f7+!?	Ké8×Lf7
7. Dd1×f3	Dd8—f6!

Gelingt es dem Anziehenden, die Damen zu tauschen, dann ist Weiß mit seinem Latein am Ende.

8. d2—d4!?   .....
Bedeutend stärker ist 8. Sb1—c3!. Aber auch der Textzug ist bestimmt kein Fehler.

8. .....   Df6×d4+

9. Lc1—é3!!   .....
Die Wunder der Fesselung. Nach 9. ..... Dd4×Lé3??. 10. Df3×Dé3 verlöre Schwarz die Dame.

9. .....   Dd4—f6
10. Sb1—c3!!   .....
Ein drittes Figurenopfer, das nicht angenommen werden darf, da nach 10. ..... f4×Lé3??; 11. Df3—h5+! Schwarz die Königin verliert.

10.	Sg8—é7
11. Lé3×f4	d7—d6

12. Df3—h5+   Kf7—g7?
Der entscheidende Fehler. Mit 12. ..... Df6—g6! könnte Schwarz gewinnen.

13. Lf4—h6+!!   Df6×Lh6
Nach 13. ..... Kg7—g8 büßt Schwarz die Dame ein.

14. Dh5—f7#

b) Polerios Hauptvariante

91. Partie

MacDonnell   Blackburne

1. é2—é4   é7—é5
2. f2—f4!?   é5×f4
3. Sg1—f3   g7—g5!?
4. Lf1—c4   g5—g4
5. 0—0!   g4×Sf3
6. Dd1×f3   Dd8—é7

Am besten ist hier 6. ..... Dd8—f6!. Aber auch der Textzug ist kein Fehler. Droht mit Dé7—c5+ den ungedeckten Lc4 zu erobern.

7. d2—d4!   Sb8—c6

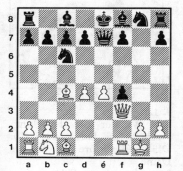

Am besten geschieht hier 8. Sb1—c3!, Sc6×d4; 9. Df3×f4. (Gut ist auch 9. Df3—d3.) Lf8—h6; 10. Lc4×f7+, Ké8—d8; 11. Df4—g3, Lh6×Lc1; 12. Dg3—g7!, Lc1×b2; 13. Dg7×Th8, Sd4—é2+; 14. Kg1—h1, Dé7—g5; 15. Lf7×Sg8, Sé2—g3+!!; 16. h2×Sg3, Dg5—h5+; 17. Kh1—g1, Dh5—c5+; 18. Tf1—f2, Lb2×Sc3; 19. Dh8× h7, Lc3×Ta1. (Der beste Zug wäre 19. ..... c7—c6, aber danach würde Weiß den Vorteil mit 20. Ta1—d1 zurückerhalten.) 20. Dh7—h4+; Kd8—é8. (Nicht Dc5—é7??; 21. Tf2—f8#.) 21. Lg8—f7+, Ké8—f8; 22. Dh4—d8+, Kf8—g7; 23. Dd8—g8+, Kg7—h6; 24. Dg8—g6#.

8. Lc1×f4   Sc6×d4
9. Df3—d3   Lf8—g7
10. Lf4×c7   Sg8—h6
11. é4—é5!   Dé7—c5!

Es droht das aufgedeckte Schach der Dame.

12. Lc7—d6   Dc5—b6
13. Kg1—h1   Sh6—f5
14. Sb1—c3   Db6×b2

Mangelhaft, aber was sonst?

15. Lc4×f7+!!   Ké8—d8

Oder 15. ..... Ké8×Lf7; 16. Dd3×Sd4!!, und Weiß gewinnt schnell, da der Springer f5 gefesselt ist.

16. Dd3×Sd4!!   .....

Dieses unerwartete Damenopfer entscheidet sofort.

16. .....   Sf5×Dd4
17. Sc3—d5!   .....

Aufgegeben, da Schwarz die beiden Drohungen: 18. Ld6—c7# und 18. Ld6—é7# nicht gleichzeitig abwenden kann.

92. Partie

Nimzowitsch — N. N.

1. é2–é4   é7–é5
2. f2–f4!? é5×f4
3. Sg1–f3   g7–g5!?
4. Lf1–c4   g5–g4
5. 0–0!   g4×Sf3
6. Dd1×f3   Dd8–f6!

Nach 6. ..... Lf8–h6 würde 7. d2–d4, Dd8–f6; 8. é4–é5, Df6–f5; 9. Sb1–c3, Sg8–é7; 10. Sc3–é4, 0–0; 11. Sé4–f6+, Kg8–g7; 12. Lc4–d3!, Df5–é6; 13. Df3–h5, Sé7–g8; 14. Lc1×f4!! gewinnen. Falls 14. ..... Lh6×Lf4??; 15. Dh5×h7#.

7. d2–d3   .....

Das ist sicherer als das zu gewagte 7. é4–é5!?.

7. .....   Lf8–g7?

Am besten ist hier 7. ..... d7–d5!; 8. é4×d5, Lf8–h6 usw.

8. Sb1–c3   Sb8–c6
9. Lc1×f4   Sc6–d4
10. Df3–f2! .....

Die Dame deckt nun auch den Bc2.

10. .....   d7–d6
11. Sc3–d5 Df6–d8
12. é4–é5! c7–c6?

Besser wäre 12. ..... Sd4–é6.

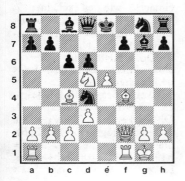

13. Lf4–g5!! Dd8–d7
14. Sd5–c7+!! Dd7×Sc7
15. Lc4×f7+   Ké8–d7
16. Df2–f5+!! Sd4×Df5

Das Damenopfer hat den schwarzen Springer von der Bewachung des Feldes é6 abgelenkt.

17. é5–é6#

93. Partie

G. C. Polerio — N. N.
Italien um 1590

1. é2–é4   é7–é5
2. f2–f4!? é5×f4
3. Sg1–f3   g7–g5!?
4. Lf1–c4   g5–g4
5. 0–0!   g4×Sf3
6. Dd1×f3   Dd8–f6!
7. é4–é5!? Df6×é5

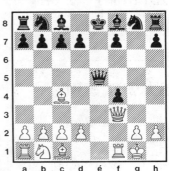

Erste Variante

8. Sb1–c3!? .....

Weiß opfert die zweite Figur. Sicherer ist jedoch 8. d2–d3!.

8. .....   Dé5–d4+
9. Kg1–h1   Dd4×Lc4
10. d2–d3   Dc4–é6

Oder 10. ..... Dc4–c6; 11. Df3×f4, Dc6–f6; 12. Df4–é3+, Df6–é6; 13. Dé3–d4, Sg8–f6. Deckt den gefährdeten Turm. 14. Lc1–g5, Lf8–é7;

15. Lg5×Sf6!, Lé7×Lf6; 16. Tf1×Lf6, Dé6—é7; 17. Tf6×f7!!, Ké8×Tf7; 18. Ta1—f1+, Kf7—g8; 19. Dd4—g4+, Dé7—g7; 20. Dg4—c4+!, und Weiß gewinnt.

11. Lc1×f4	Lf8—é7

Falls statt dessen 11. ..... d7—d6?, dann 12. Ta1—é1, Sb8—c6; 13. Lf4×d6!! usw.

12. Ta1—é1	Dé6—g6
13. Sc3—d5	Sb8—c6
14. Sd5×c7+	Ké8—d8
15. Sc7×Ta8	d7—d6
16. d3—d4	Sg8—f6

Falls 16. ..... Sc6×d4, dann 17. Df3—c3!

17. d4—d5!	Sc6—é5
18. Lf4×Sé5	d6×Lé5
19. Df3—c3	Lc8—d7
20. Dc3—c7+	Kd8—é8
21. Dc7—b8+	Lé7—d8
22. Té1×é5+	.....

und Weiß gewinnt.

Zweite Variante

8. d2—d3!	Lf8—h6
9. Sb1—c3	Sg8—é7
10. Lc1—d2	Sb8—c6
11. Ta1—é1	Dé5—f5
12. Té1—é4	d7—d6?

Notwendig wäre 12. ..... 0—0!; 13. Ld2×f4, Lh6—g7 usw. Der Läufer ist für die Verteidigung unentbehrlich.

13. Ld2×f4	Lh6×Lf4
14. Té4×Lf4	Df5—c5+
15. Kg1—h1	Sc6—é5
16. Df3—h5!	Sé7—g6
17. Tf4×f7!!	Sé5×Tf7
18. Lc4×Sf7+	Ké8—d8!
19. Sc3—d5	Dc5×c2

Nach 19. ..... Sg6—é7 käme 20. Dh5—h4!,

20. Dh5—g5+	Kd8—d7
21. Tf1—c1!!	.....

Schwarz gab auf, da nach der Flucht der Dame 22. Tc1×c7# folgen würde.

c) Grecos Variante

94. Partie

Gioachino Greco — N. N.

Italien um 1618

1. é2—é4	é7—é5
2. f2—f4!?	é5×f4
3. Sg1—f3	g7—g5!?
4. Lf1—c4	g5—g4
5. Lc4×f7+!?	.....

Im Gegensatz zu Polerio opfert Greco den Läufer. Das ist auch spielbar, obwohl das Springeropfer bedeutend stärker ist.

5.	Ké8×Lf7
6. Sf3—é5+	Kf7—é6?

Dieser Gegenangriff verliert. Der richtige Zug ist 6. ..... Kf7—é8!, und Schwarz bleibt in Vorteil. Das ist freilich nicht so einfach, wie es scheint: 7. Dd1×g4, Sg8—f6!; 8. Dg4×f4, Lf8—d6; (besser ist 8. ..... d7—d6; 9. Sé5—f3, Th8—g8!) 9. 0—0, Th8—f8; 10. d2—d4, Sb8—c6; 11. Df4—h6!, Sc6×d4. (Besser ist 11. ..... Ld6×Sé5.) 12. Sé5—g4!!, Sf6×Sg4; 13. Tf1×f8+, Ld6×Tf8; 14. Dh6—h5+, Ké8—é7; 15. Lc1—g5+, Sg4—f6; 16. Lg5×Sf6+!, Ké7×Lf6; 17. Dh5—h4+, Kf6—f7; 18. Dh4×Dd8, Sd4×c2; 19. Sb1—c3, Sc2×

Ta1; 20. Sc3−d5!, Sa1−c2; 21. Dd8−f6+, Kf7−e8?? 22. Sd5×c7#.

7. Dd1×g4+!! .....

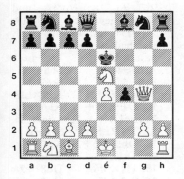

Nach 7. ..... Ké6−é7 gewann Carlo Cozio in einer Partie mit 8. Dg4×f4, Sg8−f6; 9. 0−0, Lf8−g7; 10. Sé5−g4, Sf6×Sg4; 11. Df4×Sg4, Th8−g8; 12. Dg4−g5+, Ké7−é8; 13. Dg5−h5+, Ké8−é7; 14. Tf1−f7+, Ké7−é8; 15. Tf7× Lg7(+), Ké8−f8; 16. Dh5−f7#.

7.	Ké6×Sé5
8. Dg4−f5+	Ké5−d6
9. d2−d4!	Lf8−g7
10. Lc1×f4+	Kd6−é7
11. Lf4−g5+	Lg7−f6
12. é4−é5!?	.....

Am einfachsten konnte Weiß mit 12. 0−0!! gewinnen: Dd8−f8; 13. Df5−é5+!, Ké7−d8; 14. Tf1×Lf6!, und Schwarz verliert die Dame und den Turm.

12.	Lf6×Lg5
13. Df5×Lg5+	Ké7−é8
14. Dg5−h5+	Ké8−é7
15. 0−0!	Dd8−é8
16. Dh5−g5+	Ké7−é6
17. Tf1−f6+!!	.....

Gewaltig und geistreich.

17.	Sg8×Tf6
18. Dg5×Sf6+	Ké6−d5
19. Sb1−c3+!!	Kd5×d4
20. Df6−f4+	Kd4−c5
21. b2−b4+	Kc5−c6
22. Df4−c4+	Kc6−b6
23. Sc3−a4#	

6. MacDonnel-Gambit: 5. Sb1−c3

95. Partie
MacDonnel   Labourdonnais
London 1834

1. é2−é4	é7−é5
2. f2−f4!?	é5×f4
3. Sg1−f3	g7−g5!?
4. Lf1−c4	g5−g4
5. Sb1−c3	

Weiß kann den Springer auf drei verschiedene Arten opfern: Das beste ist die Rochade, aber auch der Textzug sowie d2−d4

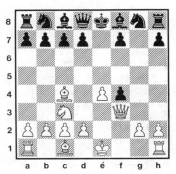

(siehe die folgende Partie) sind gut spielbar.

5. .....   **g4×Sf3**
6. Dd1×f3   **.....**
(siehe Diagramm)

Am besten opfert hier Schwarz mit 6. ..... d7–d5!, und Weiß hat die Wahl zwischen zwei Fortsetzungen:

a) 7. Lc4×d5, Sg8–f6; 8. Df3×f4, Lf8–é7; 9. 0–0, 0–0; 10. b2–b4!, a7–a5? (Notwendig wäre c7–c6 nebst Lc8–é6.) 11. Lc1–b2!. Der Flankenläufer ist unheimlich stark in dieser Partie. 11. ..... a5×b4; 12. Sc3–é2, Ta8–a6; 13. Df4–h6; Sf6–é8; 14. Dh6×Tf8+!!, Kg8×Df8; 15. Tf1×f7+, Kf8–g8; 16. Tf7–g7++, Kg8–h8(f8); 17. Tg7–g8# (F. J. Marshall–Leonhardt).

b) 7. Sc3×d5, c7–c6? (Besser wäre 7. ..... Lc8–é6!.) 8. Sd5×f4, Dd8–f6; 9. c2–c3, Lf8–h6; 10. d2–d4, Sg8–é7? (Stärker ist 10. ..... Lh6×Sf4!,) 11. 0–0, 0–0; 12. Sf4–d5!!, Sé7×Sd5; 13. Df3×Df6, Sd5×Df6; 14. Lc1×Lh6!, Sb8–d7; 15. Lh6×Tf8, Kg8×Lf8; 16. é4–é5!, Sf6–d5; 17. é5–é6!, Sd7–f6; 18. é6×f7, und Weiß gewinnt mit 19. Tf1–f3 nebst Ta1–f1 (F. J. Marshall–Géza Maróczy).

6. .....   **Lf8–h6**
7. d2–d4   **Sb8–c6!**
8. 0–0   **Sc6×d4**
9. Lc4×f7+!!   **Ké8×Lf7**
10. Df3–h5+   **Kf7–g7**
11. Lc1×f4   **Lh6×Lf4**
12. Tf1×Lf4   **Sg8–f6**
13. Dh5–g5+   **Kg7–f7**
14. Ta1–f1   **Kf7–é8**
15. Tf4×Sf6   **Dd8–é7**
16. Sc3–d5   **Dé7–c5!**

Es droht Sd4–f3++ nebst Erbeutung der weißen Dame.

17. Kg1–h1!   **Sd4–é6**
18. Tf6×Sé6+!!   **.....**

Nach diesem Opfer bleibt die schwarze Dame ohne Deckung.

18. .....   **d7×Té6**
19. Sd5–f6+   **.....**

Schwarz verliert die Dame.

7. Ghulam-Kassim-Gambit: 5. d2–d4

96. Partie
Fürst Dadian – Jurewitsch
Kiew 1896

1. é2–é4   **é7–é5**
2. f2–f4!?   **é5×f4**
3. Sg1–f3   **g7–g5!?**
4. Lf1–c4   **g5–g4**
5. d2–d4   **g4×Sf3**
6. Dd1×f3   **d7–d5!**
7. Lc4×d5   **Sg8–f6**
8. 0–0   **c7–c6**
9. Sb1–c3!?   **.....**

Weiß opfert die zweite Figur, um die rasche Entwicklung seiner Figuren zu beschleunigen. Fraglich ist freilich, ob das gewonnene Tempo den Verlust der Figur ausgleicht.

9. .....   **c6×Ld5**
10. é4×d5   **Lf8–g7**
11. Lc1×f4   **Lc8–f5**
12. Ta1–é1+   **Ké8–f8**
13. Lf4×Sb8!   **Lf5–g4**
14. Df3–f4   **Dd8×Lb8**
15. d5–d6!   **.....**

Weiß darf selbstverständlich den Damentausch nicht zulassen.

15.	Lg4–é6
16. d4–d5!	Sf6×d5

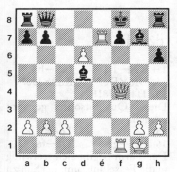

17. Sc3×Sd5	Lé6×Sd5
18. Té1–é7!	h7–h6

(siehe Diagramm)

19. Té7×f7+!!	Kf8–g8

Freilich nicht 19. ..... Ld5×Tf7??; 20. Df4×Lf7#.

20. Tf7×Lg7+!!	Kg8×Tg7
21. Df4–f6+	Kg7–h7

Nicht 21. ..... Kg7–g8??; 22. Df6–g6#.

22. Df6–é7+	Kh7–g8
23. Tf1–f4	Db8–c8

Verhindert Turmmatt auf g4.

24. d6–d7!	.....

und Weiß gewinnt, weil Schwarz das sofortige 25. Tf4–g4# nur durch Aufopferung seiner Dame verzögern kann.

8. Quade-Gambit: 4. Sb1–c3

97. Partie

Howard   Taylor

1. é2–é4	é7–é5
2. f2–f4!?	é5×f4
3. Sg1–f3	g7–g5!?
4. Sb1–c3	.....

Mit diesem Zug beginnt das sog. Quade-Gambit. Neben 4. h2–h4! und 4. Lf1–c4 ist auch der Textzug gut. Ein anderer Angriff ist 4. d2–d4 – das Rosentreter-Gambit. (Siehe die folgende Partie.)

4.	g5–g4
5. Sf3–é5	Dd8–h4+
6. g2–g3	f4×g3
7. Dd1×g4	g3–g2(+)
8. Dg4×Dh4	g2×Th1(D)

Schwarz hat mit dieser Kombination einen Turm erbeutet, aber seine neue Dame in der Ecke ist außer Spiel geraten. Weiß benutzt diesen Umstand zu einem entscheidenden Angriff.

9. Sc3–d5	Sb8–a6
10. d2–d4	.....

Das mächtige weiße Zentrum ist furchterregend.

10.	Lf8–é7??

Notwendig wäre der sofortige Gegenangriff 10. ..... c7–c6

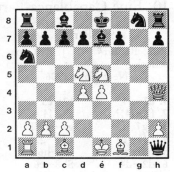

129

oder 10. ..... d7–d6. Der mangelhafte Textzug bietet Gelegenheit zu einer unerwarteten Überrumpelung.

11. Dh4×Lé7+!! Sg8×Dé7
12. Sd5–f6+ Ké8–d8
13. Sé5×f7##

Ein prächtiges Zweispringermatt. Oder 12. ..... Ké8–f8; 13. Lc1–h6#.

9. Rosentreter-Gambit: 4. d2–d4

98. Partie

Rudolf Spielmann — Caro

1. é2–é4	é7–é5
2. f2–f4!?	é5×f4
3. Sg1–f3	g7–g5!?
4. d2–d4	d7–d5!

Das bekannte Rückopfer.

5. é4×d5	g5–g4
6. Dd1–é2+	Dd8–é7
7. Sf3–é5	f4–f3
8. g2×f3	g4×f3
9. Dé2×f3	f7–f6
10. Lf1–b5+	Ké8–d8
11. 0–0	Sg8–h6?

Sicherer wäre es, mit 11. ..... Lf8–g7! den gefährdeten Bauern f6 zu decken.

12. Df3×f6	Th8–g8+
13. Kg1–h1	Lc8–h3
14. Df6×Dé7+	Kd8×Dé7
15. Tf1×Lf8!!	

Dieses Qualitätsopfer gewinnt schnell.

15.	Tg8×Tf8
16. Lc1–g5+	Tf8–f6?

Der Turm begibt sich freiwillig in die Fesselung, um den Sh6 zu retten. Besser wäre jedoch das Springeropfer 16. ..... Ké7–d6!

17. Sb1–c3	Sb8–a6
18. Ta1–é1!	.....

Schwarz gab auf, da nach etwa 18. ..... Ta8–f8; 19. Sé5–g6++ Weiß gewinnt. Z. B. 19. ..... Ké7–f7; 20. Sg6×Tf8, Tf6–d6; 21. Sf8–é6. Mit einer Figur und zwei Bauern weniger ist das Endspiel völlig hoffnungslos.

10. Eine Capablanca-Partie

99. Partie

Rob. Raubitscheck — J. R. Capablanca

New York 1906

1. é2–é4	é7–é5
2. f2–f4!?	é5×f4
3. Sg1–f3	g7–g5!?
4. Lf1–c4	Lf8–g7!
5. h2–h4	h7–h6!
6. d2–d4	Sb8–c6
7. c2–c3	d7–d6
8. 0–0	Dd8–é7
9. Dd1–b3!	.....

Der Angriff gegen Bb7 verzögert die Entwicklung des Lc8.

9.	Sc6–d8
10. h4×g5?	

Weiß gewinnt auf diese Weise einen Bauern, erlaubt aber dem Nachziehenden die Vorbereitung eines gewaltigen Angriffs.

10.	h6×g5
11. Db3—b5+	Lc8—d7
12. Db5×g5	Lg7—f6

verhindert den Damentausch.

13. Dg5×f4	Sd8—é6
14. Lc4×Sé6	Ld7×Lé6

Nach diesem Abtausch hat Schwarz den Vorteil des Läuferpaares, und überdies blieb Weiß in der Entwicklung zurück.

15. é4—é5?	.....

Wer in der Entwicklung zurückgeblieben ist, darf keine Linien eröffnen.

15.	d6×é5
16. Sf3×é5?	.....

Besser wäre 16. d4×é5!.

16.	0—0—0
17. Sb1—a3	Th8—h4
18. Df4—g3	Lf6×Sé5!
19. Dg3×Lé5	Td8—d5
20. Dé5—g7	Th4—g4

Der Turm deckt seinen Springer durch die feindliche Dame.

21. Dg7—h7	Sg8—f6!
22. Dh7—h8+	Td5—d8!!

Schwarz opfert den Springer.

23. Dh8×Sf6	Td8—g8!!

Ein prächtiges Damenopfer.

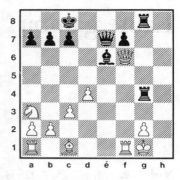

Falls 24. Df6×Dé7??, dann Tg4×g2+; 25. Kg1—h1, Lé6—d5!, und Matt in wenigen Zügen. Z. B. 26. Lc1—f4, Tg8—h8+ nebst unabwendbarem Matt.

24. Tf1—f2	Tg4×g2+

Nun würde 25. Tf2×Tg2, Tg8×Tg2; 26. Kg1×Tg2, Dd7×Df6 zu einem für Schwarz gewonnenen Endspiel führen.

25. Kg1—f1	Ld7—c4+!!

Das Läuferopfer öffnet den é-Weg für die schwarze Dame.

26. Sa3×Lc4	Tg2—g1#

Läufergambit: 3. Lf1—c4

Nach 1. é2—é4, é7—é5; 2. f2—f4, é5×f4 kann Weiß das drohende Damenschach auch mit 3. Lf1—c4 unschädlich machen — im Gegensatz zum Springergambit 3. Sg1—f3.

Im Läufergambit lädt Weiß den Nachziehenden zum Damenschach ein und gibt freiwillig die Rochade auf, in der Absicht, die gefährdete Stellung der schwarzen Dame zu einigen Tempogewinnen auszunützen, was durchaus im Rahmen der Möglichkeiten liegt.

Im Läufergambit ist der weiße Angriff nicht so heftig wie im Springergambit, dagegen aber dauerhafter und sicherer. Schwarz versucht nur selten den Gambitbauern zu behalten und gibt ihn ohne Kampf zurück.

1. Das Damenschach von h4

100. Partie
G. C. Polerio   N. N.

1. é2—é4	é7—é5
2. f2—f4!?	é5×f4
3. Lf1—c4	Dd8—h4+

Weiß verliert die Rochade, aber die schwarze Dame steht ungünstig auf h4. Die beste Fortsetzung des Nachziehenden ist 3. ..... d7—d5! (statt Dd8—h4). Schwarz gibt so den Mehrbauern zurück und öffnet die Bahn des Damenläufers. Durch das Bauernopfer gewinnt Schwarz an lebenswichtigem Tempo. Der weiße Läufer wird nach Sg8—f6 häufig abgetauscht oder muß mit dem Rückzug ein weiteres Tempo verlieren.

Die anderen Verteidigungen, wie 3. ..... Lf8—e7 und 3. ..... Sg8—é7, sind minderwertig. Etwas besser sind 3. ..... c7—c6, 3. ..... c7—c5 und 3. ..... d7—d6. Gut ist dagegen 3. ..... Sg8—f6 und das Gegengambit 3. ..... f7—f5!?.

4. Ké1—f1   Lf8—c5?

Der Textzug droht primitiv mit Dh4—f2#. Er ist aber ein offensichtlicher Tempoverlust — wie wir sofort sehen werden. Schwach ist auch 4. ..... d7—d6. Am besten spielt Schwarz 4. ..... d7—d5!; 5. Lc4×d5, g7—g5! usw.

5. d2–d4	Lc5–b6
6. Sg1–f3	Dh4–é7

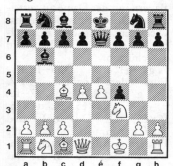

Die beste Verteidigung ist 6. ..... Dh4–h5!.

Schwach wäre 6. ..... Dh4–g4?; 7. Lc4×f7+!!, Ké8–f8. (Nicht aber 7. ..... Ké8×Lf7??; 8. Sf3–é5+, Familienschach nebst Verlust der Dame.)

Oder 6. ..... Dh4–h6; 7. g2–g3?!, Dh6–h3+; 8. Kf1–f2, f4×g3? (Der richtige Zug ist 8. ..... Sg8–f6!, und Weiß hat keine gute Fortsetzung.) 9. h2×g3, Dh3–g4; 10. Lc4×f7+!!, Ké8–f8; 11. Th1–h4!, und die schwarze Dame ist gefangen.

Schließlich 6. ..... Dh4–f6; 7. é4–é5!, Df6–f5; 8. Lc4–d3, Df5–g4; 9. h2–h3, Dg4–g3; 10. Sb1–c3, Sb8–c6; 11. Sc3–é2!, Damenfang.

7. Lc1×f4 .....

Übereilt. Aggressiver ist 7. Sb1–c3!. Es könnte folgen: 7. ..... Sg8–f6; 8. é4–é5!, Sf6–h5; 9. Sc3–d5, Dé7–d8; 10. g2–g4, f4×g3 e.p.; 11. Lc1–g5!, f7–f6; 12. é5×f6, g7×f6; 13. Sf3–é5!!, 0–0; 14. Dd1×Sh5, f6×Lg5; 15. Sd5–f6++!, Kg8–g7; 16. Dh5×h7+, Kg7×Sf6; 17. Sé5–g4#.

7. ..... **Dé7×é4?**

Ein offensichtlicher Fehler, weil Schwarz den Mehrbauern bald verliert.

8. Lc4×f7+!! **Ké8–f8**

Der kecke Läufer ist tabu, da nach 8. ..... Ké8×Lf7?? das Familienschach 9. Sf3–g5+ die Dame kosten würde.

9. Lf4–g3	Sg8–h6
10. Sb1–c3	Dé4–é7
11. Lf7–b3	c7–c6
12. Dd1–d3	d7–d5
13. Ta1–é1!	.....

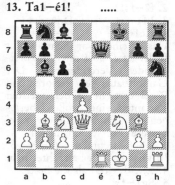

Falls jetzt 13. ..... Dé7–f7, dann 14. Lg3–d6+!, Kf8–g8; 15. Té1–é7, Df7–f6; 16. Sc3×d5!! (Wenn nun 16. ..... Df6×Ld6, dann 17. Sd5–f6++!, Kg8–f8; 18. Té7–é8#.) 16. ..... c6×Sd5; 17. Lb3×d5+, Kg8–f8; 18. Té7–f7++, Kf8–é8; 19. Tf7×Df6, g7×Tf6; 20. Dd3–é3+, Ké8–d8; 21. Dé3–é7#.

13.	Dé7–f6
14. Lg3–h4	Df6–g6
15. Lh4–é7+	Kf8–g8
16. Dd3×Dg6	h7×Dg6
17. Sc3×d5!!	.....

Schwarz muß das Opfer annehmen, weil 18. Sd5–f6## droht.

17. ..... **c6×Sd5**

18. Lb3×d5+ .....

Schwarz konnte jetzt die Agonie mit 18. ..... Sh6–f7! verlängern.

18. ..... **Kg8–h7?**
19. Sf3–g5#

101. Partie

G. Greco   N. N.
Italien um 1618

1. é2–é4	é7–é5
2. f2–f4!?	é5×f4
3. Lf1–c4	Dd8–h4+
4. Ké1–f1	d7–d6

Das ist eine zwar nicht absolut fehlerhafte, aber doch unzureichende Verteidigung. Der Gambitbauer geht verloren und Weiß erreicht in den meisten Varianten eine große Überlegenheit. Polerio führte zwei bessere Fortsetzungen ein: 4. ..... Sg8–f6 und 4. ..... g7–g5. In unserer Zeit betrachtet man 4. ..... d7–d5! als die beste.

5. Sg1–f3! .....

Jede andere Fortsetzung ist minderwertig. In einer Partie Barnes–Bird folgte: 5. Dd1–f3?, Sb8–c6!; 6. g2–g3, Dh4–f6; 7. Df3×f4, Sc6–d4; 8. Lc4–d3?. h7–h5!; 9. c2–c3, Sd4–é6; 10. Df4×Df6, Sg8×Df6; 11. Kf1–g2, h5–h4; 12. Ld3–c2, h4–h3+!; 13. Sg1×h3, Th8×Sh3!!. Das Turmopfer zieht den weißen König in ein Doppelschach hinein: 14. Kg2×Th3, Sé6–f4++; 15. Kh3–h4, Sf4–g6+; 16. Kh4–g5, Sf6–h7+; 17. Kg5–h5, Sg6–é5; 18. d2–d4, g7–g6+; 19. Kh5–h4, Lf8–é7+; 20. Lc1–g5, Lé7×Lg5#.

5. ..... **Lc8–g4**
6. d2–d4 **Dh4–h6**

Besser ist 6. ..... g7–g5.

Es ist immer ein Fehler, einen Bauern mit der Dame zu verteidigen. Die mächtige Dame hat wichtigere Aufgaben zu erfüllen, als ein schäbiges Bauerlein zu schützen.

7. g2–g3 **Dh6–h3+**

Eine andere Möglichkeit ist 7. ..... g7–g5; 8. h2–h4, f7–f6; 9. é4–é5, d6×é5; 10. d4×é5, f6×é5; 11. Dd1–d5!; und Weiß gewinnt leicht, da er alle Figuren in Angriff setzen kann, während Schwarz nur die Dame entwickelt.

8. Kf1–f2 **f4×g3+?**
9. h2×g3 **Lg4×Sf3**

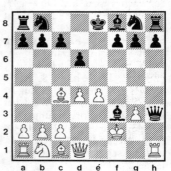

10. Lc4×f7+!! **Ké8–d8**

Nach 10. ..... Ké8×Lf7??; 11. Dd1×Lf3+ würde Schwarz die Dame einbüßen.

11. Dd1×Lf3 **Dh3–d7**
12. Th1×h7!! .....

Ein geniales Turmopfer, das in wenigen Zügen forciert gewinnt.

12.	Th8×Th7
13. Lf7×Sg8	Th7–h2+
14. Kf2–g1!	Th2×c2
15. Df3×Lf8+	Dd7–é8
16. Lc1–g5+	Kd8–d7
17. Lg8–é6+!!	Dé8×Lé6

18. Df8−d8+	Kd7−c6
19. d4−d5+	Dé6×d5
20. é4×Dd5+	Kc6×d5
21. Sb1−c3+	.....

und Weiß gewinnt leicht mit seiner Übermacht.

102. Partie

F. Riemann   A. Anderssen

1. é2−é4	é7−é5
2. f2−f4!?	é5×f4
3. Lf1−c4	Dd8−h4+
4. Ké1−f1	d7−d5!

Das ist die moderne Verteidigung.

5. Lc4×d5   Sg8−f6

Schwarz möchte den lästigen weißen Angriffsläufer abtauschen. Stärker ist jedoch 5. ..... g7−g5!; 6. Sg1−f3, Dh4−h5! nebst Lf8−g7 und Sg8−é7.

6. Sb1−c3	Lf8−b4
7. é4−é5	Lb4×Sc3
8. é5×Sf6	Lc3×f6
9. Sg1−f3	Dh4−h5!
10. Dd1−é2+	Ké8−d8
11. Dé2−c4	Th8−é8

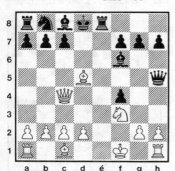

12. Ld5×f7?   .....

Nach dem fehlerhaften Textzug folgt ein erbaulicher Schluß.

12.	Dh5×Sf3+!!
13. g2×Df3	Lc8−h3+
14. Kf1−f2	Lf6−h4+
15. Kf2−g1	Té8−é1+

und Matt im nächsten Zug. Oder 14. Kf1−g1, Té8−é1+; 15. Kg1−f2, Lf6−h4#.

103. Partie

Leonard Barden   N. N.

1. é2−é4	é7−é5
2. f2−f4!?	é5×f4
3. Lf1−c4	Dd8−h4+
4. Ké1−f1	g7−g5
5. Sb1−c3	.....

Stärker ist 5. Sg1−f3, Dh4−h5; 6. h2−h4, Lf8−g7! nebst h7−h6.

5. .....   Lf8−g7
6. d2−d4   .....

In einer Partie Ernest Morphy−Dudley geschah 6. ..... Sg8−é7; 7. g2−g3, f4×g3; 8. Kf1−g2, Dh4−h6; 9. h2×g3, Dh6−g6; 10. Sg1−f3, h7−h6; 11. Dd1−é2, d7−d6; 12. Sc3−d5, Sé7×Sd5; 13. é4×Sd5(+), Ké8−d8; 14. Lc1×g5+!!, h6×Lg5; 15. Th1×Th8+, Lg7×Th8; 16. Ta1−é1! (Mattdrohung), Lc8−d7; 17. Dé2−é7+, Kd8−c8; 18. Dé7−f8+!, Ld7−é8; 19. Df8×Lé8#.

6.	d7−d6
7. Sg1−f3	Dh4−h5
8. h2−h4	h7−h6
9. é4−é5	Dh5−g6
10. Sc3−d5	Ké8−d8

Deckt den Bauern c7.

11. h4×g5	h6×g5
12. Th1×Th8	Lg7×Th8
13. Sf3×g5!!	Dg6×Sg5
14. Lc1×f4	.....

Weiß hat zwei Bauern für die geopferte Figur erhalten; es gelang ihm, die Stellung zu öffnen.

14. .....   Dg5−h4
15. Dd1−f3!!   .....

Weiß opfert den Turm, um die

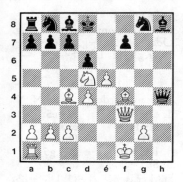

schwarze Dame von der Schräge d8−h4 abzulenken. Falls 15. ..... Dh4−h1+?; 16. Kf1−f2, Dh1×Ta1; 17. Lf4−g5+, f7−f6; 18. é5×f6!, und Weiß gewinnt schnell.

15.	Sb8−c6
16. é5×d6	Lc8−g4
17. d6×c7+!	Kd8−c8
18. Df3−é4	Lg4−é6
19. Dé4×Lé6+!!	f7×Dé6
20. Sd5−b6+!!	a6×Sb6
21. Lc4×é6#	

104. Partie

N. N.   Kieseritzky

1. é2−é4	é7−é5
2. f2−f4!?	é5×f4
3. Lf1−c4	Dd8−h4+
4. Ké1−f1	b7−b5!?

Ein Gegengambit mit dem doppelten Zweck: den weißen Läufer von der Gefährdung des schwachen Punktes f7 abzulenken und mit Tempogewinn die Entwicklung des Läufers c8 zu beschleunigen.

5. Lc4×b5   .....

Auch die Ablehnung des Bauernopfers ist günstig für Schwarz. Charles Maurian gewann mit Schwarz die folgende Partie: 5. Lc4−d5, Sb8−c6; 6. Sg1−f3, Dh4−h5; 7. d2−d4, Sg8−f6; 8. Ld5−b3, Lc8−a6; 9. Dd1−é2? (Um das drohende aufgedeckte Schach zu verhindern. Notwendig wäre jedoch 9. Kf1−g1!) 9. ..... Sc6×d4!!; 10. Sf3×Sd4, b5−b4!!. Schwarz opfert den Läufer, um die weiße Dame von der Verteidigung der Grundreihe abzulenken. 11. Dé2×La6, Dh4−d1+; 12. Kf1−f2, Sf6−g4#.

5.	Sg8−f6
6. Sb1−c3	Sf6−g4

Es droht Dh4−f2#.

7. Sg1−h3	Sb8−c6
8. Sc3−d5	Sc6−d4!!

Schwarz opfert den Turm.

9. Sd5×c7+?   .....

Die Erbeutung des Turmes erfordert zwei wichtige Tempi.

9.	Ké8−d8
10. Sc7×Ta8	f4−f3!
11. d2−d3	f7−f6!

Notwendig, da die tödliche Gabel Lc1−g5+ mit Erbeutung der schwarzen Dame drohte.

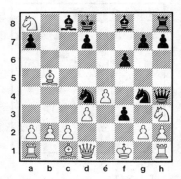

12. Lb5−c4	d7−d5!
13. Lc4×d5	Lf8−d6
14. Dd1−é1	f3×g2+
15. Kf1×g2	Dh4×Sh3+!!
16. Kg2×Dh3	.....

Die Annahme des Damenopfers ist erzwungen, da nach 16. Kg2−g1?? Sd4−f3# folgte.

16.	Sg4−é3(+)!
17. Kh3−h4	Sd4−f3+
18. Kh4−h5	Lc8−g4#

2. Systeme ohne Damenschach

Die vier letzten Partien haben unmißverständlich bewiesen, daß das Damenschach für Schwarz ungünstig ist, da die zu früh entwickelte Dame eine willkommene Zielscheibe der weißen Leichtfiguren ist und mit den ständigen Rückzügen mehrere Tempi verlieren muß, so daß Schwarz deshalb in der Entwicklung zurückbleibt.
Man hat nach 1. é2−é4, é7−é5; 2. f2−f4, é5×f4; 3. Lf1−c4 eine Menge von verschiedenen Verteidigungen für Schwarz angewendet, wie Lf8−é7, Sg8−é7, g7−g5, c7−c6, c7−c5, d7−d6, Sg8−f6, d7−d5, f7−f5, von denen wir die wichtigsten zeigen werden.

105. Partie

1. é2−é4	é7−é5
2. f2−f4!?	é5×f4
3. Lf1−c4	.....

Erste Variante

3.	Lf8−é7

Schwarz will das Damenschach auf h4 mit dem Schachgebot des Läufers ersetzen. Doch der vorgeprellte Läufer gerät oft in Gefahr, und auch der Gambitbauer geht verloren.

4. d2−d4	Lé7−h4+
5. Ké1−f1	g7−g5?

Dadurch wird der Läufer eingesperrt. Es wäre besser, sich mit dem Verderben der weißen Rochade zufriedenzugeben mit 5. ..... Lh4−é7 an weiterem Tempo zu verlieren und den Gambitbauern zurückzugeben.

6. g2−g3?!	.....

Einfacher und besser wäre 6. Sg1−f3 und, falls 6. ..... g5−g4, dann 7. Sf3−é5.

6.	f4×g3
7. h2×g3	Lh4×g3
8. Dd1−h5	.....

Es droht Schäfermatt auf f7.

8.	Dd8−f6+
9. Sg1−f3	d7−d6?

Dieser Zug kostet eine Figur. Besser wäre 9. ..... Lg3−f4!; 10. Sb1−c3, c7−c6; 11. é4−é5, Df6−g7!

10. Lc1×g5	Df6−g6
11. Dh5×Dg6	f7×Dg6
12. Lc4×Sg8	Th8×Lg8
13. Kf1−g2!	.....

Weiß erbeutet den Läufer.

Zweite Variante

3.	Sg8−é7

Gleichfalls eine unglückliche Verteidigung.

4. Dd1−f3?	.....

Besser wäre sofort 4. d2−d4.

4.	Sé7−g6
5. d2−d4	Dd8−h4+
6. g2−g3	f4×g3??

Es ist geradezu ein Selbstmord, den h-Weg zu öffnen. Notwendig wäre 6. ..... Dh4−f6 und, falls 7. é4−é5, dann mit 7. ..... Df6−c6 fortzufahren.

7. Lc4×f7+	Ké8−d8
8. h2×g3	Dh4−f6
9. Df3×Df6+	g7×Df6

10. Lf7×Sg6 .....
und Weiß gewinnt den Springer, da der Bauer h7 gefesselt ist.

Dritte Variante

3. ..... **f7—f5!?**
Dieses Gegengambit bildet die beste Verteidigung in diesem schwierigen Spiel.
Gut ist auch das Gegengambit 3. ..... d7—d5!?, gefolgt von Dd8—h4+ und g7—g5.
Nicht zu empfehlen ist das Gegengambit 3. ..... b7—b5?!.
4. é4×f5? .....
Minderwertig und für Schwarz absolut günstig ist die Annahme des Gegengambits. Die besten Fortsetzungen für Weiß sind 4. Sb1—c3! und 4. Dd1—é2.
4. ..... **Dd8—h4+**
5. Ké1—f1 **f4—f3!**
Angriff gegen den Läufer c4.

106. Partie

Fürst Dadian — Boultzhoff
Kiew 1893

1. é2—é4	é7—é5
2. f2—f4!?	é5×f4
3. Lf1—c4	d7—d5!?
4. Lc4×d5	Sg8—f6

In einer Partie Winawer—Delobeck folgte: 5. Sb1—c3, c7—c6; 6. Ld5—b3, Lc8—g4; 7. Sg1—f3, Lf8—b4? (Besser wäre 7. ..... Lf8—é7.) 8. Lb3×f7+!!, Ké8—f8; 9. Lf7—b3, Lb4×Sc3; 10. b2×Lc3! (Öffnet die Bahn des Läufers nach a3.) 10. Sb8—d7; 11. é4—é5, Sd7×é5? (Besser wäre 11. ..... Lg4×Sf3! und erst danach Sd7×é5.) 12. Sf3×Sé5!!, Lg4×Dd1; 13. Lc1—a3+, Kf8—é8; 14. Lb3—f7#.

5. Sg1—f3	Sf6×Ld5
6. é4×Sd5	Dd8×d5
7. 0—0	Lc8—é6
8. Sb1—c3	Dd5—d7
9. d2—d4	c7—c6
10. Lc1×f4	Lf8—d6
11. Lf4×Ld6	Dd7×Ld6
12. Sc3—é4	Dd6—c7
13. Sf3—é5	0—0
14. Dd1—h5	f7—f6?

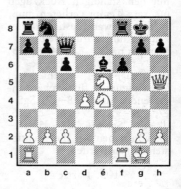

Besser wäre 14. ..... Sb8—d7 nebst Abtausch.

15. Sé4—g5!!	f6×Sg5

Nicht 15. ..... f6×Sé5? 16. Dh5×h7#.

16. Tf1×Tf8+	Kg8×Tf8
17. Ta1—f1+	Kf8—é7
18. Tf1—f7+!!	Lé6×Tf7
19. Dh5×Lf7+	Ké7—d6
20. Sé5—c4#	

Oder 19. ..... Ké7—d8; 20. Df7—f8#.

3. Das Breyer-Gambit: 3. Dd1—f3

107. Partie
Hans Ludwig — Max Weiss
Korrespondenzpartie 1946

**1. é2—e4   é7—e5
2. f2—f4!?   é5×f4
3. Dd1—f3   .....**

Neben 3. Sg1—f3 (Springergambit) und 3. Lf1—c4 (Läufergambit) ist auch der Textzug (Breyer-Gambit) gut spielbar und kann in der Hand eines Angriffsspielers sehr gefährlich sein.

Wir erwähnen noch die Fortsetzung 3. Sb1—c3, Dd8—h4+; 4. Ké1—é2, d7—d5! (Stärker als d7—d6.) 5. Sc3×d5, Lc8—g4+; 6. Sg1—f3, Sb8—c6; 7. Sd5×c7+? (Die schwache Erwiderung auf einen starken Zug. Weiß sollte 7. d2—d4! ziehen.) 7. ..... Ké8—d8; 8. Sc7×Ta8, Sc6—é5; 9. h2—h3, Lg4—h5; 10. Th1—g1, Dh4—g3; 11. Dd1—é1, Sé5×Sf3; 12. g2×Sf3, Dg3×f3# (Korrespondenzpartie Keres—Menke).

3. .....   Sb8—c6!

Die beste Fortsetzung. Falls nun 4. Df3×f4, so d7—d5! mit einem großen Entwicklungsvorsprung für Schwarz.

4. c2—c3!   .....

Verbietet dem Springer c6 die Angriffsfelder d4 und b4.

**4. .....   Sg8—f6
5. d2—d4   .....**

Es scheint so, daß Weiß ein gutes Spiel hat, doch steht seine Dame exponiert.

**5. .....   d7—d5
6. é4—é5   Sf6—é4
7. Lc1×f4   Lf8—é7
8. Sb1—d2   Lc8—f5
9. 0—0—0?   .....**

Vor der Rochade sollte Weiß 9. Lc1—b5 spielen.

**9. .....   Dd8—d7
10. h2—h3?   .....**

Verhindert die offensichtliche Drohung Lf5—g4. Hätte Weiß die versteckte Drohung gesehen, so hätte er 10. Sg1—é2 ziehen müssen.

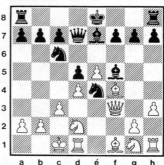

10. .....   Sc6×d4!!

Weiß gab auf, weil nach 11. c3×Sd4, Dd7—c6+; 12. Kc1—b1, Sé4×Sd2++, und Weiß verliert die Dame. (Anmerkungen nach Jules du Mont.)

Wiener Gambit: 2. Sb1−c3, 3. f2−f4

Weiß spielt nach 1. é2−é4, é7−é5; 2. Sb1−c3 meistens so, um das Königsgambit 3. f2−f4 vorzubereiten. Durch den Zwischenzug 2. Sb1−c3 ist jedoch das Gambit nicht besser geworden, weil Schwarz die Atempause zu einem Entwicklungszug ausnützen kann.

Im eigentlichen Wiener Gambit spielt Schwarz 2. ..... Sg8−f6. Interessant ist auch die zweite Hauptvariante 2. ..... Sb8−c6; 3. f2−f4, é5×f4:

a) d2−d4 *Steinitz-Gambit*
b) 4. Sg1−f3, g7−g5:
    1) 5. h2−h4 *Hamppe-Allgaier-Gambit*
    2) 5. d2−d4 *Pierce-Gambit*.

1. Eigentliches Wiener Gambit 2. Sg8−f6

108. Partie

Dr. Siegbert Tarrasch — Max Kürschner

1. é2−é4   é7−é5
2. Sb1−c3   Sg8−f6
3. f2−f4!?   .....

Weiß kann, statt des Gambits, mit 3. Lf1−c4 in die Berliner Verteidigung des Läuferspiels einlenken oder aber mit 3. Sg1−f3 fortsetzen.

3. .....   d7−d5!

Dieses Gegengambit bietet dem Nachziehenden die besten Chancen.

4. f4×é5   .....

Die andere Möglichkeit ist 4. d2−d3. Falls 4. é4×d5, dann é5−é4!.

4. .....   Sf6×é4
5. Sg1−f3   .....

In einer Partie Mackenzie—Hollins folgte 5. ..... Sb8−c6; 6. a2−a3?, (Zeitverlust) Lf8−c5; 7. d2−d4? (Besser ist 7. Sc3×Sé4.) 7. ..... Sc6×d4; 8. Sf3×Sd4, Dd8−h4+; 9. g2−g3, Sé4×g3; 10. Sd4−f3, Lc5−f2+!!. Dieses Opfer lenkt den weißen König in ein Doppelschach. 11. Ké1×Lf2, Sg3−é4++. (Wenn 12. Kf2−g1, dann Dh4−f2#.) 12.

Kf2−é3, Dh5−f2+; 13. Ké3−d3, Sé4−c5#.

| 5. ..... | Lf8−b4 |
| 6. Lf1−é2! | c7−c6 |

Zeitverlust. Besser wäre die Weiterentwicklung Lc8−f5 oder Sb8−c6.

7. 0−0	Dd8−b6+
8. d2−d4	Sé4×Sc3
9. b2×Sc3	Lb4×c3
10. Lc1−a3!	Lc3×Ta1
11. Dd1×La1	.....

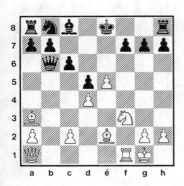

Schwarz gewann mit seiner Kombination die Qualität, aber er blieb in der Entwicklung zurück und kann nicht rochieren.

11.	Lc8−f5
12. Sf3−g5	Lf5−g6
13. é5−é6!	f7−f6
14. é6−é7!!	.....

Weiß opfert den Springer, da nach 14. ..... f6×Sg5??; 15. Tf1−f8+, Th8×Tf8; 16. é7×Tf8(D)+. Schwarz verliert schnell.

| 14. ..... | Lg6−f7 |

Verhindert Sg5−é6.

15. Sg5×Lf7	Ké8×Sf7
16. Lé2−h6+	g7−g6
17. Tf1×f6+!!	Kf7×Tf6
18. Da1−f1+	Kf6−g5

Oder 18. ..... Kf6−é6; 19. Lh4−g5#.

Bzw. 18. ..... Kf6−g7; 19. Df1−f8+!!, Th8×Df8; 20. é7×Tg8(D)#.

19. La3−c1+!!	Kg5×Lh5
20. Df1−f3+	Kh5−h4
21. Df3−h3#	

2. Zweite Hauptvariante: 2. Sb8−c6

109. Partie
Eugène Delmar   James Mason

| 1. é2−é4 | é7−é5 |
| 2. Sb1−c3 | Sb8−c6 |

Gut ist auch 2. ..... Lf8−c5. Z. B. 3. f2−f4!?, d7−d6; 4. Lf1−c4, Sg8−f6; 5. Sg1−f3, 0−0; 6. d2−d4, é5×d4; 7. Sf3×d4, Tf8−é8; 8. 0−0, Sb8−c6; 9. Sc3−é2, Sf6×é4; 10. Kg1−h1, Sc6×Sd4; 11. Sé2×Sd4, Dd8−f6!; 12. c2−c3, Lc8−é6; 13. Lc4×Lé6, Té8×Lé6!!; 14. Sd4×Té6??, Sé4−g3+!!; 15. h2×Sg3, Df6−h6# (Delmar–Judd).

| 3. f2−f4!? | é5×f4 |

Nicht jedoch 3. ..... d7−d5??, 4. Sc3×d5.

| 4. Sg1−f3 | Lf8−c5! |

Aber nicht 4. ..... Lf8−b4?; 5. Sc3−d5!, Lb4−a5; 6. Sd5×f4; d7−d6; 7. c2−c3, Lc8−g4; 8. Lf1−b5, Ké8−f8? (Ein widernatürlicher Zug. Einfacher wäre 8. ..... Lg4−d7.) 9. 0−0, Sc6−é5? Das wäre also die »Kombination«. 10. Sf3×Sé5!!, Lg4×Dd1; 11. Sd5−g6+!!, h7×Sg6; 12. Sf4×g6#. (Oder 11. ..... f7×Sg6; 12. Sf4×g6##.)

5. d2−d4	Sc6×d4
6. Sf3×Sd4	Dd8−h4+
7. Ké1−é2	d7−d5!
8. h2−h3	.....

Verhindert das Läuferschach auf g4.

8.	Sg8−f6
9. Dd1−d3	.....

Räumt das Feld d1 für den König.

9.	0−0
10. Ké2−d1	d5×é4
11. Sc3×é4	Sf6×Sé4
12. Dd3×Sé4	Lc5×Sd4

Jetzt nicht 13. Dé4×Ld4??, Tf8−d8 nebst Eroberung der weißen Dame.

(siehe Diagramm)

13. Lf1−d3!	.....
13.	Lc8−g4+!!

Falls Weiß den Läufer schlägt, dann verliert er den Turm.

14. Kd1−d2	Dh4−f2+
15. Ld3−é2	Lg4×Lé2
16. Dé4×Lé2	Ld4−é3+!

Weiß gab auf, da nach 17. Kd2−d1, Ta8−d8+ entscheidet. Z. B. 18. Lc1−d2, Td8×Ld2+; 19. Kd1−c1, Df2×Dé2 nebst Matt.

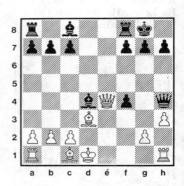

3. Hamppe-Allgaier-Gambit: 5. h2−h4

110. Partie

1. é2−é4	é7−é5
2. Sb1−c3	Sb8−c6
3. f2−f4!?	é5×f4
4. Sg1−f3	g7−g5!?
5. h2−h4	.....

Die vorherige Entwicklung des Damenspringers (Sb1−c3) bringt nur im Allgaier-Gambit eine große Verstärkung des Angriffs, da der Sc3 sprungbereit dasteht, ohne Zeitverlust in den Kampf eingreifen kann und den Gegenstoß d7−d5 erschwert. Der Textzug und der folgende Zug Sf3−g5 sind die kräftigsten Fortsetzungen des Angriffs.
Statt des Textzuges kann Weiß auch mit 5. d2−d4 fortsetzen. Das ist das Pierce-Gambit.

5.	g5−g4
6. Sf3−g5	.....

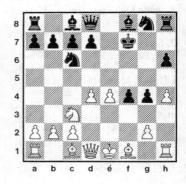

Weiß beabsichtigt den Springer zu opfern.

6.	h7–h6
7. Sg5×f7	Ké8×Sf7
8. d2–d4	.....

Auch 8. Lf1–c4+ ist eine gute Fortsetzung, aber der Textzug ist viel heimtückischer.

Erste Variante

8.	f4–f3!

um die Öffnung des f-Weges durch Lc1×f4 zu verhindern.

9. Lf1–c4+	Kf7–g7?

Notwendig war das Rückopfer d7–d5!; 10. Lc4×d5+ und erst jetzt Kf7–g7.

10. g2×f3	Lf8–é7
11. Lc1–é3?	.....

Hier war 11. 0–0! stärker.

11.	Lé7×h4+
12. Ké1–d2	g4×f3?

Öffnet den g-Weg für die weißen Figuren. Die richtige Verteidigung wäre 12. ..... d7–d6. Schwarz hat die notwendige Weiterentwicklung seines Damenflügels versäumt und spielt eigentlich mit zwei Figuren weniger.

13. Dd1×f3	Dd8–f6
14. Df3–g2+	Lh4–g5
15. é4–é5!	Df6–g6
16. Dg2–é4	Dg6×Dé4
17. Sc3×Dé4	Lg4×Lé3+
18. Kd2×Lé3	Sg8–é7
19. Th1–g1+	Sé7–g6
20. Ta1–f1	h6–h5

Öffnet dem König ein Fluchtfeld auf h6. Nach 20. ..... Th8–f8?; 21. Tf1×Tf8, Kg7×Tf8; 22. Tg1×Sg6 würde Schwarz eine Figur verlieren.

21. Tf1–f7+	Kg7–h6
22. Tf7–f6	Sc6–é7
23. Lc4–f7!	Th8–f8

Weiß kündigt Matt in fünf Zügen an:

24. Tg1×Sg6+!!	Sé7×Tg6
25. Tf6×Sg6+	Kh6–h7
26. Sé4–f6+	Kh7–h8
27. Tg6–h6+	Kh8–g7
28. Th6–h7#	

Das war die Partie Ballard–Erskine.

Zweite Variante

8.	d7–d5

Stärker ist 8. ..... f4–f3!.

9. Lc1×f4!	.....

Weiß benutzt die Gelegenheit und öffnet den f-Weg auf den ungünstig stehenden schwarzen König.

9.	d5×é4?!

Tollkühn gespielt. Vorsichtiger wäre 9. ..... Lc8–é6!.

10. Lf1–c4+	Kf7–g6

Nach 10. ..... Lc8–é6 würde 11. d4–d5! folgen.

11. 0–0!	Lf8–g7
12. h4–h5+!	Kg6–h7

Freilich nicht 12. ..... Kg6×h5?; 13. Lc4–f7+!.

13. Lf4–é5!	Lg7×Lé5

Ungünstig wäre 13. ..... Sc6×Lé5?; 14. d4×Sé5, Sg8–é7; 15. é5–é6!.

14. Tf1–f7+!!	Lé5–g7

Weiß opfert die zweite Figur, da nach 14. d4×Lé5? Schwarz die Damen tauschen und mit der Mehrfigur gewinnen könnte. Nach dem Textzug spielt aber der gefesselte schwarze Läufer eine klägliche Rolle.

15. Sc3×é4!	Dd8×d4+!

Schwarz erzwingt den Damentausch, aber die weißen Figuren stehen derart überlegen, daß Weiß auch den Turm a1 in den Kampf werden kann, während der schwarze Damenläufer keine Entwicklungsmöglichkeiten hat.

16. Dd1×Dd4   Sc6×Dd4
17. Ta1—f1   Lc8—f5!

Trotzdem. Schwarz gibt zwei Leichtfiguren gegen einen Turm zurück, aber Weiß lehnt das Geschenk ab.

18. c2—c3!   b7—b5!
19. c3×Sd4   b5×Lc4
20. Tf1×Lf5   .....

Schwarz hat noch immer einen Läufer mehr, aber die lästige Fesselung spricht zugunsten des Anziehenden.

20. .....   Ta8—e8
21. Tf5—é5!   Té8—f8!
22. Té5—é7!!   .....

Schwarz darf den dreisten Turm nicht schlagen, da nach 22. ..... Sg8×Té7?? 23. Sé4—f6# folgen würde.

22. .....   Tf8×Tf7
23. Té7×Tf7   .....

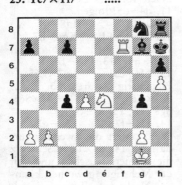

Diese tolle Zugzwangstellung verdient ein Diagramm. Weiß wartet ruhig ab, bis Schwarz alle seine möglichen Bauernzüge erschöpft hat. Dann muß er den Springer ziehen, da er keinen anderen Zug hat, und Weiß kann mit Sé4—f6# mattsetzen. (Gewonnen von J. Hartweg.)

Dritte Variante

8. .....   d7—d6

Wir wissen schon, daß 8. ..... f4—f3! gegeben wäre.

9. Lc1×f4   Lf8—g7
10. Lf1—c4+   Kf7—g6
11. Lf4—é3!   Kg6—h7
12. Sc3—d5   Sg8—é7
13. Dd1—d3!   .....

Es hängt é4—é5(+) in der Luft.

13. .....   Th8—f8
14. Lé3—g5!!   .....

Weiß opfert die zweite Figur, um den h-Weg auf den schwarzen König zu öffnen.

14. .....   h6×Lg5
15. é4—é5(+)   Lc8—f5
16. h4×g5(+)   Kh7—g6
17. Sd5—f4+   Kg6×g5
18. Th1—h5+!!   .....

Das Opfer der dritten Figur entscheidet sofort.

18. .....   Kg5×Sf4
19. g2—g3#

Das war die Partie Davie— Piper.

4. Pierce-Gambit: 5. d2—d4

111. Partie

1. é2—é4   é7—é5
2. Sb1—c3   Sb8—c6
3. f2—f4!?   é5×f4
4. Sg1—f3   g7—g5!?
5. d2—d4   .....

Diese Form des Gambits ist die Erfindung der Gebrüder Pierce. Es enthält auch das Opfer einer Figur, erreicht aber nicht die Wucht des Hamppe-Allgaier-Gambits.

5. .....   g5—g4

6. Lf1−c4!?	g4×Sf3
7. 0−0!	.....

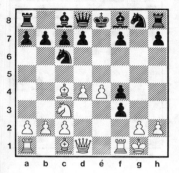

Die sicherste Verteidigung ist in dieser Stellung 7. ..... Lf8−g7!; 8. Lc1×f4, Lg7×d4+; 9. Kg1−h1, Ld4×Sc3; 10. b2×Lc3, Dd8−f6; 11. Lf4×c7!, Sc6−é5 usw.

Erste Variante

7.	f3×g2?
8. Lc4×f7+!!	.....

Das zweite Figurenopfer lenkt den schwarzen König auf den halboffenen f-Weg.

8.	Ké8×Lf7
9. Dd1−h5+	Kf7−g7
10. Dh5−g4+	Kg7−f7

Der schwarze König muß erneut den gefährlichen f-Weg betreten.

11. Lc1×f4!!	.....

Weiß opfert auch den Turm, um ein wichtiges Angriffstempo zu gewinnen.

11.	g2×Tf1(D)+
12. Ta1×Df1	Sg8−f6
13. Lf4−g5	Lf8−é7
14. Sc3−d5	Th8−g8
15. é4−é5	h7−h6
16. Dg4−h5+!	Kf7−é6
17. Sd5−f4+	Ké6−f5
18. Dh5−f7!!	.....

und das Matt ist unvermeidlich. Z. B.

18.	Tg8×Lg5+
19. Sf4−g2(+)	Kf5−g4

Oder 19. ..... Kf5−é4?, Tf1−f4#.

20. Tf1−f4+	Kg4−h3
21. Tf4−h4#	

Dr. Max Lange−Drygalski, Breslau 1873.

Zweite Variante

7.	Lf8−h6
8. Dd1×f3	Sc6×d4?

Besser wäre die Weiterentwicklung 8. ..... d7−d6.

9. Lc4×f7+!!	Ké8×Lf7
10. Df3−h5+	Kf7−g7
11. Lc1×f4	Lh6×Lf4
12. Tf1×Lf4	.....

Die Drohung ist 13. Tf4−f7#.

12.	Dd8−é7
13. Ta1−f1	Sg8−h6
14. Tf4−f6	Dé7×Tf6!
15. Tf1×Df6	Kg7×Tf6
16. Sc3−d5+	.....

Aufgegeben, weil das Matt nicht verhindert werden kann:

a) 16. ..... Kf6−g7; 17. Dh5−g5+, Kg7−f7; 18. Dg5−f6+, Kf7−g8; 19. Sd5−é7#.

b) 16. ..... Kf6−é6; 17. Dh5×Sh6+, Ké6−é5; 18. Dh6−f4+, Ké5−é6; 19. Df4−f6#.

Das war die Partie Field−Sterling.

5. Steinitz-Gambit: 4. d2–d4

112. Partie

Wilhelm Steinitz — Louis Paulsen

1. é2–é4 é7–é5
2. Sb1–c3 Sb8–c6
3. f2–f4!? é5×f4
4. d2–d4?! .....

Die übliche Fortsetzung des Gambits ist 4. Sg1–f3. Der Textzug ist eine Erfindung des damaligen Weltmeisters Wilhelm Steinitz. Weiß läßt das Damenschach von h4 zu, mit der Idee, seinen verfolgten König in die Mitte des Brettes zu bringen, wo er für das Endspiel gut steht. Die Theorie hat diese Spielweise widerlegt, doch erzielte Steinitz damit viele glänzende Siege. Allerdings ist die unbequeme Stellung des weißen Königs ein offensichtlicher Nachteil.

4. ..... Dd8–h4+!
5. Ké1–é2 d7–d6

Die stärkste Fortsetzung ist wahrscheinlich 5. ..... d7–d5!?, aber das Spiel ist dann derart kompliziert und schwierig, daß viele Meister den Textzug bevorzugen, der auch gut genug ist. Eine dritte Möglichkeit ist 5. ..... b7–b6.

6. Sg1–f3 Lc8–g4!
7. Lc1×f4 .....

(siehe Diagramm)

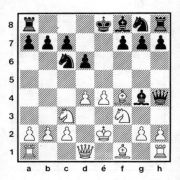

7. ..... 0–0–0?

Das ist jedoch ungenau. Die beste Fortsetzung des Gegenangriffs ist 7. ..... f7–f5! mit der Absicht, den é-Weg auf den unsicher stehenden weißen König zu öffnen. Es könnte folgen: 8. é4–é5, Lg4×Sf3!; 9. Ké2×Lf3, Dh4–g4+; 10. Kf3–é3, d6× é5; 11. Lf4×é5, Sc6×Lé5; 12. d4×Sé5, Lf8–c5+!, und Matt in wenigen Zügen. Z. B. 13. Ké3–d2, Dg4–f4+!; 14. Kd2–é1, Df4–f2# (oder 13. Ké3–d3, Dg4–d4+; 14. Kd3–é2, Dd4–é3#).

8. Ké2–é3 Dh4–h5
9. Lf1–é2 Dh5–a5?

Schwarz sollte Linienöffnung durch 9. ..... f7–f5! versuchen. Nach dem fehlerhaften Textzug steht der weiße König wirklich stark in der Mitte des Brettes.

10. a2–a3 Lg4×Sf3
11. Ké3×Lf3 Da5–h5+
12. Kf3–é3 Dh5–h4
13. b2–b4 g7–g5
14. Lf4–g3 Dh4–h6
15. b4–b5! Sc6–é7
16. Th1–f1 Sg8–f6
17. Ké3–f2 Sé7–g6
18. Kf2–g1 .....

Weiß hat auf chinesische Art rochiert, und der König befindet sich in Sicherheit. Das starke Bauernzentrum, der Turm auf dem offenen f-Weg und die bessere Entwicklung ermöglichen, daß Weiß den Angriff übernimmt.

18. ..... Dh6–g7

19. Dd1—d2	h7—h6
20. a3—a4	Th8—g8
21. b5—b6!	a7×b6
22. Tf1×Sf6!!	.....

Weiß opfert die Qualität, um das folgende Läuferschach zu ermöglichen.

22.	Dg7×Tf6
23. Lé2—g4+	Kc8—b8
24. Sc3—d5!	Df6—g7

Die Dame hat keinen anderen Zug. Nun steht sie ohne jedwede Wirkung da.

25. a4—a5!	f7—f5
26. a5×b6!!	.....

Weiß opfert den Läufer und droht, mit 27. b6×c7+ die Qualität zu erbeuten.

26.	c7×b6
27. Sd5×b6!	Sg6—é7

Der Springer eilt nach c6, um den c-Weg der weißen Dame zu versperren.

28. é4×f5! .....

Jeder weiße Zug verdient das Ausrufezeichen.

28.	Dg7—f7
29. f5—f6	Sé7—c6
30. c2—c4!	Sc6—a7
31. Dd2—a2	Sa7—b5

Ein Verzweiflungsopfer, um nach 32. c4×Sb5 die Damen zu tauschen.

32. Sb6—d5!! .....

Es droht 33. Da2—a8#. Um dies zu vereiteln, muß Schwarz seine Dame herschenken.

32.	Df7×Sd5
33. c4×Dd5	Sb5×d4
34. Da2—a7+	Kb8—c7
35. Ta1—c1+	Sd4—c6
36. Tc1×Sc6#	

113. Partie

Taubenhaus — Halpern

1. é2—é4	é7—é5
2. Sb1—c3	Sb8—c6
3. f2—f4!?	é5×f4
4. d2—d4?!	Dd8—h4+
5. Ké1—é2	d7—d5!
6. é4×d5	Lc8—g4+
7. Sg1—f3	.....

Jetzt ist 7. ..... 0—0—0!! notwendig. 8. d5×Sc6, Lf8—c5!; 9. c6×b7+, Kc8—b8!; 10. Sc3—b5, Sg8—f6; 11. Ké2—d3, Dh4—h5; 12. Kd3—c3, a7—a6; 13. Kc3—b3, a6×Sb5; 14. c2—c3, Td8×d4!!; 15. c3×Td4, Dh5—d5+; 16. Kb3—c2, Lg4—f5+; 17. Kc2—d2, Lc5—b4+; 18. Kd2—é2, Sf6—g4!; 19. h2—h3, Th8—é8+; 20. Sf3—é5, Té8×Sé5+; 21. d4×Té5, Dd5—é4+; 22. Lc1—é3, Dé4×Lé3#.

7.	Lg4×Sf3+?
8. g2×Lf3	Dh4—é7+
9. Ké2—d3	Sc6—b4+
10. Kd3—c4	.....

Natürlich nicht 10. Kd3—d2??, Dé7—é3#.

10. ..... c7—c6?

Besser wäre 10. ..... 0—0—0 oder 10. ..... Dé7—d7.

11. Lf1—h3!	c6×d5+
12. Kc4—b3	Sb4—c6!

Es droht Dé7—b4#.

13. Th1—é1!	Sc6×d4+!
14. Dd1×Sd4	Dé7×Té1
15. Dd4—a4+	Ké8—é7

Nicht 15. ..... Ké8—d8??; 16. Da4—d7#.

16. Da4—d7+	Ké7—f6
17. Sc3×d5+	Kf6—g6
18. Dd7—g4+	Kg6—h6
19. Lc1×f4+	g7—g5
20. Dg4×g5#	

Oder 17. ..... Kf6—é5; 18. Lc1×f4+, Ké5—d4; 19. Sd5—é3(+)!, Kd4—c5; 20. Dd7—d5+, Kc5—b6; 21. Sé3—c4+, Kb6—a6; 22. Dd5—a5#.

Übrige Eröffnungen

1. Das Dreispringerspiel

Wenn Schwarz nach 1. é2–é4, é7–é5; 2. Sg1–f3, Sb8–c6; 3. Sb1–c3 nicht Sg8–f6 spielt, sondern einen anderen Zug ausführt, entsteht das Dreispringerspiel. Die Theorie betrachtet das Dreispringerspiel als für Schwarz ungünstig. Doch kann Schwarz auch mit dem Dreispringerspiel Partien gewinnen.

114. Partie
Donisthorpe   Mundell
London 1892

1. é2–é4	é7–é5
2. Sg1–f3	Sb8–c6
3. Sb1–c3	....

Zu gewagt wäre nun an dieser Stelle 3. ...... f7–f5!?; 4. d2–d4!, f5×é4; 5. Sf3×é5, Sg8–f6. (Um das Damenschach auf h5 abzuwenden.) 6. Lf1–c4, d7–d5!? (Günstiger ist die Fesselung: Lf8–b4.) 7. Sc3×d5!, Sf6×Sd5. (Schwarz muß das Damenschach in Kauf nehmen.) 8. Dd1–h5+, g7–g6; 9. Sé5×g6!!, h7×Sg6; 10. Dh5×g6+!! (Die Dame verzichtet auf den Turm, um den König zu kriegen.) 10. ..... Ké8–d7; 11. Lc4×Sd5! (Es droht Dg6– é6#.) Dd8–é8; 12. Ld5–f7!, Dé8–é7; 13. Lc1–g5!, Dé7–d6; 14. Lf7–é8# (Gyula Breyer–Zoltán Balla, Pistyan 1912).

Befriedigend ist dagegen 3. ...... g7–g6; 4. d2–d4, é5×d4; 5. Sc3–d5, Lf8–g7; 6. Lc1–g5, Sc6–é7 (Nicht jedoch Sg8–é7?; 7. Sf3×d4!, Lg7×Sd4; 8. Dd1×Ld4!!, Sc6×Dd4; 9. Sd5–f6+, Ké8–f8; 10. Lg5– h6#.)

In einer Partie Loerbrocks –Rosdaker zog Schwarz 3. ...... Lf8–c5. (Nach Lf8–b4 kann 4. Sc3–d5! folgen.) 4. Sf3×é5! (Das gefürchtete Scheinopfer.) Lc5×f2+; 5. Ké1×Lf2, Sc6× é5; 6. d2–d4, Sé5–g6; 7. Lf1–c4, Dd8–f6+? (Besser wäre d7–d6.) 8. Kf2–é1, c7– c6; 9. Th1–f1!, Df6–h4+; 10. g2–g3, Dh4×h2; 11. Lc4× f7+, Ké8–d8; 12. Lc1–g5+, Sg8–é7; 13. Dd1–f3, d7–d6; 14. Lf7×Sg6!, h7×Lg6; 15. Lg5×Sé7+, Kd8×Lé7; 16. Df3–f7+, Ké7–d8; 17. Df7× g6! (Deckt den Bauern g3 und greift den Bd6 an.) Kd8–c7; 18. Tf1–f7+, Lc8–d7; 19. é4–é5!, Dh2–g1+; 20. Ké1–

é2, Th8−h2+; 21. Ké2−d3, Dg1×Ta1; 22. Sc3−d5+!!, c6×Sd5; 23. Dg6×d6+, Kc7−c8; 24. Tf7−f8+, Ld7−é8; 25. Tf8×Lé8#.

3.	d7−d6
4. d2−d4!	.....

Spielbar ist auch 4. Lc1−b5.

4.	Lc8−g4
5. Lc1−é3	f7−f5!?

Vorerst Weiterentwicklung und nur danach Angriff! Die Linienöffnung ist Wasser auf die Mühle des Anziehenden.

6. d4−d5!	f5×é4
7. Sc3×é4	Sc6−é7
8. c2−c4	Sg8−f6?

Gegeben wäre Sé7−f5! Der Textzug führt zu einem Tauschwechsel, indem die schwarze Bauernstellung aufgerissen wird.

9. Sé4×Sf6+	g7×Sf6
10. h2−h3	Lg4−d7?

Der Läufer wird in der Verteidigung des Königsflügels fehlen. Umsichtiger wäre das Manöver Lg4−h5−f7.

11. Sf3−h4	Sé7−g6
12. Lf1−d3!!	.....

Ein durchschlagendes Figurenopfer.

12. ..... Sg6×Sh4?

Ein verderblicher Figurenraub. Schwarz sollte mit Dd8−é7! die Flucht des Königs durch die lange Rochade vorbereiten.

13. Dd1−h5+ Sh4−g6?

Verderblich. Vielleicht könnte Schwarz Ké8−é7 versuchen.

14. Ld3×Sg6+	Ké8−é7
15. Dh5×é5+!!	.....

Ein herrliches Damenopfer, das in einem Zweiläufermatt mündet.

15.	d6×Dé5
16. Lé3−c5#	

oder

15.	f6×Dé5
16. Lé3−g5#	

2. Ungarische Eröffnung

1. é2−é4, é7−é5
2. Sg1−f3 Sb8−c6
3. Lf1−é2

Will Weiß nach 1. é2−é4, é7−é5; 2. Sg1−f3, Sb8−c6 die Verwicklungen der Spanischen und Italienischen Eröffnung sowie der Zweispringer-Verteidigung vermeiden, dann zieht er Lf1−é2. Weiß spielt also eigentlich Verteidigung mit einem Mehrtempo.

115. Partie

Simkins Piercy
1. é2−é4 é7−é5
2. Sg1−f3 Sb8−c6
3. Lf1−é2 .....

Das ist die Ungarische Eröffnung.

3. ..... **Lf8–c5?**
Ermöglicht das Scheinopfer. Besser wäre 3. ..... Sg8–f6.

4. **Sf3×é5!!** **Lc5×f2+**

Schwarz macht aus der Not eine Tugend, da nach der Annahme des Opfers 4. ..... Sc6×Sé5; 5. d2–d4, Lc5–d6 folgen müßte.

5. **Ké1×Lf2** **Sc6×Sé5**
6. **Th1–f1!** .....

Das ist zusammen mit dem folgenden Kf2–g1 die bekannte Chinesische Rochade.

6. ..... **d7–d6**
7. **d2–d4** **Sé5–g6**
8. **Kf2–g1** **Lc8–é6**
9. **Sb1–c3** **Sg8–é7**
10. **Lé2–d3!** **0–0**
11. **Lc1–g5?** .....

Zeitverlust. Besser wäre sofort 11. Lc1–é3!

11. ..... **h7–h6**
12. **Lg5–é3** .....

Der Rückzug ist günstiger als der Abtausch auf é7.

12. ..... **c7–c6**
13. **Dd1–d2** **d6–d5**
14. **é4–é5!** .....

Öffnet die Bahn für den Ld3 und wird zu einem starken Vorposten auf é5, der das schwarze Spiel einengt.

14. ..... **Dd8–d7**
15. **Sc3–é2** .....

Der Springer strebt nach g3, um den weißen Angriff zu verstärken.

15. ..... **Lé6–f5?**
Besser wäre das Manöver Kg8–h8, nebst Sé7–g8.

16. **Sé2–g3** **Sg6–h4**

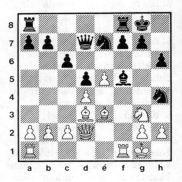

17. **Lé3×h6!!** **Lf5×Ld3**
18. **Dd2–g5!!** **Ld3–g6**
19. **Lh6×g7!!** **Sh4–f5**
20. **Sg3–h5!!** **Lg6×Sh5**
21. **Lg7–f6(+)** **Lh5–g6**
22. **Tf1–f4** **Tf8–c8**

um dem König die Flucht über f8 zu ermöglichen.

23. **Tf4–h4!!** .....

Es droht 24. Th4–h8#. Der Zweck des Turmopfers ist, den Springer nach h4 zu lenken und so der Dame das Einbruchsfeld h6 zugänglich zu machen.

23. ..... **Sf5×Th4**
24. **Dg5–h6** **Sé7–f5**
25. **Dh6–h8#**

3. Alapin-Eröffnung: 2. Sg1–é2

116. Partie
Charousek — Engländer

1. **é2–é4** **é7–é5**
2. **Sg1–é2** .....

Bereitet den Vorstoß f2–f4, oder auch d2–d4 vor. Weiß muß baldmöglichst mit dem Springer weiterziehen, um die Bahn für den Läufer und für die Dame wieder freizulegen.

In einer russischen Korrespondenzpartie E. Charkow–Jankowitsch zog Schwarz 2. .....
Lf8–c5, um d2–d4 zu erschweren. Es folgte: 3. f2–f4!, Dd8–f6. (Um nach 4. f4×e5??, Lc5–f2# zu setzen.) 4. c2–c3, Sb8–c6; 5. g2–g3, Sg8–h6; 6. Lf1–g2, Sh6–g4; 7. Th1–f1, Sg4×h2!!; 8. f4×e5?, Df6×Tf1+!!; 9. Lg2×Df1, Sh2–f3#.

2.	Sg8–f6
3. f2–f4!	d7–d6
4. Sb1–c3	Lc8–g4
5. h2–h3	Lg4×Sé2
6. Lf1×Lé2	Sb8–c6
7. 0–0	Lf8–é7
8. Lé2–c4	Sc6–d4
9. d2–d3	c7–c6
10. Lc1–é3	Sd4–é6
11. Sc3–é2	.....

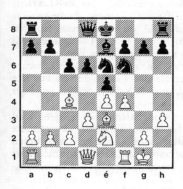

11. .....   **a7–a6?**
Fehlerhaft. Es müßte 11. ..... d6–d5! folgen. Z. B. 12. f4×e5, Sf6×é4!!; 13. Lc4×d5!!, c6×Ld5.

12. Sé2–g3	é5×f4
13. Lé3×f4	d6–d5
14. é4×d5	Sf6×d5
15. Lf4–é5	0–0
16. Dd1–h5	Lé7–c5+
17. Kg1–h2	g7–g6?
18. Dh5–g4!	.....

Nicht 18. Dh5–h6?, f7–f6!.

18. .....   **Sd5–é3?**

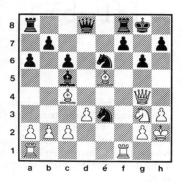

Schwarz gerät in eine Falle, und Weiß benutzt die Gelegenheit zu einem entscheidenden Schlag:
19. Dg4×Sé6+!!   .....
Schwarz darf die Dame nicht nehmen: 19. ..... f7×Dé6??; 20. Lc4×é6+, Tf8–f7; 21. Tf1×Tf7, und Weiß gewinnt: Z. B. 21. ..... Dd8–é8; 22. Tf7–f6(+)! Damenverlust.

19.	Sé3×Tf1+!
20. Ta1×Sf1	f7×Dé6
21. Lc4×é6+	Tf8–f7
22. Tf1×Tf7	Dd8–é8
23. Tf7–f6(+)	Kg8–g7
24. Tf6–f4(+)	Kg7–h6
25. Tf4–h4+	Kh6–g5
26. Th4–g4+	Kg5–h6
27. Sg3–f5+!!	g6×Sf5
28. Lé5–f4+	Kh6–h5
29. Tg4–g5+	Kh5–h6

Nicht 29. ..... Kh5–h4??; 30. g2–g3#.

30. Tg5–g8(+)!	Kh6–h5
31. g2–g4+!!	f5×g4
32. Lé6×g4+	Kh5–h4
33. Lf4–g3#	

II. TEIL Angriff gegen é5
Spanische Eröffnung:
3. Lf1–b5

Die Spanische Partie ist die meist verbreitete und am gründlichsten durchforschte Eröffnung. Ihre fast ausschließliche Beliebtheit ist auf das für Weiß mögliche Druckspiel zurückzuführen. Doch ist ihre Popularität hauptsächlich der Mode zu verdanken. Weiß kann weder in der Spanischen Partie noch mit einer anderen Eröffnung in Vorteil kommen, vorausgesetzt natürlich, daß Schwarz fehlerlos spielt.

Der spanische Mönch Ruy López (der als erster die Spanische Eröffnung analysierte) hielt den Zug 3. Lf1–b5 für ungut, da er gegen mehrere Eröffnungsgrundsätze verstoße. Man stelle erstens seine Figuren nicht in die Bretthälfte des Gegners, da sie in eine mögliche Bedrohung laufen und u. U. verlorengehen könnten (Arche-Noah-Falle). Zweitens spiele man in der Eröffnung nicht auf Bauerngewinn, sondern entwickle zügig seine Figuren. Drittens stehe der Läufer auf b5 (oder a4) nur so lange gut, bis Schwarz nicht rochiert hat. Dagegen bedrohe der Läufer auf c4 vor der Rochade den schwachen Punkt f7, und nach der Rochade wird der Bauer f7 gefesselt.

Der Läufer b5 müsse wegen Gegenangriffen Zeit verlieren und nach der schwarzen Rochade für seine Tätigkeit eine andere Schräge suchen und damit freiwillig Tempo verlieren. Aus diesen Gründen hielt Ruy López das Läuferspiel (2. Lf1–c4) für besser als die Spanische Partie. Es ist schon etwas Wahres an diesen ketzerischen Ansichten.

Die Varianten der Spanischen Eröffnung gehören in zwei Hauptgruppen:
1) Spiele ohne den Zug 3. ..... a7–a6 und
2) die Verteidigungen nach 3. ..... a7–a6.

Der Zug 3. ..... a7–a6 ist auch umstritten. Er stammt von Ercole del Rio und wurde von Paul Morphy befürwortet, da die meisten Varianten für Schwarz (nach dem Rückzug des weißen Läufers nach a4) durch den evtl. b7–b5 verstärkt werden können.

Der frühere Weltmeister Dr. Emanuel Lasker hielt jedoch den Gegenangriff a7–a6 und gar den späteren b7–b5 für verfehlt, weil dadurch die schwarze Bauernstellung am Damenflügel geschwächt wird und für das Endspiel ungünstig steht.

Es gibt freilich nur eine »Widerlegung« der Verteidigung a7−a6, die sog. Abtauschvariante 4. Lb5×Sc6, d7×Lc6, wonach ein im Endspiel ungünstiger Doppelbauer auf c6/c7 entsteht. Dagegen hat Schwarz den Vorteil des Läuferpaares und ein schönes, freies Figurenspiel, das besonders im Mittelspiel zum Vorschein kommt.

A) Verteidigungen ohne 3. ..... a7−a6
1. Bird-Verteidigung: 3. Sc6−d4

117. Partie

Adolph Anderssen — Dr. Max Lange

Breslau 1859

1. é2−é4 é7−é5
2. Sg1−f3 Sb8−c6
3. Lf1−b5 Sc6−d4

Der Textzug ist eigentlich ein Tempoverlust. Doch räumt er radikal das lästige Druckspiel des Anziehenden auf.

4. Sf3×Sd4 .....

Statt des Abtausches sind auch die Rückzüge 4. Lb5−c4(a4) gut. Beide beantwortet Schwarz mit 4. ..... Lf8−c5!.

4. ..... é5×Sd4

Der Bauer d4 ist ein starker Vorposten, der sowohl d2−d4, als auch Sb1−c3 verhindert.

5. Lb5−c4? .....

Ein völlig unbegründeter Tempoverlust. Üblich ist hier 5. 0−0!. Spielbar ist jedoch auch 5. d2−d3, Lf8−c5!.

5. ..... Sg8−f6
6. é4−é5 d7−d5!

Wegen der Flucht des Läufers muß Weiß weiter an Tempo verlieren.

7. Lc4−b3 Lc8−g4!
8. f2−f3 .....

Weiß ist genötigt, seine Bauernstellung zu schwächen.

8. ..... Sf6−é4!!

Es droht Dd8−h4.

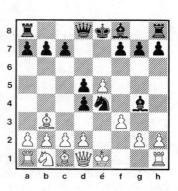

Falls jetzt 9. f3×Lg4, so Dd8−h4+; 10. g2−g3, Sé4×g3!!.
a) 11. h2×Sg3, Dh4×Th1+; 12. Ké1−é2, Dh1−g2+; 13. Ké2−d3?? Dg2−é4#
b) 11. Th1−g1, Sg3−é4(+) usw.

9. 0−0 .....

Jetzt aber droht Weiß, eine Figur zu gewinnen.

9. ..... d4−d3!!

Dieses hübsche Figurenopfer öffnet die Rochade-Schräge für den Läufer f8. Überdies blokkiert der Bd3 den ganzen weißen Damenflügel.

10. f3×Lg4?	Und wieder droht der tödliche Anschlag auf h5.
Richtig wäre 10. Dd1–é1!.	
10. ..... Lf8–c5+	15. g3–g4 Th8×h5+!!
11. Kg1–h1 Sé4–g3+!!	16. g4×Th5 Df5–é4!

Diese zweite Bescherung öffnet den h-Weg für die schwarzen Schwerfiguren.

12. h2×Sg3   Dd8–g5!

Es droht 13. ..... Dg5–h6#.

13. Tf1–f5   h7–h5!!

Falls 14. Tf5×Dg5, dann h5×g4(+) nebst undeckbarem Matt. Erzwungen ist also:

14. g4×h5   Dg5×Tf5

Die Dame fesselt nun den Bauern g2 und droht 17. ..... Dé4–h4#.

17. Dd1–f3   Dé4–h4+
18. Df3–h3   Dh4–é1+

Weiß gab auf, wegen Matt in drei Zügen:

19. Kh1–h2   Lc5–g1+!
20. Kh2–h1   Lg1–f2(+)
21. Kh1–h2   Dé1–g1#

2. Cozio-Verteidigung: 3. Sg8–é7

118. Partie
J. H. Blackburne   Amos Burn
London 1870

1. é2–é4   é7–é5
2. Sg1–f3   Sb8–c6
3. Lf1–b5   Sg8–é7

um nach Lb5×Sc6 mit Sé7×Lc6 zurückzuschlagen und so die Entstehung eines Doppelbauern zu vereiteln. Überdies bereitet der Springer é7 den Gegenstoß d7–d5 vor. Der Nachteil des Textzuges ist, daß er die Dame und den Lf8 einsperrt.

4. c2–c3   .....

Weiß hat zwei bessere Fortsetzungen:

a) 4. d2–d4!, é5×d4; 5. 0–0. (Oder 5. Sf3×d4, g7–g6! nebst Flankenentwicklung des Läufers.) 5. ..... Sé7–g6; 6. Sf3×d4, Lf8–é7; 7. Sd4–f5!, 0–0; 8. Sb1–c3, Lé7–c5?; 9. Dd1–h5, d7–d6; 10. Lc1–g5, Dd8–é8? (Notwendig wäre f7–f6.) 11. Sf5×g7!!, Kg8×Sg7; 12. Dh5–h6+, Kg7–g8; 13. Lg5–f6, Lc5×f2+ (ein Racheschach); 14. Kg1–h1, ~; 15. Dh6–g7# (Anderssen–Suhle, Breslau 1859).

b) 4. Sb1–c3! a7–a6? (Besser ist 4. ..... d7–d6 oder 4. ..... g7–g6.) 5. Lb5–a4, b7–b5; 6. La4–b3, h7–h6; 7. d2–d4!, d7–d6; 8. a2–a4, b5–b4; 9. Sc3–d5, Lc8–g4?; 10. Sf3×é5!!, Lg4×Dd1? (Unumgänglich wäre Sc6×Sé5; 11. f2–f3!.) 11. Sd5–f6+!! (Öffnet die Läuferschräge b3–b7.) 11. ..... g7×Sf6; 12. Lb3×f7# (Benjafield–Wippel, Sidney 1938).

4. .....   d7–d5!

In einer Partie, Dr. Johannes Zukertort–Adolph Anderssen (Berlin 1865), geschah 4. ..... d7–d6; 5. d2–d4, Lc8–d7; 6. 0–0, Sé7–g6; 7. Sf3–g5, h7–h6; 8. Sg5×f7!!, Ké8×Sf7; 9. Lb5–c4+, Kf7–é7; 10. Dd1–

h5, Dd8−é8; 11. Dh5−g5+!!, h6×Dg5; 12. Lc1×g5#.

5. Sf3−é5	d5×é4
6. Dd1−a4	Dd8−d5
7. f2−f4	Lc8−d7
8. Sé5×Ld7	Ké8×Sd7
9. Lb5−c4	Dd5−f5
10. Da4−b3	Sé7−g6
11. Db3×b7?	.....

Man entwickle seine Figuren in der Eröffnung und spiele nicht auf Bauerngewinn.

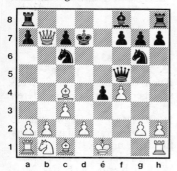

| 11. ..... | Sg6×f4!! |

Jetzt würde 12. Db7×Ta8?, Sf4−d3+; 13. Ké1−é2, Df5−g4+; 14. Ké2−é3, Lf8−é7! nebst Lé7−g5# schnell verlieren.

| 12. 0−0 | Df5−c5+ |
| 13. d2−d4 | Dc5×Lc4!! |

Schwarz opfert die Qualität, um die weiße Dame in die Ecke zu locken.

| 14. Db7×Ta8 | Lf8−c5!! |

Schwarz opfert auch den zweiten Turm, um den Läufer gegen den weißen König mit Tempogewinn einzusetzen.

| 15. Da8×Th8 | Sc6×d4!! |

Dieses Springeropfer öffnet die Schräge des Läufers für den todbringenden Schlag.

16. Lc1−é3	Dc4−é2!
17. Dh8×g7	Sd4−f3+
18. Tf1×Sf3	Dé2−é1+!
19. Tf3−f1	Lc5×Lé3+
20. Kg1−h1	Dé1×Tf1#

3. Alapin-Verteidigung: 3. Lf8−b4

119. Partie
Stutkowski   M. Harmonist
Berlin 1898

1. é2−é4	é7−é5
2. Sg1−f3	Sb8−c6
3. Lf1−b5	Lf8−b4

Schwarz fesselt »den Schatten des Springers«. Besser wäre allerdings vorerst 3. ..... a7−a6; 4. Lb5−a4 und dann Lf8−b4.

| 4. c2−c3! | Lb4−a5 |
| 5. 0−0 | ..... |

Nach dem besseren 5. Sb1−a3!, Sg8−é7; 6. Sa3−c4! käme Weiß in Vorteil.

| 5. ..... | Sg8−é7! |

um nach Lb5×Sc6 die Entstehung eines Doppelbauern zu verhindern.

| 6. Sb1−a3 | 0−0 |
| 7. Dd1−a4! | ..... |

Es droht 8. Sf3×é5 mit Bauerngewinn.

| 7. ..... | d7−d5!? |

Eine Falle. Sicherer wäre aber, mit 7. ..... Sé7−g6 den Bauern é5 zu decken.

| 8. Lb5×Sc6 | Sé7×Lc6 |
| 9. Sf3×é5? | ..... |

Hier sollte 9. d2−d3! geschehen. Weiß glaubt, einen Bauern zu gewinnen, und verliert das Spiel.

9. .....   Sc6×Sé5
10. Da4×La5   .....

Weiß erbeutete einen Bauern, aber sein Damenflügel ist völlig unentwickelt und sein Königsflügel ungeschützt.

10. .....   Sé5–f3+!!

Der tollkühne Springer ist tabu, da nach 11. g2×Sf3?, Lc8–h3 nebst Dd8–g5+ ein schnelles Matt folgen würde.

11. Kg1–h1   Dd8–d6!

Es droht Dd6×h2#. Am besten würde Weiß mit 12. g2–g3, Dd6–h6; 13. h2–h4 fortfahren. Er kann aber der Verlockung nicht widerstehen.

12. g2×Sf3?   Dd6–f4
13. Kh1–g2   .....

(siehe Diagramm)

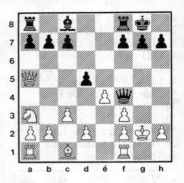

Deckt den Bauern f3, da nach 13. Da5×d5?, Df4×f3+; 14. Kh1–g1, Lc8–h3! (Mattdrohung) 15. Dd5–g5, Df3–é2!, und im folgenden Zuge käme Matt.

13. .....   Lc8–h3+!!

Ein geistreiches Hineinziehungsopfer.

14. Kg2×Lh3   Df4×f3+
15. Kh3–h4   g7–g5+!!

Auch den Bauern muß Weiß schlagen, da er keinen anderen Zug hat.

16. Kh4×g5   Kg8–h8!

Der König räumt das Feld g8 für den Turm.

17. Kg5–h4   Tf8–g8

Weiß gab auf, weil das Matt nicht zu decken ist:

18. h2–h3   Df3–f4+
19. Kh4–h5   Df4–g5#

4. Jänisch-Gambit: 3. f7–f5

120. Partie

Zoltán Balla — Richard Réti
Budapest 1918

1. é2–é4   é7–é5
2. Sg1–f3   Sb8–c6
3. Lf1–b5   f7–f5!?

Das Jänisch-Gambit ist ein riskantes, aber chancenreiches Bauernopfer. Weiß lehnt am besten das gefährliche Gambit ab. Die Annahme des Gambits ist für Weiß unvorteilhaft:

4. é4×f5?!, Sg8–f6. (Am kräftigsten ist hier 4. ..... é5–é4!,) Lb5×Sc6, d7×Lc6; 6. Sf3×é5, Lc8×f5; 7. 0–0, Lf8–d6!; 8. Tf1–é1, 0–0!; 9. c2–c3, Sf6–é4; 10. Dd1–b3+. (Der Angriff ist übereilt, weil Weiß nur

156

eine Figur im Spiel hat. Besser wäre 10. f2—f4!.) Kg8—h8; 11. Sé5—f7+, Tf8×Sf7!; 12. Db3×Tf7, Ld6×h2+!!.
a) 13. Kg1×Lh2, Dd8—h4+; 14. Kh2—g1, Dh4×f2+; 15. Kg1—h2, Df2—g3+; 16. Kh2—h1, Dg3×Té1+, und Schwarz gewinnt.
b) 13. Kg1—f1, Dd8—d3+; 14. Té1—é2, Lf5—g4; 15. f2—f3, Sé4—g3+; 16. Kf1—f2, Dd3×Té2#.

4. d2—d3 .....

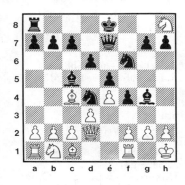

Besser als der Textzug ist 4. Sb1—c3!, f5×é4; 5. Sc3×é4, Sg8—f6; 6. Sé4×Sf6+, g7×f6; 7. d2—d4, é5—é4!; 8. Sf3—g5!! (Wegen der Drohung Dd1—h5+ darf der Springer nicht geschlagen werden.) 8. ..... Lf8—b4+; 9. c2—c3, f6×Sg5? (Zu versuchen wäre 9. ..... 0—0.) 10. Dd1—h5+, Ké8—f8; 11. Lc1×g5!, Sc6—é7; 12. Lb5—c4!, d7—d5; 13. Lc4×d5+!!, Dd8×Ld5; 14. Lg5—h6+, Kf8—g8; 15. Dh5—é8# (Alfred Brinckmann—Georg Kieninger, Ludwigshafen).

4. ..... **Sg8—f6**
5. 0—0 **Lf8—c5**

Gut ist auch 5. ..... f5×é4; 6. d3×é4, d7—d6!.

6. Lb5—c4 .....

verhindert die schwarze Rochade.

6. ..... **d7—d6**
7. Sf3—g5 **f5—f4!!**

Schwarz hat einen derart großen Entwicklungsvorsprung, daß er den Turm opfern kann. Der Textzug öffnet die Läuferschräge nach g4.

8. Sg5—f7 **Dd8—é7**
9. Sf7×Th8 **Lc8—g4**
10. Dd1—d2 **Sc6—d4**
11. Kg1—h1 .....

11. ..... **Sd4—f3!!**

Weiß darf den kecken Springer nicht schlagen: 12. g2×Sf3? Lg4×f3+; 13. Kh1—g1, Sf6×é4!! 14. d3×Sé4, Dé7—g5#.

12. Dd2—a5 **Sf6×é4!!**

Dieses zweite Springeropfer öffnet die Damenschräge nach h4. Es droht 13. ..... Dé7—h4; 14. h2—h3, Lg4×h3!! nebst baldigem Matt.

13. g2—g3! .....

um das tödliche Dé7—h4 zu verbieten.

13. ..... **Sé4×f2+!!**
14. Tf1×Sf2 **Lc5×Tf2**

Falls jetzt 15. Sb1—d2, so Sf3×Sd2; 16. Lc1×Sd2, Lg4—f3#.

15. Kh1—g2! **f4×g3**
16. h2×g3 **Lf2×g3!!**

Nun würde nach 17. Kg2×Lg3? Dé7—h4+; 18. Kg3—g2, Dh4—h2+; 19. Kg2—f1, Lg4—h3# folgen.

17. Da5—b5+ **c7—c6**
18. Db5—b4 **Dé7—h4!**
19. Lc4—f7+ **Ké8—é7**
20. Db4×b7+ **Ké7—f6!**

Weiß gab auf, weil 21. ..... Dh4—h3# undeckbar ist.

121. Partie

N. N.   Van Fliet

1. é2−é4   é7−é5
2. Sg1−f3   Sb8−c6
3. Lf1−b5   f7−f5!?
4. 0−0   .....

Zu zahm. Kräftiger ist 4. Sb1−c3!.

4. .....   f5×é4
5. Lb5×Sc6   d7×Lc6
6. Sf3×é5   Dd8−d4!
7. Sé5−g4   .....

Unkorrekt wäre das Opferspiel: 7. Dd1−h5+?, g7−g6; 8. Sé5×g6, Sg8−f6!.

7. .....   h7−h5
8. Sg4−é3   Sg8−f6
9. f2−f4?   .....

Weiß fesselt freiwillig den Sé3. Besser wäre die Weiterentwicklung: 9. Sb1−c3, 10. b2−b3 nebst Lc1−b2.

9. .....   Lc8−g4!
10. Dd1−é1   0−0−0
11. Kg1−h1   .....

entfesselt den Springer é3.

11. .....   Lf8−c5
12. c2−c3?   Dd4−d3!

Die Dame lähmt den ganzen weißen Damenflügel. Weiß ist in eine an Gegenchancen arme, hilflose Stellung geraten. Der Rest ist nur eine Frage der Technik.

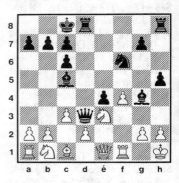

13. Sé3×Lg4?   .....

Weiß spielt auf Selbstmatt. Der unglückliche Textzug öffnet den h-Weg für den schwarzen Turm und auch die Rochade-Schräge c5−g1 für den Läufer c5.

13. .....   h5×Sg4
14. g2−g3   Th8×h2+!!

Ein selbstverständliches Turmopfer, weil auch der Damenturm einsatzbereit lauert.

15. Kh1×Th2   Td8−h8+
16. Kh2−g2   Dd3−f3+!!
17. Tf1×Df3   g4×Tf3+
18. Kg2−f1   Th8−h1#

5. Klassische Verteidigung: 3. Lf8−c5

122. Partie

Carl Mayet   Adolph Anderssen

Berlin 1851

1. é2−é4   é7−é5
2. Sg1−f3   Sb8−c6
3. Lf1−b5   Lf8−c5

Die Klassische Verteidigung wurde bereits in dem Göttinger Manuskript (1490) erwähnt. Sie wird auch Cordel-Verteidigung genannt.

4. c2−c3   .....

führt zu einem spannendem Spiel. Ruhiger ist die Rochade.

Nach 4. Lb5×Sc6 gewann G. C. Polerio (Italien um 1590) mit Schwarz wie folgt: 4. ..... d7×Lc6; 5. Sf3×é5?. Dieser unnütze Bauernraub bietet dem Nachziehenden eine willkommene Gelegenheit zu einer hübschen Kombination: 5. ..... Lc5×f2+!!; 6. Ké1×Lf2, Dd8−d4+; 7. Kf2−é1, Dd4× Sé5; 8. d2−d3, f7−f5!; 9. Sb1−c3? (Besser wäre 9. Dd1−é2!.) f5×é4; 10. d3×é4, Sg8−f6; 11. Dd1−é2, Lc8−g4!; 12. Dé2−c4, 0−0−0; 13. h2−h3? (Tempoverlust. Besser wäre 13. 0−0!.) Td8−d4; 14. Dc4−b3?, Dé5−g3+; 15. Ké1−f1, Sf6×é4!. Es droht Dg3−f2# und, falls 16. Sc3× Sé4, so Td4−d1#.

4. ..... Sg8−f6
Andere gute Verteidigungen sind f7−f5, Sg8−é7, Dd8−f6/ oder é7).

5. Lb5×Sc6? .....
Der Abtausch ist verfrüht. Bessere Aussichten böte 5. d2−d4!, é5×d4; 6. é4−é5, Sf6−é4!; 7. 0−0, d7−d5!; 8. é5×d6 e.p., Sé4×d6 usw.

5. ..... d7×Lc6
6. 0−0 Lc8−g4
7. h2−h3 .....
Sicherer ist 7. d2−d3 oder 7. Dd1−é2.

7. ..... h7−h5!?
Schwarz kann sich dieses Abenteuer nur deshalb erlauben, weil seiner Dame der d-Weg offensteht.

8. h3×Lg4 h5×g4
9. Sf3×é5 g4−g3!

10. d2−d4 Sf6×é4!!
Es droht sowohl Sé4×f2 als auch Dd8−h4.

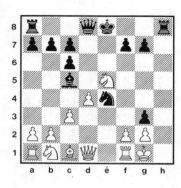

Falls nun 11. d4×Lc5?, dann g3×f2+; 12. Tf1×f2, Th8−h1+!; 13. Kh1×Th1, Dd8× Dd1+; 14. Kh1−h2, Sé4×Tf2, und Schwarz gewinnt.

11. Dd1−g4? .....
Weiß könnte hier mit 11. f2×g3!, Sé4×g3; 12. Tf1−é1 in Vorteil kommen.

11. ..... Lc5×d4?
Hier verpaßt Schwarz die Gelegenheit zum Gewinn: 11. ..... g3×f2+!; 12. Tf1×f2, Th8−h1+!!; 13. Kg1×Th1, Sé4× Tf2+, Familienschach. Weiß verliert die Dame.

12. Dg4×Sé4? .....
Besser wäre 12. c3×Ld4!, Dd8×d4; 13. Dg4−d7+! usw.

12. ..... Ld4×f2+!
Weiß gab auf wegen:
13. Tf1×Lf2 Dd8−d1+
14. Tf2−f1 Th8−h1+!!
15. Kg1×Th1 Dd1×Tf1#

6. Steinitz-Verteidigung: 3. d7–d6

123. Partie

Z. Weiss — Kupak
Zagreb 1928

1. é2–é4   é7–é5
2. Sg1–f3 Sb8–c6
3. Lf1–b5 d7–d6

Diese uralte Verteidigung hat schon Ruy López empfohlen (1561). Sie war eine Lieblingswaffe der späteren Weltmeister Steinitz, Lasker und Capablanca. Sie führt zu sicheren, aber an aktivem Gegenspiel armen Stellungen.

4. d2–d4!   .....

Das ist die energischeste Fortsetzung.

In der Partie N. N.–Dr. Breithaupt (Berlin 1942) spielte Weiß (statt d2–d4) 4. 0–0, Lc8–g4; 5. d2–d4, a7–a6; 6. Lb5–a4? (Besser wäre der Abtausch.) 6. ..... b7–b5; 7. La4–b3, Sc6×d4; 8. c2–c3, Sd4×Sf3; 9. g2×Sf3, Lg4–h3!. Der in die Rochadestellung »hineinsehende« Läufer ist meist ein Unterpfand baldigen Sieges (Kurt Richter). 10. Dd1–d5, Dd8–f6!!. Gestützt auf die Läuferstellung kann sich Schwarz das Opfer des Turmes erlauben. 11. Dd5×Ta8+, Ké8–é7!. Weiß gab auf. Gegen Df6–g6+ oder Df6×f3 gibt es keine Verteidigung.

4. .....   Lc8–d7
5. 0–0   .....

Gut ist auch 5. Sb1–c3, é5×d4.

5. .....   é5×d4
6. Sf3×d4 .....

Jetzt ist sowohl 6. ..... Sg8–f6 als auch 6. ..... g7–g6 nebst Flankenentwicklung gut.

6. .....   Sc6×Sd4
7. Lb5×Ld7+ Dd8×Ld7
8. Dd1×Sd4 Sg8–f6

Nach dem 8. Zug von Schwarz: Weiß hat mehr Raum, und seine Dame nimmt eine dominierende Stellung im Zentrum ein.

9. Tf1–é1   Lf8–é7
10. é4–é5   d6×é5
11. Dd4×é5 .....

Die ganze Spielweise von Weiß ist verfehlt. Er sollte vor allem seinen Damenflügel entwickeln. Weiß glaubt, aus dem Angriff gegen den schwarzen Läufer Kapital schlagen zu können. Er wird aber Opfer einer kleinen Kombination.

11. .....   0–0?!

Stärker wäre 11. 0–0–0!.

12. Dé5×Lé7 Ta8–é8!

und der Anziehende darf die Dame wegen Té8×Té1# nicht schlagen.

13. Dé7–b4! .....

Das Ei des Kolumbus.

13. .....   Sf6–g4!!
14. h2–h3? .....

Der entscheidende Fehler. Mit 14. g2–g3! hätte Weiß die Lage gemeistert.

(siehe Diagramm)

14. .....   Dd7–d6!!

Schwarz droht die weiße Dame zu schlagen. Falls 15. Db4–c3, dann Dd6–h2+; 16. Kg1–f1, Dh2–h1#. Und wenn 15. Db4×Dd6, dann Té8×Té1#.

15. Té1×Té8 Tf8×Té8

Schwarz hat drei Drohungen: Dd6–d1+, Dd6–h2+ und Dd6×Db4 (Jules du Mont).

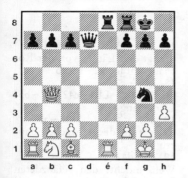

10. Sd4×Sc6   Ld7×Sc6
11. Lb5—d3   Dé8—d7
12. Lé3—d4   Tf8—é8
13. Kg1—h1?   .....

Der König begibt sich freiwillig in die Strahlung des Läufers c6.

13. .....   h7—h6
14. é4—é5?   .....

Besser wäre 14. Dd1—d2!, gefolgt von Ta1—é1.

124. Partie

E. Varain — J. Salminger
München 1896

1. é2—é4   é7—é5
2. Sg1—f3   Sb8—c6
3. Lf1—b5   d7—d6
4. 0—0   Sg8—f6
5. d2—d4!   é5×d4
6. Sf3×d4   Lc8—d7
7. Sb1—c3   Lf8—é7
8. f2—f4?   .....

Bessere Fortsetzungen wären 8. Lb5×Sc6 oder 8. Sc3—é2.

8. .....   0—0
9. Lc1—é3   Dd8—é8!

Die Dame überdeckt den Sc6.

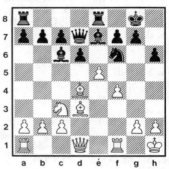

14. .....   Dd7—h3!

Der Bauer darf die Dame nicht schlagen, da er ja vom Läufer c6 gefesselt ist.

15. Sc3—é4   Sf6×Sé4!
16. g2×Dh3?? Sé4—f2++
17. Kh1—g1   Sf2×h3#

7. Berliner Verteidigung: 3. Sg8—f6

Nach 1. é2—é4, é7—é5; 2. Sg1—f3, Sb8—c6; 3. Lf1—b5, Sg8—f6! hat Weiß mehrere gute Fortsetzungen: Er verteidigt den angegriffenen Bauern mit:

a) 4. Dd1—é2
b) 4. Sb1—c3
c) d2—d3
d) unternimmt einen Gegenangriff mit 4. d2—d4
e) opfert den Bauern: 4. 0—0!
f) die Vorbereitung 4. c2—c3.

a) Die Variante 4. Dd1−é2

125. Partie
M. Tschigorin — D. Janowski
London 1899

1. é2−é4 é7−é5
2. Sg1−f3 Sb8−c6
3. Lf1−b5 Sg8−f6!
4. Dd1−é2 Lf8−é7

Weiß kann noch immer keinen Bauern gewinnen: 5. Lb4×Sc6, d7×Lc6; 6. Sf3×é5?, Dd8−d4!.

5. d2−d3 .....

Stärker ist die Rochade.

5. ..... d7−d6
6. Sb1−d2 .....

Der Springer strebt über f1 nach é3 (oder g3).

6. ..... 0−0

Die Rochade entfesselt den Springer c6.

7. Sd2−f1 Sc6−d4!
8. Sf3×Sd4 é5×Sd4
9. Sf1−g3? .....

Notwendig wäre 9. Lb5−a4!.

9. ..... c7−c6
10. Lb5−c4 d6−d5!
11. Lc4−b3 .....

Gefährlich wäre 11. é4×d5?! wegen Tf8−é8.

11. ..... a7−a5
12. c2−c3? .....

um für den Läufer ein Luftloch zu öffnen. Aber zu diesem Zweck wäre 12. a2−a3! besser.

12. ..... d5×é4!
13. Sg3×é4 Sf6×Sé4
14. Dé2×Sé4 d4×c3
15. b2×c3 Lé7−f6!

Es droht Tf8−é8 nebst Damenfang und auch Lf6×c3+. Der folgende Königszug ist also erzwungen:

16. Ké1−d2 Tf8−é8
17. Dé4−f3 a5−a4!

drängt den Läufer von der Rochadeschräge a2−g8 ab.

18. Lb3−c2 .....

Nicht 18. Lb3−c4? b7−b5! Läuferfang.

18. ..... Dd8−a5

Belagerung des schwachen Bauern c3.

19. d3−d4? .....

Weiß möchte den gefährdeten Bc3 mit der Dame decken und übersieht, daß der Bauer c3 von der schwarzen Dame gefesselt ist.

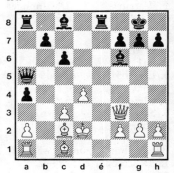

19. ..... Lf6×d4!
20. Ta1−b1 Ld4×c3+!!

Weiß darf den zudringlichen Läufer nicht schlagen, da er nach 21. Df3×Lc3??, Té8−é2+!!; 22. Kd2−d3, Lc8−f5+; 23. Kd3−c4, b7−b5+ Haus und Hof verlieren würde.

21. Kd2−d1 Lc8−g4!!
22. Df3×Lg4 Ta8−d8+
23. Lc1−d2 Da5−d5!

Es droht Dd5×Ld2# und, falls 24. Dg4−f4, dann Lc3×Ld2.

b) Die Variante 4. Sb1–c3

126. Partie

Dr. J. Zuckertort — A. Anderssen
Breslau 1856

1. é2–é4   é7–é5
2. Sg1–f3   Sb8–c6
3. Lf1–b5   Sg8–f6!
4. Sb1–c3   .....

In einer Partie Dr. A. Aljechin–Dr. Forester (Glasgow 1929) folgte: 4. ..... Lf8–c5; 5. Sf3×é5! (das bekannte Scheinopfer); 5. ..... Sc6×Sé5; 6. d2–d4, Lc5–b4? (Richtig ist Lc5–d6.) 7. d4×Sé5, Sf6×é4; 8. Dd1–d4!, Sé4×Sc3; 9. b2×Sc3, Lb4–a5? (Besser wäre Lb4–é7.) 10. Lc1–a3!. Verzögert die gegnerische Rochade. 10. ..... b7–b6; 11. é5–é6!. Weiß will den Bauern loswerden, weil dadurch sein Spiel an Beweglichkeit gewinnt. 11. ..... Dd8–f6; 12. Lb5×d7+!, Ké8–d8. (Oder 12. ..... Lc8×Ld7; 13. Dd5×Ld7#.) 13. Ld7–c6(+), Df6×Dd4; 14. é6–é7#.

4. .....   Sc6–d4
5. Sf3×é5   Dd8–é7
6. Sé5–f3   Sf6×é4
7. 0–0   Sé4×Sc3
8. d2×Sc3   Sd4×Sf3+
9. Dd1×Sf3   .....

Weiß hat einen spürbaren Entwicklungsvorsprung.

9. .....   Dé7–c5
10. Tf1–é1+   Lf8–é7
11. Lb5–d3?   .....

Stärker wäre 11. Df3–é2 (oder é4)!

11. .....   d7–d5!
12. Lc1–é3   Dc5–d6
13. Lé3–f4   Dd6–f6

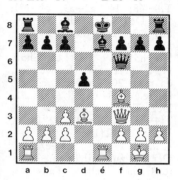

14. Df3×d5!! Df6×Lf4?

Besser wäre 14. ..... Lc8–é6!.

15. Ld3–b5+   .....

Verboten ist nun 15. ..... c7–c6?; 16. Lb5×c6+, b7×Lc6; 17. Dd5×c6+, Ké8–f8; 18. Dc6×Ta8, und Weiß gewinnt.

15. .....   Ké8–f8
16. Dd5–d8+!! Lé7×Dd8
17. Té1–é8#

c) Die Variante 4. d2–d3

127. Partie

Isidor Gunsberg — Emil Schallopp
London 1886

1. é2–é4   é7–é5
2. Sg1–f3   Sb8–c6
3. Lf1–b5   Sg8–f6!
4. d2–d3   .....

Das ist wohl die stärkste Fortsetzung. Weiß droht mit 5. Lb5×Sc6 nebst 6. Sf3×é5! den Bauern é5 zu erbeuten, da der weiße Bauer é4 gedeckt ist und Dd8–d4 unwirksam bleibt.

In einer Partie Carl Mayet–Adolph Anderssen (Berlin 1862) geschah 4. ..... Lf8–c5!; 5. c2–c3, 0–0; 6. 0–0, d7–d5!; 7. Lb5×Sc6, b7×Lc6; 8. Sf3×é5, d5×é4; 9. d3–d4, Lc5–b6; 10. f2–f4? (Notwendig wäre 10. Lc1–é3!.) c6–c5!; 11. d4×c5 (erzwungen), Lb6×c5+; 12. Kg1–h1, Lc8–b7; 13. c3–c4, Tf8–é8; 14. a2–a3, é4–é3!; 15. Dd1–é2, Dd8–d4; 16. Sb1–c3, Ta8–d8; 17. Sc3–b5?, Dd4–é4; 18. b2–b4, Sf6–h5!!; 19. b4×Lc5, Sh5×f4; 20. Tf1×Sf4. (Erzwungen, da nach 20. Dé2–b2, é3–é2! folgte.) Td8–d1+!! (Falls 21. Dé2×Td1, so Dé4×g2#.) 21. Tf4–f1, Dé4×g2+!; 22. Dé2×Dg2, Td1×Tf1#.

4. .....   Sc6–é7!?

Der Textzug enthält eine heimtückische Falle. Falls 5. Sf3×é5??, dann c7–c6!, 6. Lb5–c4, Dd8–a5+, und der gefräßige Springer ist dahin.

Am besten und einfachsten spielt hier Schwarz 4. ..... d7–d6!.

5. c2–c3   .....

verhindert die obige kleine Kombination; es droht nun tatsächlich Bauerngewinn durch 6. Sf3×é5.

5. .....   c7–c6

Besser ist 5. ..... g7–g6 nebst Lf8–g7.

6. Lb5–a4   Sé7–g6

Der Bauer ist gedeckt, aber der Springer steht auf g6 nicht besonders gut.

7. h2–h4!   h7–h5

Erzwungen, da sonst h4–h5, und der Springer muß den Bauern é5 im Stich lassen.

8. Lc1–g5   Dd8–b6
9. Dd1–é2   .....

deckt den gefährdeten Bauern b2.

9. .....   d7–d5!?
10. é4×d5   Lc8–g4
11. d5×c6   0–0–0
12. c6×b7+   Kc8–b8

Schwarz hat den Bauern geopfert, um drei Entwicklungstempi zu gewinnen. Der König steht verhältnismäßig sicher hinter dem feindlichen Bauern.

13. 0–0?   .....

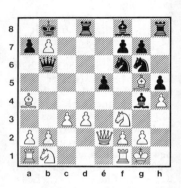

Der König ist eine starke Figur. Nun läßt er seine Königin ohne Schutz. Besser wäre 13. La4–b3, Db6–a6; 14. Lb3–c4!.

13. .....   Db6–a6!
14. La4–c2   é5–é4!!

Jetzt geht d3×é4 nicht, weil die weiße Dame ohne Schutz bleibt. Weiß muß nun seine guten Läufer abtauschen, um Figurenverlust zu vermeiden.

15. Lg5×Sf6   é4×Sf3
16. Lf6–é5+   Sg6×Lé5
17. Dé2×Sé5+   Lf8–d6!
18. Dé5–é4   Th8–é8!

Das schwarze Turmpaar beherrscht das Zentrum.

19. Dé4–a4   f3×g2!!

Elegant und stark gespielt. Weiß darf das Damenopfer nicht annehmen. Falls 20. Da4 ×Da6??, dann g2×Tf1(D)+; 21. Kgl×Df1, Lg4−h3+; 22. Kf1−g1, Té8−é1#.
20. Tf1−c1   Da6−b6
21. d3−d4   Ld6−f4
Turmfang mit dem Läuferpaar. Weiß muß die Qualität hergeben.

22. Sb1−a3   Lg4−f3!
23. Tc1−é1   Db6−f6!
24. Té1×Té8   .....
Weiß glaubt das Schlimmste überstanden zu haben, aber es folgt die kalte Dusche: Schwarz kündigt Matt in drei Zügen an:
24. .....   Lf4−h2+!!
25. Kg1×Lh2   Df6×h4+
26. Kh2−g1   Dh4−h1#

d) Die Variante 4. d2−d4

128. Partie

H. E. Bird   Wilhelm Steinitz

London 1868

1. é2−é4   é7−é5
2. Sg1−f3   Sb8−c6
3. Lf1−b5   Sg8−f6!
4. d2−d4   .....
Die stärkste Fortsetzung ist hier das Bauernopfer 4. 0−0!. (Siehe die folgende Partie.)
4. .....   é5×d4
5. é4−é5   .....
Hier wäre immer noch 5. 0−0! oder auch 5. Dd1−é2 stärker.
5. .....   Sf6−é4
In einer Partie Vladimir Vuković−L. Deutsch (Zagreb 1920) folgte: 6. Lc1−f4!?, f7−f5; 7. Lb5×Sc6, d7×Lc6; 8. Dd1× d4, Dd8−d5!; 9. Sb1−c3, Dd5−a5; 10. Ta1−d1!, Lf8− é7; 11. Lf4−d2, Da5−b6; 12. Sc3−é2! (Eine heimtückische Falle.) Lé7−c5?. Weiß kündigt Matt in sechs Zügen an: 13. Dd4−d8+!!, um den schwarzen König in ein Doppelschach zu lenken. Ké8×Dd8; 14. Ld2−g5++, Kd8−é8; 15. Td1−d8+,Ké8−f7; 16. é5− é6+!!, Kf7×é6; 17. Sé2−f4+, Ké6−f7; 18. Sf3−é5#.
6. Sf3×d4   Lf8−é7
Besser ist Sé4−c5.
7. 0−0   Sc6×Sd4
8. Dd1×Sd4   Sé4−c5
9. f2−f4!   .....
Weiß hat ein starkes Bauernzentrum aufgebaut.
9. .....   b7−b6?
Der Beginn einer fehlerhaften Kombination. Notwendig wäre Sc5−é6! nebst 0−0 und d7−d6. Jetzt setzt sich die weiße Bauernwalze in Bewegung.
10. f4−f5!   Sc5−b3?!
Weiß darf den Springer nicht schlagen, da Lé7−c5 die Dame kosten würde.

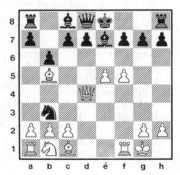

11. Dd4—é4!	Sb3×Ta1
12. f5—f6!	Lé7—c5+
13. Kg1—h1	Th8—g8

Schwarz hat einen Turm gewonnen, aber die bewegliche weiße Bauernmitte erdrückt sein Spiel.

14. é5—é6!	f7×é6
15. Dé4×é6+!!	Ké8—f8
16. f6×g7++	Kf8×g7
17. Tf1—f7+	Kg7—h8
18. Tf7×h7+!!	Kh8×Th7
19. Dé6—h6#	

Ein Schulbeispiel für die Kraft des beweglichen Bauernzentrums.

e) Die Variante 4. 0—0

129. Partie

Ludwig Bachmann — Max Fiechtl
Regensburg 1887

1. é2—é4	é7—é5
2. Sg1—f3	Sb8—c6
3. Lf1—b5	Sg8—f6!
4. 0—0!	.....

Weiß opfert den Königsbauern, um den é-Weg für seinen Turm zu öffnen. Schwarz kann das Gambit mit 4. ..... Lf8—c5 ablehnen:

a) In einer Partie Clemenz—Amelung (Dorpat 1862) folgte: 5. Lb5×Sc6, d7×Lc6; 6. Sf3×é5, 0—0; 7. d2—d3, Tf8—é8; 8. Sé5—f3, Lc8—g4; 9. Lc1—é3, Lc5—d6!; 10. h2—h3, Lg4—h5; 11. Sb1—d2, Dd8—d7; 12. Lé3—d4, Ld6—f4; 13. Ld4×Sf6? (Öffnet den g-Weg für den schwarzen Turm.) g7×Lf6; 14. Dd1—é1!, Kg8—h8!; 15. Sf3—h4? (Unvermeidlich wäre 15. Kg1—h1.) 15. ..... Té8—g8; 16. Kg1—h1, Tg8×g2!!; 17. Sh4—f5, Tg2—h2+; 18. Kh1—g1, Ta8—g8+; 19. Sf5—g3, Dd7×h3; 20. ~, Dh3—g2#.

b) Gut ist auch das Scheinopfer 5. Sf3×é5?, Sc6×Sé5; 6. d2—d4, Lc5—é7; 7. d4×Sé5, Sf6×é4; 8. Dd1—g4, Sé4—g5; 9. f2—f4, h7—h5; 10. Dg4—g3? (Notwendig wäre 10. Dg4—d1!) h5—h4; 11. Dg3—g4, Lé7—c5+; 12. Kg1—h1, Sg5—é4; 13. Dg4×g7, Th8—h5!; 14. Lb5—é2?, Sé4—g3+!!; 15. h2×Sg3, h4×g3(+)!!; 16. Lé2×Th5, Dd8—h4# (Blindpartie Bardeleben—Lebediew, St. Petersburg 1902).

4.	Sf6×é4
5. Tf1—é1	.....

Besser ist 5. d2—d4!. Siehe die folgende Partie.

5.	Sé4—d6!
6. Sf3×é5	Sc6×Sé5?

Genauer ist 6. ..... Lf8—é7!; 7. Lb5—d3? (Stärker wäre 7. Sb1—c3 nebst d2—d4.) 7. ..... Sc6×Sé5; 8. Té1×Sé5, 0—0; 9. Sb1—c3, c7—c6; 10. b2—b3, Sd6—é8; 11. Lc1—b2, d7—d5!; 12. Dd1—h5, Sé8—f6; 13. Dh5—h4, Lc8—é6; 14. Té5—g5!, g7—g6!; 15. Dh4—h6, d5—d4!; 16. Sc3—é2, Sf6—g4; 17. Tg5×Sg4!!, Lé6×Tg4; 18. Sé2×d4, Lé7—g5!; 19. Sé4—f5!!, Lg5—f6; 20. Dh6—h4!!

(Wenn Lf6×Dh4??, dann 21. Sf5–h6#.) Lf6×Lb2!!; 21. Sf5–é7+, Kg8–g7. Weiß gab auf. Meisterhafte Verteidigung gegen wiederholte Drohungen (David Janowski–Amos Burn, Köln 1898).

| 7. Té1×Sé5+ | Lf8–é7 |
| 8. Sb1–c3 | Sd6×Lb5? |

Hier sollte schwarz rochieren.

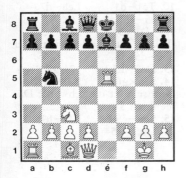

9. Sc3–d5!!	d7–d6
10. Té5×Lé7+	Ké8–f8
11. Dd1–f3!	.....

Es droht 12. Df3×f7#.

| 11. ..... | f7–f6 |
| 12. d2–d3 | c7–c6 |

Nach 12. ..... f6–f5? würde 13. Df3–h5 schnell gewinnen.

13. Df3×f6+!!	g7×Df6
14. Lc1–h6+	Kf8–g8
15. Sd5×f6#	

130. Partie

Victor Wahltuch — R. E. Palmer

Manchester 1912

1. é2–é4	é7–é5
2. Sg1–f3	Sb8–c6
3. Lf1–b5	Sg8–f6!
4. 0–0!	Sf6×é4
5. d2–d4!	Sé4–d6

In der Partie T. H. Billington–R. L. Spears (Birmingham 1906) geschah: 6. Lb5×Sc6!, b7×Lc6; 7. d4×é5, Sd6–b7; 8. Sf3–d4, Lf8–é7? (Besser wäre Sb7–c5 nebst d7–d5!) 9. Sd4–f5, Lé7–f8? (Gegeben wäre Lé7–c5!.) 10. Tf1–é1, g7–g6; 11. Sf5–d6+!!, Lf8×Sd6; 12. é5×Ld6(+), Ké8–f8; 13. Lc1–h6+, Kf8–g8; 14. Dd1–d4! (Es droht Matt auf g7.) f7–f6; 15. Dd4–c4#.

| 6. d4×é5 | Sd6×Lb5 |
| 7. a2–a4! | ..... |

Ein hübscher Springerfang.

| 7. ..... | Sb5–d6? |

Richtig ist 7. ..... d7–d6!.

8. Lc1–g5!	f7–f6
9. Tf1–é1!!	f6×Lg5
10. é5×Sd6(+)	Sc6–é7
11. Sf3–é5!!	.....

Öffnet die Damenschräge nach h5.

11.	c7×d6
12. Dd1–h5+	g7–g6
13. Sé5×g6!	Dd8–a5
14. Sg6×Th8(+)	Ké8–d8

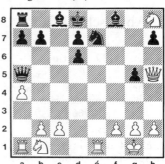

| 15. Sb1–c3! | ..... |

»Ein stiller Zug inmitten des Angriffs kennzeichnet den Meister« (Jules du Mont).

| 15. ..... | Da5–f5 |

verhindert Dh5–f7, das den Läufer erbeuten würde.

16. Sc3−b5!! .....
versperrt das Luftloch c7.
16. ..... **Sé7−g6**
17. Dh5−g5+!! Df5×Dg5
18. Sh8−f7#

131. Partie

Narraway   Goldstein
Canada 1898

1. é2−é4   é7−é5
2. Sg1−f3   Sb8−c6
3. Lf1−b5   Sg8−f6!
4. 0−0!   Sf6×é4
5. d2−d4!   Lf8−é7
6. Tf1−é1   .....

Die beste Fortsetzung ist 6. Dd1−é2!, d7−d5!; 7. Sf3×é5, Lc8−d7!; 8. Sé5×Ld7, Sc6×d4!, und Schwarz steht gut.

6. ..... **Sé4−d6**
7. Lb5×Sc6 d7×Lc6
8. d4×é5 Sd6−c4?

Besser ist 8. ..... Sd6−f5!; 9. Dd1×Dd8+, Lé7×Dd8. Nach b2−b3 flankenentwickelt Weiß dann seinen Läufer, Schwarz blockiert mit Lc8−é6 den gefährlichen Bauern é5.

9. Dd1−é2 Sc4−b6
10. Té1−d1 Lc8−d7
11. é5−é6! f7×é6
12. Sf3−é5 Dd8−c8

(Besser wäre das Manöver Sb6−d5−f6.)

13. Dé2−h5+ g7−g6
14. Sé5×g6!! Ké8−f7

Nun schützt die schwarze Dame ihren Turm.

15. Sg6−é5++ Kf7−f6
16. Dh5−g5#

B) Verteidigungen mit 3. a7−a6

8. Abtausch-Variante 4. Lb5×Sc6

132. Partie

Bobby Fischer   Svetozar Gligorić
Schacholympiade Havanna 1966

1. é2−é4   é7−é5
2. Sg1−f3   Sb8−c6
3. Lf1−b5   a7−a6
4. Lb5×Sc6   .....

Die Abtausch-Variante stempelt den Zug a7−a6 zu einem Tempoverlust.
Statt des Abtausches ist der Rückzug 4. Lb5−a4 auch gut.

4. ..... **d7×Lc6**

Das ist besser als 4. ..... b7×Lc6, das jedoch auch spielbar ist. Nach etwa 5. Sf3×é5, Dd8−g5! gewinnt Schwarz den verlorenen Bauern mit Dg5×g2 zurück.

5. 0−0!? .....

Gut sind auch 5. Sb1−c3, 5. d2−d3 und 5. d2−d4.
In der Fernpartie Colditz-–Dueball (1966) folgte: Lc8−g4; 6. h2−h3, h7−h5!; 7. d2−d3, Dd8−f6!; 8. Sb1−d2, Sg8−é7. (Energischer ist g7−g5!.) 9. b2−b4?!, Sé7−g6; 10. h3×Lg4!, h5×g4; 11. g2−g3! (Nicht 11. Sf3−h2, Th8×Sh2!!.) 11. .....

Sg6–f4!! (Nach 12. g3×Sf4?, Df6–h6! setzt Schwarz im folgenden Zug matt.) 12. Sf3–h4, Th8×Sh4!!; 13. g3×Th4, Df6×h4; 14. Sd2–f3!, Dh4–h3! (Mattdrohung auf g2.) 15. Sf3–é1, Lf8×b4; 16. Lc1×Sf4, é5×Lf4; 17. Dd1–c1, 0–0–0!; 18. Dc1×f4, Td8–h8; 19. Df4–f5+, Kc8–b8 nebst Dh3–h1(h2)#.

5. ..... f7–f6!
6. d2–d4 Lc8–g4!
7. c2–c3 é5×d4

In Betracht kommt auch Lf8–d6.

8. c3×d4 Dd8–d7?

Besser wäre c6–c5! 9. d4–d5, Lf8–d6.

9. h2–h3! .....

um die unangenehme Fesselung abzuschütteln.

9. ..... Lg4–é6?

Stärker ist Lg4–h5!; 10. Sf3–é5!!.

10. Sb1–c3 0–0–0
11. Lc1–f4! .....

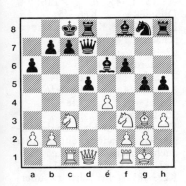

Der Beginn des Angriffs gegen die schwarze Rochadestellung.

11. ..... g7–g5?
12. Lf4–g3 h7–h5
13. d4–d5! c6×d5
14. Ta1–c1! .....

(siehe Diagramm)
Der Gewinnzug.

Erstes Spiel

14. ..... Lf8–d6
15. Sc3–a4! .....

Es droht 16. Sa4–b6+ Familienschach.

15. ..... Kc8–b8
16. Sa4–c5 Dd7–é7
17. Sc5×a6!! b7×Sa6
18. Sf3–d4! .....

Jetzt droht 19. Sd4–c6+ Familienschach.

18. ..... Lé6–d7
19. Dd1–b3+ Kb8–a7
20. Tc1×c7+!! Ld6×Tc7
21. Lg3×Lc7 .....

Nun droht: 22. Db3–b6+, Ka7–a8; 23. Db6×a6#.

21. ..... Ld7–b5

Nach 21. ..... Dé7–c5 würde 22. Db3–é3! folgen.

22. Sd4–c6+ .....

Matt oder Damengewinn.

Zweites Spiel

14. ..... d5×é4
15. Sc3–a4! Kc8–b8
16. Tc1×c7!! Dd7×Dd1
17. Tc7–c8++!!!.....

Falls nun 17. ..... Kb8×Tc8, dann 18. Sa4–b6#.

17. ..... Kb8–a7
18. Lg3–b8+! Ka7–a8
19. Sa4–b6#

9. Aufgeschobene Steinitz-Verteidigung: 4. Lb5−a4, d7−d6

a) Variante 5. c2−c3

133. Partie

Richard Réti — J. R. Capablanca
Berlin 1928

1. é2−é4	é7−é5
2. Sg1−f3	Sb8−c6
3. Lf1−b5	a7−a6
4. Lb5−a4	d7−d6

Schwarz befestigt den Bauern é5 und ist bestrebt, auf é5 einen starken Bauern zu behaupten.

5. c2−c3! .....

bereitet den Vorstoß d2−d4 vor und öffnet zugleich dem Läufer ein Fluchtfeld auf c2, um ihn nach b7−b5 und Sc6−a5 vor dem Abtausch zu bewahren.

Der sofortige Vorstoß d2−d4 ist mit einem Bauernopfer verbunden, das bei richtigem Gegenspiel kaum Aussichten auf Vorteil gibt (Paul Keres).

Die normale Entgegnung ist hier 5. ..... Lc8−d7. (Sie ist stärker als der verfrühte 5. ..... b7−b5; La4−c2!.) 6. 0−0, Sg8−é7. (Gut sind auch Sg8−f6 und g7−g6 nebst Fianchetto.) 7. Tf1−é1, Sé7−g6; 8. d2−d4, Lf8−é7; 9. Sb1−d2, 0−0; 10. La4−b3, Dd8−c8!; 11. d4−d5? (Versperrt die Schräge des Läufers b3.) Sc6−d8; 12. Sd2−f1, f7−f5!; 13. é4×f5, Ld7×f5; 14. Sf1−g3, Lf5−g4!; 15. Lb3−c2, Sg6−h4; 16. Lc2−é4, Lg4×Sf3; 17. Lé4×Lf3, Tf8×Lf3!!; 18. g2×Tf3, Dc8−h3! mit undeckbarem Dh3−g2# (A. Svenson−K. Berg, Stockholm 1966).

5. ..... **f7−f5!**

Dieser Vorstoß nutzt die Schattenseiten von 5. c2−c3 aus. Der scharfe Gegenstoß führt zu interessantem Spiel und halsbrecherischen Verwicklungen.

6. d2−d4 .....

Am besten geschieht hier 6. é4×f5!, Lc8×f5; 7. d2−d4, é5−é4!; 8. Sf3−g5, d6−d5; 9. f2−f3, é4−é3!.

6. ..... **f5×é4**

7. Sf3−g5 .....

Spielbar ist auch 7. Sf3×é5! d6×Sé5; 8. Dd1−h5+, Ké8−é7; 9. La4×Sc6, b7×Lc6; 10. Lc1−g5+, Sg8−f6; 11. d4×é5, Dd8−d5; 12. Lg5−h4? Ké7−é6; 13. Lh4×Sf6, g7×Lf6; 14. Dh5−é8+, Ké6−f5; 15. Dé8−h5+, Kf5−é6 Dauerschach. (Nicht Kf5−f4?? 16. g2−g3#). Foltys-Kottnauer, Amsterdam, 1950.

7.	é5×d4
8. Sg5×é4	Sg8−f6
9. Lc1−g5	Lf8−é7
10. Dd1×d4?	.....

Die eigentliche Ursache der folgenden Schwierigkeiten. Aber auch nach 10. Lg5×Sf6, Lé7×Lf6; 11. Dd1−h5+, Ké8−f8! steht Schwarz überlegen.

10.	b7−b5!
11. Sé4×Sf6+	g7×Sf6!

Es stehen drei weiße Figuren ein.

12. Dd4−d5 **b5×La4!!**

Nicht jedoch f6×Lg5?; 13. La4–d1!, Dd8–d7; 14. Ld1–g4!, und Weiß rettet den Tag.

13. Lg5–h6 Dd8–d7!

und nicht Lc8–d7??; 14. Dd5–h5#.

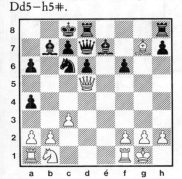

14. 0–0 Lc8–b7
15. Lh6–g7 0–0–0!!

Dieser meisterhafte Streich führt zu einem atemraubenden Schluß. Schwarz steht derart überlegen, daß er sich das Turmopfer erlauben kann.

(siehe Diagramm)

16. Lg7×Th8 Sc6–é5!
17. Dd5–d1 .....

Nach 17. Dd5–d4(d2) würde Sé5–f3+!!; 18. g2×Sf3, Td8–g8+ nebst Matt folgen.

17. ..... Lb7–f3!!
18. g3×Lf3 Dd7–h3!

Weiß gab auf. Gegen 19. ..... Td8–g8+ (oder Sé4×f3+) nebst darauffolgendem Matt gibt es keine Verteidigung mehr.

b) Variante 5. c2–c4

134. Partie

E. Böök E. Andersen
Warschau 1935

1. é2–é4 é7–é5
2. Sg1–f3 Sb8–c6
3. Lf1–b5 a7–a6
4. Lb5–a4 d7–d6
5. c2–c4 .....

»Mit diesem System will Weiß den Punkt d5 befestigen, gelegentliches b7–b5 verhindern und später durch d2–d4 das Übergewicht im Zentrum erlangen. Viel Erfolg verspricht dieses Verfahren nicht, denn durch 5. c2–c4 wird der Kampf um den Schlüsselpunkt é5 zeitweise aufgegeben, wodurch Schwarz seine Figuren ungehindert entwickeln kann. Auch ist die gewisse Schwächung von d4 nachteilig« (Paul Keres).

5. ..... f7–f5!?

Zu scharf. Ruhigere Fortsetzungen sind 5. ..... Lc8–d7(g4) und 5. ..... Sg8–f6.

6. d2–d4! .....

Auch nach dem einfachen 6. é4×f5, Lc8×f5; 7. d2–d4 hat Weiß bessere Aussichten.

6. ..... f5×é4?

Schwarz sollte Lc8–d7 nebst é5×d4 spielen.

7. Sf3×é5!! .....

Dieses Springeropfer öffnet der weißen Dame die Schräge nach h5.

7. ..... d6×Sé5!?

Zu riskant. Sicherer wäre Sg8–f6.

8. Dd1–h5+ Ké8–é7

Schwarz hat nichts Besseres. Nach g7–g6; 9. Dh5×é5+ kostet es den Turm h8 und Ké8–d7; 9. d4–d5! den Springer c6.

9. La4×Sc6 Dd8×d4

Ein verzweifelter Versuch. Denn 9. ..... b7×Lc6 hätte 10. Lc1−g5+!, Sg8−f6; 11. d4×e5 zur Folge.

10. Dh5−é8+! Ké7−d6
11. Lc1−é3   Dd4×c4
12. Sb1−c3!   .....
(siehe Diagramm)

Es droht 12. Ta1−d1+.

12. .....   Lc8−g4
13. Ta1−d1+!! Lg4×Td1
14. Dé8−d7#

Oder 13. ..... Dc4−d3; 14. Sc3×é4#.

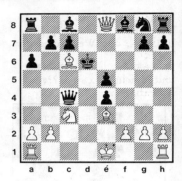

c) Variante 5. 0−0

135. Partie
Zuckierman — Hartoch
Beverwijk 1968

1. é2−é4   é7−é5
2. Sg1−f3   Sb8−c6
3. Lf1−b5   a7−a6
4. Lb5−a4   d7−d6
5. 0−0   .....

In der amerikanischen Fernpartie (1930) A. Linden—H. Behrmann zog Schwarz: 5. ..... f7−f5!?; 6. d2−d4!, f5×é4? (Schwarz schwebt schon in Schwierigkeiten. Doch wäre 6. ..... b7−b5, gefolgt von Sg8−f6, das kleinere Übel.) 7. Sf3−g5, é5×d4; 8. Dd1×d4, Sg8−f6; 9. Sg5×é4, Lc8−d7. (Entfesselt den Springer c6.) 10. Tf1−é1!! (Um nach Sc6× Dd4??; 11. Sé4×d6## zu antworten.) 10. ..... Ké8−f7; 11. La4−b3+, Kf7−g6; 12. Dd4−d3! (Es droht das tödliche 13. Sé4−g3(+)!.) 12. ..... Sc6−é5; 13. Sé4×d6(+)!!. Aufgegeben, weil nach 13. ..... Sé5×Dd3; 14. Lb3−f7# folgte (und falls 13. ..... Kg6−h5; 14. Té1×Sé5+, Kh5−g4(h4); 15. Dd3−g3#.

5. .....   Lc8−d7

Die wichtigste Erwiderung ist 5. ..... Lc8−g4; 6. h2−h3, h7−h5!? (oder Lg4−h5).

6. d2−d4!   .....
6. .....   Sg8−f6

Genauer wäre 6. ..... b7−b5; 7. La4−b3, Sc6×d4; 8. Sf3×Sd4, é5×Sd4; 9. c2−c3! d4−d3!.

7. c2−c3   Lf8−é7
8. Sb1−d2   0−0
9. Tf1−é1! .....

Falsch wäre 9. Dd1−é2?, Sc6×d4!!.

9. .....   b7−b5
10. La4−b3 é5×d4

Vorzuziehen wäre 10. ..... Ld7−g4.

11. c3×d4   Sc6−b4?

Nicht zu empfehlen.

12. é4−é5   Sf6−é8
13. Sd2−é4 d6×é5

14. Sf3×é5	Sé8—f6?
15. Sé4×Sf6+	g7×Sf6
16. Sé5×Ld7	Dd8×Sd7
17. Lc1—h6	Tf8—é8
18. Té1×Lé7!!	Té8×Té7
19. Dd1—f3!	

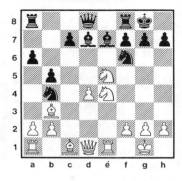

Schwarz gab auf, da es gegen die Doppeldrohung Df3—g3+ und Df3×Ta8+ keine Verteidigung gibt.

10. Verzögerte Berliner Verteidigung: 4. Lb5—a4, Sg8—f6

a) Der Angriff: 5. d2—d4

136. Partie
E. Konrad — E. Herrmann
Baden 1967

1. é2—é4	é7—é5
2. Sg1—f3	Sb8—c6
3. Lf1—b5	a7—a6
4. Lb5—a4	Sg8—f6
5. d2—d4	.....

»Dieser sofortige Vorstoß des Zentrumsbauern ist mit einem Bauernopfer verbunden, das bei richtigem Gegenspiel Weiß kaum Aussichten auf Vorteil gibt« (Paul Keres).

5.	Sf6×é4?!

Richtig wäre b7—b5 oder é5×d4.

6. Dd1—é2!	b7—b5?

Nun ist diese Fortsetzung falsch. Es wäre 6. ..... f7—f5! gegeben: 7. d4—d5, Sc6—b8; 8. Sf3×é5, Dd8—f6 usw.

7. d4—d5	b5×La4
8. Dé2×Sé4	Sc6—b8

Weiß steht überlegen, und die Drohungen der Zentraldame sind schwer zu parieren.

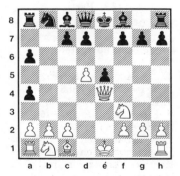

9. d5—d6!	Sb8—c6
10. Sf3×é5	f7—f5
11. Dé4—é2	Sc6—d4

Besser als 11. ..... Sc6×Sé5?; 12. Dé2×Sé5+, Ké8—f7; 13. Dé5—d5+ usw.

12. Dé2—h5+	g7—g6
13. Sé5×g6!	Ké8—f7
14. Sg6×Th8++	Kf7—g8

15. Lc1—g5! .....

Aufgegeben, weil nach 15. ..... Lf8—é7; 16. Dh5—f7+!!, Kg8×Sh8; 17. d6×Lé7, Dd8—g8; 18. Lg5—f6+, Dg8—g7; 12. Df7×Dg7# folgt.

b) Der Angriff 5. d2—d3

137. Partie

Busvino — Birnberg
London 1924

1. é2—é4	é7—é5
2. Sg1—f3	Sb8—c6
3. Lf1—b5	a7—a6
4. Lb5—a4	Sg8—f6
5. d2—d3	.....

Es droht Bauernraub mit 6. La4×Sc6, d7×Lc6; 7. Sf3×é5. Doch »sind mit dieser recht passiven Fortsetzung für Weiß keine Lorbeeren zu holen« (Paul Keres).

5. ..... d7—d6

Gut ist auch b7—b5 und g7—g6.

6. c2—c3	Lf8—é7
7. Sb1—d2	0—0
8. Sd2—f1	b7—b5
9. La4—c2	Sf6—h5!?
10. Sf3—é5?	Sc6×Sé5
11. Dd1×Sh5??	Lc8—g4!

Weiß gab auf, da seine Königin gefangen ist.

c) Der Angriff: 5. Sb1—c3

138. Partie

Max Weiß — Emil Schallopp
Nürnberg 1883

1. é2—é4	é7—é5
2. Sg1—f3	Sb8—c6
3. Lf1—b5	a7—a6
4. Lb5—a4	Sg8—f6
5. Sb1—c3	.....

Eine der ältesten Spielweisen. Doch braucht Schwarz bei umsichtiger Verteidigung nichts zu fürchten.

5. ..... Lf8—c5

In der Partie Dr. A. Aljechin—Dr. Forrester (Glasgow 1923) folgte: 6. Sf3×é5. (Das Scheinopfer ist hier wirkungslos. Besser wäre 6. d2—d3 und Lc1—é3.) 6. ..... Sc6×Sé5; 7. d2—d4, Lc5—b4? (Der richtige Zug wäre Lc5—d6!.) 8. d4×Sé5, Sf6×é4; 9. Dd1—d4!, Sé4×Sc3; 10. b2×Sc3, Lb4—a5? (Unvermeidlich wäre Lb4—é7!.) 11. Lc1—a3! (Hindert die schwarze Rochade.) 11. ..... b7—b6. (Um mit c7—c5 die Schräge des weißen Läufers zu sperren und die Rochade vorzubereiten. Es ist aber leider zu spät.) 12. é5—é6!!.

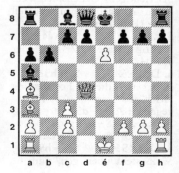

a) 12. ..... f7—f6; 13. é6×d7+, Lc8×d7; 14. Dd4—é4+, Ké8—f7; 15. La4—b3+, Ld7—é6; 16. Lb3×Lé6+, Kf7—é8; 17. Lé6—g8(+)!, Ké8—d7; 16. Dé4—é6#.
b) 12. ..... Dd8—f6. (Scheinbar stark, da die weiße Dame wegen des gefesselten Bauern c3 ungedeckt ist.) 13. La4×d7+, Ké8—d8. (Nicht Lc8×Ld7?; 14. Dd4×Ld7#.) 14. Ld7—c6(+)!!, Df6×Dd4; 15. é6—é7#. Ein richtiges Problemmatt.

Stärker als der Textzug wäre 5. ..... Lf8—é7!.

6. 0—0   **b7—b5**
7. La4—b3   **d7—d6**
8. d2—d3   **Lc8—g4**

Die Stellung des Nachziehenden ist völlig befriedigend.

9. Sc3—é2?   **.....**

Nach diesem gekünstelten Manöver erlangt Schwarz einen gefährlichen Angriff. Besser wäre 9. Lc1—é3!.

9. .....   **Dd8—d7**
10. Sé2—g3   **Sc6—d4**
11. c2—c3   **Lg4×Sf3**
12. g2×Lf3   **Sd4×Lb3**

Dem Nachziehenden ist es gelungen, den gefährlichen »spanischen Läufer« des Anziehenden zu beseitigen und seine Rochadestellung aufzureißen.

13. a2×Sb3   **h7—h5!**

Der Beginn eines heftigen Bajonettenangriffs.

14. Lc1—é3   **h5—h4**
15. Sg3—é2   **Dd7—h3**
16. Sé2—c1?   **.....**

Zeitverlust. Geboten wäre 16. d3—d4!.

16. .....   **g7—g5!**
17. Kg1—h1   **.....**

Der König räumt das Feld g1 für seinen Turm. Verderblich wäre statt des Textzuges 17. Lé3×g5? Th8—g8!.

17. .....   **g5—g4**
18. Tf1—g1   **Lc5×Lé3!**
19. f2×Lé3   **g4×f3!**

Der gute Rat ist schon teuer. Auf 20. Dd1—d2 gewinnt Sf6—g4 wegen der Drohung f3—f2.

20. Dd1—f1   **Sf6—g4!!**
21. Dd1×Dh3   **Sg4—f2#**

d) Der Angriff: 5. Dd1—é2

139. Partie

Aimé Gibaud   Philip Sergeant
Hastings 1919

1. é2—é4   **é7—é5**
2. Sg1—f3   **Sb8—c6**
3. Lf1—b5   **a7—a6**
4. Lb5—a4   **Sg8—f6**
5. Dd1—é2   **.....**

Das ist das sicherste Verfahren, um die Verwicklungen der offenen Verteidigung (5. 0—0, Sf6×é4) zu vermeiden. Der Damenzug ist zwar etwas aktiver als 5. d2—d3 oder 5. Sb1—c3, bereitet dem Nachziehenden aber ebenfalls keine großen Probleme (Paul Keres).

5. .....   **b7—b5**

Gut sind auch die Fortsetzungen 5. ..... d7—d6 und 5. ..... Lf8—é7. Dagegen würde aber 5. ..... Lf8—c5? einen Bauern kosten. 6. La4×Sc6!, d7×Lc6; 7. Sf3×é5, Dd8—d4; 8. Sé5—d3!, Lc5—é7; 9. Sb1—c3. (Nicht 8. ..... Sf6×é4? 9.

f2−f3, und Schwarz verliert den Springer.)

6. La4−b3   Lf8−c5

Jetzt ist der Läuferzug tadellos. Aber auch 6. ..... Lf8−é7 ist brauchbar. In einer Partie M. Rösch−Willi Schlage (Hamburg 1913) folgte 7. c2−c3? (Nach vorhergehendem Lf8−c5 wäre dieser Zug gut, aber mit Läufer auf é7 ist er zu langsam. Es sollte sofort 7. d2−d4 geschehen.) 7. ..... 0−0, 8. 0−0. Schwarz kann nun einen heftigen Gegenangriff einleiten: 8. ..... d7−d5!; 9. é4×d5, Sf6×d5; 10. Sf3×é5, Sd5−f4; 11. Dé2−é4, Sc6×Sé5!!; 12. Dé4×Ta8. (Hätte die Dame einen Springer geschlagen, so würde der andere Springer auf d3 ziehen und die weiße Stellung lahmlegen. Nun aber ist die Dame außer Spiel geraten, und Weiß hat keine Aussichten, die Partie zu retten.) 12. ..... Dd8−d3!; 13. Lb3−d1, Lc8−h3!; 14. Da8×a6, Lh3×g2. (Es droht Dd3×f1#.) 15. Tf1−é1, Dd3−f3!!. Weiß gab auf. Falls 16. Ld1×Df3, so Sé5×Lf3#, und wenn 16. h2−h3, dann Sf4×h3+; 17. Kg1−h2, Sé5−g4#. (Anmerkungen nach Jules du Mont.)

7. Sb1−c3?   .....

Es besteht kein Zweifel, daß gegen den Läufer auf c5 7. c2−c3! nebst d2−d4 eher dem Geist der Eröffnung entspricht.

7. .....   d7−d6

8. a2−a4?   .....

Das wäre im vorherigen Zug gut gewesen. Nun kommt der Bauer zu spät. Besser wäre 8. d2−d3.

8. .....   Lc8−g4!

Eine heimtückische Falle. Schwarz opfert einen Bauern.

9. a4×b5   Sc6−d4

Weiß zappelt bereits in Schwierigkeiten, wegen zwei zwar plausiblen, dennoch unüberlegten Zügen.

10. Dé2−d3   .....

Es gibt nichts Besseres, aber die weiße Stellung ist hoffnungslos verbaut.

10. .....   Lg4×Sf3

11. g2×Lf3   Sf6−h5!

Der Springer besetzt das Feld f4 und blockiert damit völlig die weiße Stellung. Der Anziehende ist hilflos.

12. Sc3−d5   0−0

13. Lb3−c4   a6×b5!

14. Ta1×Ta8   Dd8×Ta8

15. Lc4×b5   .....

Gegen das genaue und einfallsreiche Spiel des Nachziehenden gibt es keine Verteidigung.

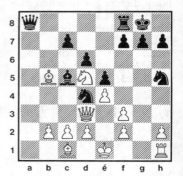

15. .....   c7−c6!

16. b2−b4   c6×Sd5

17. b4×Lc5   Sh5−f4!

Es ist endlich soweit.

18. Dd3−f1   Tf8−b8

19. Lb5−d3   Tb8−b1

Eine geistreiche Schlußstellung. Weiß gab auf.

20. Ké1−d1   Tb1×Lc1+!!

21. Kd1×Tc1   Da8−a1#

11. Das Hauptspiel 5. 0–0

a) Die Verteidigung 5. Lf8–c5

140. Partie

N. N. — Dr. Siegbert Tarrasch
München 1932

1. é2–é4   é7–é5
2. Sg1–f3   Sb8–c6
3. Lf1–b5   a7–a6
4. Lb5–a4   Sg8–f6
5. 0–0   .....
5. .....   Lf8–c5

Eine gute, aber für Schwarz zu schwierige Variante. Andere Möglichkeiten sind: 5. ..... d7–d6; 5. ..... b7–b5, 5. ..... Sf6×é4 (Offene Verteidigung) und 5. ..... Lf8–é7! (Geschlossene Verteidigung).

6. Sf3×é5   .....

Das bekannte Scheinopfer. Steht aber der schwarze Läufer auf c5, dann ist fast immer 6. c2–c3! nebst d2–d4 nachhaltiger.

6. .....   Sf6×é4?

Ein Experiment. Richtig ist 6. ..... Sc6×Sé5!; 7. d2–d4 und erst jetzt 7. ..... Sf6×é4! (Nicht jedoch 7. ..... Lc5–é7? 8. d4×Sé5, Sf6×é4; 9. Dd1–g4!.)

7. Sé5×Sc6! d7×Sc6
8. Dd1–f3! Dd8–h4!

Der Textzug ist eine geistreiche Parade. Es droht Sé4×f2 nebst Dh4×La4.

9. Sb1–c3? .....

Der beste Zug von Weiß ist 9. La4–b3!

9. .....   Sé4×Sc3!
10. La4×c6+! b7×Lc6
11. Df3×c6+ Lc8–d7!!

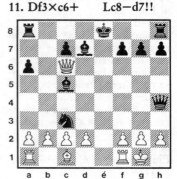

Eine geistreiche Falle. Schwarz opfert beide Türme. Weiß sollte das Opfer ablehnen.

12. Dc6×Ta8+ Ké8–é7
13. Da8×Th8? .....

Verhältnismäßig besser wäre 13. Da8–f3!, Sc3–b5; 14. c2–c3! nebst d2–d4, und Weiß kann noch kämpfen.

13. .....   Sc3–é2+
14. Kg1–h1 Lc5×f2!

Es droht Sé2–g3#.

15. h2–h3   Dh4×h3+!!
16. g2×Dh3 Ld7–c6+
17. Kh1–h2 Lf2–g3#

b) Die Verteidigung 5. d7–d6

141. Partie
L. Carranza — Dr. A. Aljechin

Buenos Aires 1926

1. é2–é4 é7–é5
2. Sg1–f3 Sb8–c6
3. Lf1–b5 a7–a6
4. Lb5–a4 Sg8–f6
5. 0–0 d7–d6

Neben 5. ..... Lf8–é7! bildet dieses System eine der besten und sichersten Arten, die Verteidigung auf geschlossene Weise zu führen (Paul Keres).

6. d2–d4 .....

Weiß hat zwei bessere Fortsetzungen: 6. La4×Sc6+ und 6. Tf1–é1.

6. ..... Lc8–d7

Einfacher wäre 6. ..... b7–b5.

7. Tf1–é1 .....

Sobald Weiß in der Spanischen Eröffnung seinen Königsbauern gedeckt hat, muß Schwarz sofort für die Sicherheit des Bauern é5 sorgen.

7. ..... b7–b5
8. La4–b3 Sc6×d4
9. Sf3×Sd4 é5×Sd4

Nun darf Weiß nicht 10. Dd1×d4? spielen, da er nach c7–c5! den Läufer verliert (Arche-Noah-Falle).

10. é4–é5 .....

Der Textzug öffnet den schwarzen Läufern zuviel Raum und vernachlässigt die Entwicklung des Damenflügels. Besser wäre das Gambit 10. c2–c3!.

10. ..... d6×é5
11. Té1×é5+ Lf8–é7

In Betracht käme auch 11. ..... Ld7–é6 mit Zurückgabe des Mehrbauern.

12. Dd1–é1 c7–c5

Es wäre vielleicht besser, mit 12. ..... Ké8–f8 den König aus dem kritischen é-Weg wegzuziehen.

13. Lc1–d2! .....

Um c5–c4 mit 14. Ld2–a5 zu beantworten.

13. ..... a6–a5

Vereitelt Ld2–a5.

14. a2–a4 c5–c4
15. a4×b5? .....

Der Beginn einer Fehlkombination. Notwendig wäre 15. Lb3–a2!.

15. ..... c4×Lb3
16. Ld2×a5 .....

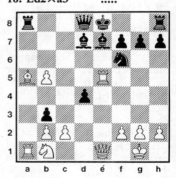

Weiß hofft, mindestens die Qualität zu erbeuten. Es folgt aber die kalte Dusche:

16. ..... b3×c2!!
17. La5×Dd8 .....

Weiß hat keine andere Wahl, da nach einem Springerzug der zweite Läufer verlorenginge.

17. ..... Ta8×Ta1
18. Té5×Lé7+ Ké8–f8!

Weiß gab auf, weil er gegen die Umwandlung des Bauern c2 nichts erfinden kann.

c) Die Verteidigung 5. b7–b5

142. Partie
Bontsch-Osmolowski — Dzagurow
Moskau 1939

1. é2–é4	é7–é5
2. Sg1–f3	Sb8–c6
3. Lf1–b5	a7–a6
4. Lb5–a4	Sg8–f6
5. 0–0	b7–b5
6. La4–b3	d7–d6!?

»Sieht wie ein Fehler aus, denn nach 7. Sf3–g5 muß der d-Bauer noch einmal ziehen. Aber der Springer steht auf g5 gefährdet« (Kurt Richter).
Eine sichere Fortsetzung ist 6. ..... Lc8–b7.

7. Sf3–g5!? .....

»Verlockend, aber zweischneidig. Schwarz kommt jetzt zu starkem Gegenspiel« (Paul Keres).

7. ..... **d6–d5!**

Schwarz muß den Bauern opfern, aber er gewinnt Zeit.

8. é4×d5 **Sc6–d4!**

Auf 8. ..... Sf6×d5 könnte 9. Sg5×f7!!, Ké8×Sf7; 10. Dd1–f3+ geschehen.

9. Tf1–é1? .....

Mehr Erfolg verspräche 9. c2–c3.

9. ..... **Lf8–c5**

Zu passiv wäre 9. ..... Lf8–d6; 10. Sb1–c3, 0–0; 11. d2–d3!.

10. Té1×é5+? .....

Wieder ein zeitverlierender Bauernraub. Am besten wäre noch die ruhige Weiterentwicklung 10. d2–d3!.

10. ..... **Ké8–f8**
11. h2–h3? **Sf6–d7!**
12. Sg5×f7!? .....

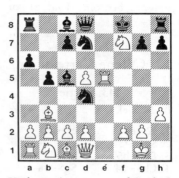

Verboten ist 12. ..... Kf8×Sf7?; 13. d5–d6(+), Sd4×Lb3; 14. Dd1–f3+, Kf7–g6?; 15. Df3–f5+, Kg6–h6; 16. Df5–h5# (oder 14. ..... Kf8–g8; 15. Df3–d5+!, Kg8–f8; 16. Té5–é7, und Weiß gewinnt.)

12. ..... **Dd8–f6!!**
13. Sf7×Th8 .....

Weiß ist unrettbar verloren.

13. ..... **Sd7×Té5**

Unter Führung der Dame stürmen sämtliche Leichtfiguren die weiße Festung.

14. d2–d3 .....

14. Dd1–f1 scheitert am Sd4–f3+!!; 15. g2×Sf3, Sé5×f3+; 16. Kg1–h1, Df6–é5! (16. Kg1–g2, Df6–f5!).

14. ..... **Sd4×Lb3!**
15. a2×Sb3 **Df6×f2+**
16. Kg1–h2 .....

Oder 16. Kg1–h1, Lc8×h3!!; 17. g2×Lh3, Sé5–f3! (Es droht Df2–h2#.) 18. Dd1×Sf3, Df2×Df3+; 19. Kh1–h2, Df3–f2+; 20. Kh2–h1, Df2–g1#.

16. ..... **Lc8–g4!!**

Falls 17. h3×Lg4, dann Df2–h4#.

Oder 17. Dd1–d2, Sé5–f3+, Familienschach.
17. Dd1–h1 .....
um das bedrohte Feld g1 zu decken. Nun ist aber das Feld h1 blockiert.
17. ..... Sé5–f3#

12. Offene Verteidigung 5. Sf6×é4

143. Partie
A. Michel   I. Seger

1. é2–e4	é7–é5
2. Sg1–f3	Sb8–c6
3. Lf1–b5	a7–a6
4. Lb5–a4	Sg8–f6
5. 0–0	.....

Die beste und verbreitetste Variante. Sie führt zu einem spannenden Spiel.

5. ..... Sf6×é4!?

Nach diesem gewagten Zug erhält Schwarz ein schönes, freies Figurenspiel.

6. d2–d4 b7–b5

Nach 7. La4–b3! folgt d7–d5; 8. d4×é5, Lc8–é6! usw.

7. Sf3×é5!? .....

Geistreich, aber inkorrekt. Natürlich würde Weiß nach 7. ..... b5×La4?; 8. Sé5×Sc6, d7×Sc6; 9. Tf1–é1 die geopferte Figur mit vorzüglichem Spiel zurückgewinnen.

7. ..... Sc6×Sé5!
8. d4×Sé5 d7–d5!

Natürlich nicht 8. ..... b5×La4?; 9. Dd1–d5!.

9. é5×d6 e.p. Lf8×d6!

Schlecht wäre jetzt 10. Tf1–é1, 0–0!; 11. Té1×Sé4??, Ld6×h2+!, und die Dame muß daran glauben.

10. Dd1–é2 Lc8–b7
11. La4×b5+!? .....

Jetzt nicht a6×Lb5?, 12. Dé2×b5+!. Gewinnt den geopferten Läufer zurück und steckt nebenbei zwei Bauern ein.

11. ..... Ké8–f8!
12. Lb5–d3 Dd8–h4!

Deckt den Springer und droht Dh4×h2#.

13. g2–g3 .....

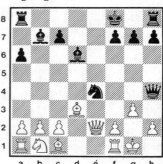

Falls statt dessen 13. h2–h3, dann folgt ebenfalls Sé4–g3.

13. ..... Sé4×g3!!
14. f2×Sg3 Ld6×g3!!

Weiß darf das zweite Figurenopfer nicht annehmen: 15. h2×Lg3??, Dh4×g3+, und Matt im folgenden Zug.

15. Lc1–é3 Ta8–é8!

Jeder Zug des Nachziehenden verdient ein Ausrufezeichen.

16. Lé3–c5+ Lg3–d6
17. Lc5×Ld6+ c7×Ld6
18. Dé2–f2! .....

Es droht 19. Df2×f7#.

18. ..... Dh4–g4+!

19. Df2—g3	Dg4—d4+
20. Dg3—f2	Dd4—d5!

Deckt das weiße Matt auf f7 und droht Dd5—h1#.

21. Df2—g3	Té8—é3!!

Falls 22. Dg3×Té3??, so Dd5—g2#.

22. Dg3—g4	Dd5—c5!!

Es droht Té3—g3##.

23. Tf1—f2	Té3—é1+
24. Ld3—f1	Dc5—d5!

und es droht erneut Dd5—h1#.

25. Dg4—g2	Té1×Lf1+!!
26. Kg1×Tf1	Dd5—d1#

Oder 26. Tf2×Tf1, Dd5×Dg2#.

Schließlich 26. Dg2×Tf1, Dd5—h1#.

144. Partie

Amateur   Dr. Siegbert Tarrasch

München 1915

1. é2—é4	é7—é5
2. Sg1—f3	Sb8—c6
3. Lf1—b5	a7—a6
4. Lb5—a4	Sg8—f6
5. 0—0	Sf6×é4
6. d2—d4	b7—b5

In der Partie Hans Fahrni—N. N. zog Schwarz 6. ..... d7—d5? (statt des richtigen b7—b5) und verlor wie folgt: 7. Sf3×é5!, Lc8—d7; 8. Sé5×f7!!, Ké8×Sf7. Schwarz muß das Opfer annehmen, weil der Springer gleichzeitig Dame und Turm angreift. 9. Dd1—h5+, Kf7—é6. (Nicht Kf7—g8??; 10. Dh5×d5+, und Matt im nächsten Zug.) 10. Sb1—c3, Sé4×Sc3; 11. Tf1—é1+!!, Sc3—é4; 12. Té1×Sé4+!!, d5×Té4; 13. La4—b3+, Ké6—é7. (Nicht Ké6—d6??; 14. Dh5—c5#. Auch nicht 13. ..... Ké6—f6??; 14. Dh5—g5#.) 14. Dh5—f7+, Ké7—d6; 15. Df7—d5+, Kd6—é7; 16. Lc1—g5+, Ké7—é8; 17. Dd5—f7#.

7. La4—b3	.....

In der Partie Boom—Fick, Holland 1913, spielte Weiß statt des Läuferzuges 7. d4—d5!? Sc6—é7? (Notwendig wäre b5×La4.) 8. Tf1—é1, Sé4—c5? (Nun geht es mit Schwarz schnell bergab.) 9. Sf3×é5, Sc5×La4; 10. Dd1—f3, f7—f6. Auch andere Züge helfen nicht. 11. Df3—h5+, g7—g6; 12. Sé5×g6!!, h7×g6; 13. Dh5×g6#.

7.	d7—d5
8. d4×é5!	Lc8—é6!
9. c2—c3	.....

Stark ist auch 9. Dd1—é2, um für den Turm das Feld d1 zu räumen und den Punkt d5 zu belagern.

9.	Lf8—é7

Wahrscheinlich die beste Entgegnung. Schwarz beabsichtigt, nach schneller Rochade am Damenflügel anzugreifen. Um leichter zum Vorstoß c7—c5 zu kommen, wird das Feld c5 nicht vom Läufer besetzt.

Gut ist auch 9. ..... Lf8—c5.

10. Tf1—é1	.....

Bereitet Sf3—d4 vor.

10.	0—0
11. Sf3—d4	.....

Dieser Zug führt zu großen, für Schwarz günstigen Verwicklungen.

11.	Sc6×é5!

Schwarz opfert eine Figur, da nach Sc6×Sd4?!; 12. c3×Sd4 die weiße Bauernmitte zu lästig wäre.

12. f2—f3!	Lé7—d6!
13. f3×Sé4	Lé6—g4
14. Dd1—c2	Dd8—h4

Genauer ist 14. ..... c7—c5!.

15. Té1—f1? .....

Unvermeidlich wäre 15. g2—g3! nebst 16. Lc1—f4.

15. ..... c7—c5!

Es droht c5—c4 mit Läuferfang.

16. Lb3×d5 c5×Sd4
17. Ld5×Ta8 Tf8×La8
18. c3×d4 .....

Schwarz hat Qualität und Bauern weniger, aber sämtliche Figuren sind entwickelt und unternehmen einen konzentrierten Angriff.

18. ..... Ta8—c8!

Dieser kraftvolle Zug läßt dem Anziehenden nur wenig Auswahl. Nach 19. Dc2—b3 gewinnt Sé5—f3+!!; 20. g2× Sf3??, Dh4×h2#.

19. Sb1—c3 Sé5—c6
(siehe Diagramm)
20. é4—é5 .....

Scheinbar sehr stark, aber der Zug wird glänzend widerlegt.

20. ..... Sc6×d4!

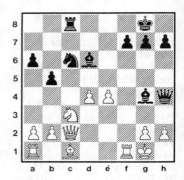

21. Dc2—é4 Tc8×Sc3!!
22. Tf1—f4 Sd4—é2+
23. Dé4×Sé2+ .....

Führt zu einem spektakulären Schluß. Aber wenn 23. Kg1—h1, so Dh4—é1+; 24. Tf4—f1, Dé1×Tf1#.

23. ..... Ld6—c5+
24. Kg1—h1 Tc3—h3!!
25. g2×Th3 Lg4×Dé2!!
26. Tf4×Dh4 Lé2—f3#

13. Geschlossene Verteidigung 5. Lf8—é7

145. Partie

Ewfim Geller — Paul Keres

Moskau 1951
Meisterschaft der Sowjetunion

1. é2—é4 é7—é5
2. Sg1—f3 Sb8—c6
3. Lf1—b5 a7—a6
4. Lb5—a4 .....

Falls Weiß nicht auf c6 tauschen will, dann muß der Läufer mit Rückzügen Zeit verlieren. Der Abtausch 4. Lb5×Sc6, d7×Lc6 hat für den Anziehenden den Vorteil, daß Weiß anschließend d2—d4 zieht und die Damen tauscht. Folglich ist der Abtausch auf c6 gegen Angriffsspieler zu empfehlen, und man kann Verwicklungen aus dem Wege gehen, wenn die Damen fehlen.

4. ..... Sg8—f6
5. 0—0! .....

Das ist gewiß die energischeste Fortsetzung. Andere Züge, wie 5. Dd1—é2, 5. Sb1—c3 und 5. d2—d3 verursachen weniger Schwierigkeiten für Schwarz.

5. ..... Lf8—é7

Dieser Zug charakterisiert den geschlossenen Aufbau und ist bestimmt sicherer als die gewagte offene Verteidigung 5. Sf6×é4!?.

6. Tf1—é1 .....

Verteidigt solide den Bé4 und räumt zugleich das Feld f1 für das Manöver Sb1—d2—f1—é3 (oder g3), das dem Anziehenden erlaubt, den Druck auf den Königsflügel zu verstärken. Die Entwicklung Sb1—c3 würde der Bildung eines starken Bauernzentrums c2—c3 nebst d2—d4 im Wege stehen.

6. .....   b7—b5
7. La4—b3   d7—d6
8. c2—c3 .....

mit dem doppelten Zweck, den Vorstoß d2—d4 vorzubereiten und gleich das Feld c2 für den Läufer zu räumen, falls Schwarz ihn mit Sc6—a5 angreift. Der Königsläufer ist eine der wichtigsten Angriffsfiguren und sollte daher von einem Abtausch bewahrt werden.

8. .....   0—0
9. h2—h3

Dieser kleine Vorbeugungszug ist von großer Wichtigkeit und entspricht vollständig allen Forderungen der Stellung:
I. Er beugt der Fesselung Lc8—g4 vor, die Schwarz im Falle von 9. d2—d4 durchführen könnte.
II. Bereitet den künftigen Vorstoß g2—g4 vor, vor allem deshalb, um zu verhindern, daß Schwarz f7—f5 zieht.
III. Erlaubt das Manöver Kg1—h2 und Tf1—g1, gefolgt von Sd2—f1—é3—f5, um den Königsangriff zu verstärken.

9. .....   Sc6—a5
10. Lb3—c2   c7—c5
11. d2—d4   Dd8—c7!

Das ist der charakteristische Zug des Tschigorin-Systems. Schwarz benutzte die Tempoverluste des weißen Läufers, womit dieser den Abtausch verhinderte. Es gelang dem Nachziehenden, einen starken Druck am Damenflügel zu entfalten, um zugleich den eigenen Bé5 zu schützen. Weiß hat mit dem Läufermanöver seine Zentrumsstellung befestigt und beabsichtigt, den Sb1 auf den Königsflügel zu überführen, um den Angriff zu verstärken.

12. Sb1—d2   c5×d4!

Gegen den folgenden Plan des Weißen kann Schwarz zwei Verteidigungssysteme entgegensetzen:
I. Vergrößern des Drucks gegen den Punkt d4 durch Sa5—c6 und den Anziehenden zum Zug d4—d5 oder zum Abtausch auf é5 zu zwingen.
II. Der Abtausch am d4 öffnet den c-Weg und ermöglicht der schwarzen Dame, den Gegner zu belästigen.

Das zweite System bietet Schwarz eine größere Wahrscheinlichkeit zum Gegenangriff. Dies ist gewiß eine erhebliche Verbesserung des ganzen Verteidigungssystems. Durch den Druck gegen d4, gefolgt von Lc8—b7 und Ta8—c8, kann das schwarze Spiel aktiver gestaltet werden als durch eine statische Verhaltensweise.

13. c3×d4   Lc8—b7
14. Sd2—f1   Ta8—c8!

Der Läufer auf der Diagonale a8—h1 steht bestimmt besser als auf der Schräge c8—h3. Nun belästigt der Turm den Lc2 und vereitelt dadurch den Zug d4—d5, der zu großen Verwicklungen im Zentrum führen würde.

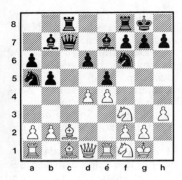

15. Lc2—b1! .....

Der »natürliche Zug« 15. Lc2—d3 (statt b1) ist nicht befriedigend und würde d6—d5! auslösen.

15. ..... d6—d5!

Schwarz schreitet zum entscheidenden Angriff und provoziert im Zentrum günstige Verwicklungen.

16. é4×d5! é5×d4

Jetzt sehen wir, warum der Rückzug des Läufers nach b1 gut war.

17. Lc1—g5! .....

Schwarz darf nicht 17. ..... Lb7×d5? spielen, da 18. Dd1—d3!; 19. Lg5×Sf6 nebst Dd3×h7# droht.

Ein grober Fehler wäre 17. ..... Sf6×d5??; 18. Lg5×Lé7!, Sd5×Lé7; 19. Lb1×h7+!!, Kg8×Lh7; 20. Sf3—g5+, Kh7—g6!; 21. Dd1—g4! mit vernichtendem Angriff. (Oder 20. ..... Kh7—g8?; 21. Dd1—h5! nebst unabwendbarem Matt.)

17. ..... h7—h6

Der Textzug verhindert die geschilderte Überrumpelung, ermöglicht aber eine andere Opferwendung, die man nur selten in einer Partie erlebt.

Besser als der Textzug dürfte 17. ..... Sa5—c4! sein.

18. Lg5—h4? .....

Der ungarische Meister Thelen entdeckte die folgende Gewinnkombination: 18. Lg5×h6!!, g7×Lh6; 19. Dd1—d2!.

a) 19. ..... Lb7×d5; 20. Dd2×h6, Ld5×Sf3; 21. Sf1—g3!!, und es gibt gegen die Drohung 22. Sg3—f5 keine Verteidigung.

b) 19. ..... Sf6×d5; 20. Dd2×h6, f7—f5; 21. Dh6—g6+, Kg8—h8; 22. Lb1×f5 mit gewinnendem Angriff.

Wie wir sehen, war also der Rückzug des Läufers nach b1 richtig.

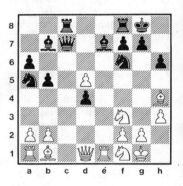

18. ..... Sf6×d5
19. Dd1—d3 g7—g6

Unentbehrlich, um das drohende Matt auf h7 zu vereiteln.

20. Lh4—g3 Lé7—d6!
21. Lg3×Ld6 Dc7×Ld6
22. Dd3—d2? .....

Mit diesem, so gut erscheinenden Zug fällt der Anziehende in eine teuflische Falle. Dem Anschein nach steht Weiß auf Gewinn, aber in der Tat ist er unrettbar verloren.

Der richtige Zug wäre 22. Dd3×d4 =.

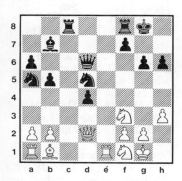

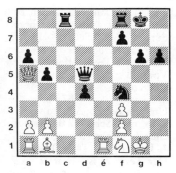

22. .....   Sd5−f4!!
Schwarz opfert den Springer a5. Dieses genau berechnete Opfer gewinnt – ganz gleich, ob Weiß es annimmt oder ablehnt.

23. Dd2×Sa5	Lb7×Sf3
24. g2×Lf3	Sf4×h3+
25. Kg1−g2	Sh3−f4+
26. Kg2−g1	.....

Nach 26. Kg2−h1 gewinnt Tc8−c5!

26. .....   Dd6−d5!.
mit der Drohung Dd5−h5, gefolgt von Dh5−h3 nebst Matt.

Falls jetzt 27. Té1−é4, so Dd5−g5+; 28. Sf1−g3, Tc8−c1+; 29. Kg1−h2, Dg5−h4#. Oder 27. Da5−d2, Dd5−g5+; 28. Sf1−g3, Sf4−h3+, und Schwarz erbeutet die Dame.

27. Sf1−g3   d4−d3
Es droht Dd5×f3, und Schwarz hat nicht die rettende Verteidigung Lb1−é4 zur Verfügung.

28. Sg3−é4	Dd5−f5
29. Da5−b4	Tf8−é8!

Weiß gab auf, da es gegen die Drohung Té8×Sé4, gefolgt vom Matt, keine Verteidigung gibt. (Anmerkungen nach Guiseppe Stalda.)

14. Worall-Angriff: 6. Dd1−é2

146. Partie

J. F. Donovan   S. N. Bernstein
Ventnor City 1942

1. é2−é4	é7−é5
2. Sg1−f3	Sb8−c6
3. Lf1−b5	a7−a6
4. Lb5−a4	Sg8−f6
5. 0−0	Lf8−é7!

Mit diesem Zug beginnt die heutzutage beliebteste geschlossene Verteidigung der Spanischen Eröffnung.
Die meistgespielte Fortsetzung haben wir in der vorangegangenen Partie gesehen: 6. Tf1−é1.
6. Dd1−é2   .....
Das ist der beliebte Worall-An-

griff. Die Dame deckt den Bé4 und droht mit Bauernraub durch 7. Lb5×Sc6, d7×Lc6; 8. Sf3×é5. Überdies läßt der Textzug Tf1−d1 offen, um den Vorstoß d2−d4 zu unterstützen.

6. .....   **b7−b5**

Um den Bauernraub zu verhindern, muß Schwarz den feindlichen Läufer vertreiben.

7. La4−b3   **0−0**

Der Textzug ist schärfer als 7. ..... d7−d6, da Schwarz ein Bauernopfer durch d7−d5 vorbereitet.

8. c2−c3!   **.....**

Weniger gut sind: 8. a2−a4 und 8. d2−d4, Sc6×d4!.

8. .....   **d7−d5!?**

Farblos und zu passiv wäre an dieser Stelle 8. ..... d7−d6.

9. d2−d3   **.....**

Die sicherste Fortsetzung. Zu großen Verwicklungen würde 9. é4×d5!? führen: Lc8−g4!; 10. d5×Sc6, é5−é4! usw.

9. .....   **d5−d4**

Gut ist auch 9. ..... Lc8−b7; 10. Tf1−d1, Tf8−é8; 11. Sb1−d2, Lé7−f8; 12. Sd2−f1, Sc6−a5; 13. Lb3−c2, c7−c5! mit ausgezeichnetem Spiel für Schwarz.

10. c3×d4   **Lc8−g4!?**

11. d4−d5?

Statt des mangelhaften Textzuges könnte Weiß mit 14. d4×é5! in Vorteil kommen.

Z. B. Sc6−d4!; 12. Dé2−é3, Lg4×Sf3; 13. é5×Sf6!.

11. .....   **Sc6−d4!**
12. Dé2−d1   **Sf6−h5**
13. Lc1−é3   **Sd4×Sf3+**
14. g2×Sf3   **Lg4−h3**
15. Tf1−é1   **Lé7−g5**
16. Kg1−h1   **Lg5−f4!**

öffnet die Schräge d8−h4 für die Dame.

17. Lé3×Lf4   **Sh5×Lf4!**

Das ist stärker als é5×Lf4?.

18. Té1−g1   **Dd8−h4**
19. Dd1−d2   **.....**

Deckt den Bauern f2.

19. .....   **Ta8−d8**

Die Reserven eilen herbei, um den Angriff zu verstärken.

20. Sb1−c3   **Td8−d6**
21. Sc3−d1   **Lh3−d7!**
22. Sd1−é3   **.....**

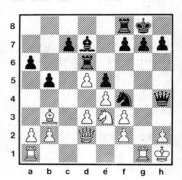

22. .....   **Dh4×h2+!!**
23. Kh1×Dh2   **Td6−h6+**
24. Kh2−g3   **Th6−h3#**

15. Marshall-Angriff 8. d7−d5

Der geniale amerikanische Großmeister Frank J. Marshall hat bemerkt, daß nach 1. é2−é4, é7−é5; 2. Sg1−f3, Sb8−c6; 3. Lf1−b5, a7−a6; 4. Lb5−a4, Sg8−f6; 5. 0−0, Lf8−é7; 6. Tf1−é1, b7−b5; 7. La4−b3, 0−0; 8. c2−c3 Weiß in der Entwicklung zurückgeblieben ist. Schwarz kann diesen Umstand zu dem vielversprechenden Bauernopfer 8. ..... d7—d5! ausnützen: 9. é4×d5, Sf6×d5; 10. Sf3×é5, Sc6×Sé5; 11. Té1×Sé5 und danach zwischen zwei Fortsetzungen wählen:

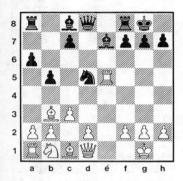

a) Entweder spielt er auf sofortigen Königsangriff: 11. ..... Sd5—f6; 12. d2—d4, Lé7—d6!; 13. Té5—é1, Sf6—g4; 14. h2—h3, Dd8—h4!; 15. Dd1—f3, Sg4×f2, und Weiß muß sehr aufmerksam spielen, um nicht überrumpelt zu werden. Am besten zieht er: 16. Lc1—d2!.

b) Oder Schwarz verzichtet auf direkten Königsangriff mit 11. ..... c7—c6. Z. B. 12. d2—d4, Lé7—d6; 13. Té5—é1, Dd8—h4; 14. g2—g3, Dh4—h3, und Weiß leidet unter einem recht lästigen positionellen Druck, der für Schwarz den geopferten Bauern völlig aufwiegt. Es könnte weiter folgen: 15. Té1—é4? (Um Té4—h4 vorzubereiten.) 15. ..... g7—g5!! (Weiß darf den kühnen Bauern nicht verspeisen: 16. Lc1×g5?, Dh3—f5! kostet eine Figur.) 16. Sb1—d2, f7—f5!; 17. Té4—é3, f5—f4; 18. g3×f4, Dh3—h6! (N. N.—Jurij Averbach); 19. f4×g5??, Dh6×h2+; 20. Kg1—f1, Dh2×f2#.

16. Spanisches Vierspringerspiel

a) Symmetrische Verteidigung 4. Lf8—b4

147. Partie
J. R. Capablanca N. N.
New York 1918

1. é2—é4   é7—é5
2. Sg1—f3   Sb8—c6
3. Sb1—c3   Sg8—f6!
4. Lf1—b5   Lf8—b4

Das ist die Symmetrische Verteidigung. Gut ist auch Rubinsteins Gegenangriff 4. ..... Sc6—d4.

Alle anderen Fortsetzungen sind minderwertig. Z. B. 4. ..... a7—a6? verliert einen Bauern: 5. Lb5×Sc6!, d7×Lc6; 6. Sf3×é5, Dd8—d4 taugt nichts, weil der Bauer é4 gedeckt ist. 7. Sé5—f3! nebst 8. d2—d3.

5. 0—0   .....
Jedoch nicht 5. d2—d3?, Sc6—d4!.
5. .....   0—0
Schwach ist statt des Textzuges

5. ..... d7−d6?; 6. Sc3−d5!, Lb4−c5; 7. d2−d4, é5×d4; 8. Lc1−g5!.
Oder 5. ..... Sc6−d4?; 6. Sf3×Sd4!, é5×Sd4; 7. é4−é5!.

6. d2−d3 .....

und nicht 6. ..... Sc3−d5?, Sf6×Sd5; 7. é4×d5, é5−é4!.

6. .....   d7−d6

Spielbar ist auch 6. ..... Lb4×Sc3; 7. b2×Lc3, d7−d5!?.

Ohne vorherigen Tausch auf c3 ist der sofortige Gegenstoß 6. ..... d7−d5?! verfrüht. 7. Sc3×d5!, Sf6×Sd5; 8. é4×Sd5, Dd8×d5; 9. Lb5−c4!.

7. Lc1−g5 .....

Eine andere Möglichkeit ist statt des Textzuges 7. Sc3−é2, Sc6−é7; 8. Sé2−g3, c7−c6; 9. Lb5−a4, Sé7−g6; 10. d3−d4, é5×d4; 11. Sf3×d4, d6−d5?. Es ist unklug, in dieser Stellung das Spiel zu öffnen. 12. é4×d5, Sf6×d5; 13. c2−c3, Lb4−c5; 14. La4−c2!. Hier steht der Läufer sehr gut. 14. ..... Lc5×Sd4; 15. Dd1×Ld4, Sd5−f4; 16. Tf1−d1, Dd8−c7; 17. Td1−é1, Lc8−d7? (Besser wäre Lc8−é6.) 18. Lc1×Sf4!, Sg6×Lf4; 19. Té1−é7!. Der Turm in der siebten Reihe ist unheimlich stark. 19. ..... Ta8−d8; 20. Ta1−d1!, Tf8−é8; 21. Dd4×Ld7!!, Td8×Dd7; 22. Té7×Té8#.

7. .....   Lc8−g4?!

Schwarz hätte die Drohungen des Anziehenden entweder mit 7. ..... Lb4×Sc3! oder 7. ..... Sc6−é7 entkräften müssen.
Die symmetrische Entgegnung führt zu einem verwickelten Spiel.

8. Sc3−d5!   Sc6−d4
9. Sd5×Lb4   Sd4×Lb5
10. Sb4−d5   Sb5−d4
11. Dd1−d2! .....

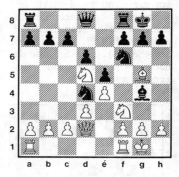

Eine schlaue Falle. Die einzige Rettung für Schwarz besteht in 11. ..... c7−c6!.

11. .....   Dd8−d7??
12. Lg5×Sf6!   Lg4×Sf3
13. Sd5−é7+! .....

Leider läßt sich ein Schachgebot nicht nachahmen.

13. .....   Kg8−h8
14. Lf6×g7+!!   Kh8×Lg7
15. Dd2−g5+   Kg7−h8
16. Dg5−f6#

148. Partie

V. F. Coria   J. R. Capablanca
Buenos Aires 1914

1. é2−é4   é7−é5
2. Sg1−f3   Sb8−c6
3. Sb1−c3   Sg8−f6
4. Lf1−b5   Lf8−b4
5. 0−0   0−0
6. d2−d3   d7−d6
7. Lc1−g5   Lb4×Sc3!

In der vorigen Partie haben wir gesehen, daß die Aufrechterhaltung der Symmetrie 7. ..... Lc8−g4? in den Abgrund führt. Dagegen ist 7. ..... Sc6−é7! auch tadellos.

8. b2×c3   Dd8−é7

Der Damenzug bereitet das Manöver Sc6–d8–é6 vor, um so die lästige Fesselung des Springers f6 aufzuheben.
An dieser Stelle ist auch 8. ..... Lc8–d7 gut. Dagegen sollte Lc8–g4 erst nach der Vorbereitung h7–h6 geschehen.

9. Sf3–d2   .....

Weiß kann mit 9. Tf1–é1 den Vorstoß d3–d4 vorbereiten.

9. .....   h7–h6!
10. Lg5–h4   Sc6–d8

Spielbar ist auch 10. ..... a7–a6; 11. Lb5–c4, Sc6–a5!

11. d3–d4   Sd8–é6

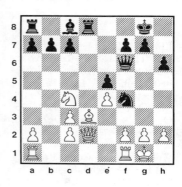

Genauer ist vorerst der Entwicklungszug 11. ...... Lc8–g4, um den Läufer nicht mit Sd8–é6 einzusperren.

12. d4×é5   d6×é5
13. Lb5–d3   Sé6–f4!

Ein schwarzer Zentralspringer auf f4 ist unheimlich stark und gewährt meistens einen gewinnbringenden Vorteil – vorausgesetzt, daß er nicht vertrieben werden kann.

14. Sd2–c4   Tf8–d8
15. Lh4×Sf6   Dé7×Lf6
16. Dd1–d2?   .....

Schlecht! Bessere Möglichkeiten böte 16. Dd1–f3!. Jetzt kommt ein glänzender Schluß:

16. .....   Lc8–h3!!

Weiß darf den kecken Läufer nicht schlagen, da er nach 17. g2×Lh3??, Df6–h4! schnell verliert.

17. Sc4–é3   Lh3×g2!!

Der hartnäckige Läufer opfert sich erneut.

18. Sé3–f5   .....

Jetzt würde 18. Sé3×Lg2, Df6–g5!; 19. f2–f3, Sf4–h3+ die Dame kosten.

18. .....   Lg2×é4!

Weiß kann den frechen Läufer wieder nicht schlagen, da ja sein eigener Läufer durch den schwarzen Turm gefesselt ist.

19. Sf5–g3   Sf4–h3#

b) Rubinsteins Gegenangriff 4. Sc6–d4

149. Partie
S. Belsitzmann   A. Rubinstein
Warschau 1917

1. é2–é4	é7–é5
2. Sg1–f3	Sb8–c6
3. Sb1–c3	Sg8–f6
4. Lf1–b5	Sc6–d4

In einer Partie Posch–Dorrer (Wien 1958), folgte: 5. Sf3×d4. (Auch mit 5. Sf3×é5, Dd8–é7! kann Weiß nicht viel erreichen.) 5. ..... é5×Sd4; 6. é4–é5, d4×Sc3; 7. é5×Sf6, c3×d2+ (Die Annahme des Bauernopfers ist äußerst ge-

fährlich. Besser wäre Dd8×f6.)
8. Lc1×d2, Dd8×f6; 9. 0–0, Lf8–é7; 10. Ld2–c3!, Df6–g5; 11. Tf1–é1!, 0–0. Schwarz möchte seinen König in Sicherheit bringen. 12. Té1–é5!, Dg5–f6; 13. Lb5–d3, h7–h6; 14. Dd1–g4!, Df6–h4?; 15. Dg4×g7+!!, Kg8×Dg7; 16. Té5–g5#+.

5. Lb5–c4 .....
Wahrscheinlich ist der Rückzug 5. Lb5–a4 nachhaltiger.

5. ..... **Lf8–c5**
Diese interessante Gambitfortsetzung ist mit einem Bauernopfer verbunden.
5. ..... c7–c6; 6. 0–0, Lf8–c5. (Gegeben wäre b7–b5!.) 7. Sf3×é5?. Gewinnt einen Bauern, aber Schwarz erhält Entwicklungsvorsprung. 7. ..... d7–d6!; 8. Sé5–d3, Lc8–g4!; 9. Dd1–é1, Sd4–f3+!!; 10. g2×Sf3, Lg4×f3. Die weiße Dame hat nun keinen Zug. 11. é4–é5, 0–0!!; 12. é5×d6, Sf6–g4!; 13. Dé1–é7, Lc5×d6; 14. Dé7×Dd8, Ld6×h2# (István Abonyi – Karel Hromádka, Prag 1908).

6. Sf3×é5 .....
Nach 6. d2–d3 folgt selbstverständlich d7–d6.

6. ..... **Dd8–é7**
Stark ist auch 6. ..... 0–0; 7. d2–d3, d7–d5!; 8. Sc3×d5, b7–b5!, und Schwarz steht gut.

7. Sé5–d3 .....
Offensichtlich schlecht wäre 7. Sé5×f7?, d7–d5!, und Weiß verliert eine Figur.

7. ..... **d7–d5!**
8. Sc3×d5 .....
Besser wäre 8. Lc4×d5.

8. ..... **Dé7×é4+**
9. Sd5–é3 .....

Erzwungen, da nach 9. Ké1–f1? eindrucksvoll 9. ..... Lc8–h3!! folgen würde. 10. g2×h3??, Dé4×Th1#. (Man beachte, daß Bg2 gefesselt ist; deshalb geht Dd1×Sf3?? nicht.)

9. ..... **Lc5–d6**
Noch stärker wäre 9. ..... Lc8–g4!; 10. f2–f3, Sd4×f3+!!; 11. g2×Sf3??, Lg4×f3, und Schwarz erbeutet die Dame.

10. 0–0!? .....
Ungemein riskant. Aber die Alternative 10. f2–f3 ist auch nicht einladend.

10. ..... **b7–b5!**
11. Lc4–b3 **Lc8–b7!**
Auch der Läufer bedroht nun die weiße Rochadestellung.

12. Sd3–é1 **Dé4–h4!**
Es droht Dh4×h2#.

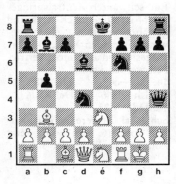

Falls nun 13. h2–h3, dann könnte Schwarz den Angriff mit g7–g5 nebst h7–h5 fortsetzen.
Wenn 13. f2–f4, so Ld6×f4; 14. g2–g3, Lf4×g3!!; 15. h2×Lg3, Dh4×g3+; 16. Sé1–g2, h7–h5! mit der tödlichen Drohung Sf6–g4!.

13. g2–g3 **Dh4–h3**
14. c2–c3 **h7–h5!!**

15. c3×Sd4	gen das Matt gibt es keine Rettung.
Auch andere Züge sind nutzlos.	
15. ..... h5−h4!!	16. ..... Dh3×h2+!!
16. Dd1−é2	17. Kg1×Dh2 h4×g3++
Es ist egal, wie Weiß zieht, ge-	18. Kh2−g1 Th8−h1≠

17. Schlußbetrachtungen

Die Spanische Eröffnung ist zwar zweifellos gut und interessant, doch ist ihre heutige große Beliebtheit eine völlig unbegründete Modesache. Dies ist darauf zurückzuführen, daß die meisten Turnierspieler und Meister ein sog. »Druckspiel« turmhoch überschätzen.

Die heute bekannten Verteidigungen der Spanischen Eröffnung müssen fast ausnahmslos den Bauern é5 krampfhaft verteidigen und deswegen eine an Gegenspiel arme, trostlose Stellung in Kauf nehmen.

Die Meister sollten neue Gambit-Verteidigungen ausklügeln. Es ist nämlich besser, einen Bauern weniger zu haben als eine schlechte Stellung.

Man sollte also den Bauern é5 einfach opfern. Damit könnte Schwarz einen erheblichen Entwicklungsvorsprung erreichen. Weiß verliert an wichtigem Tempo mit dem Schlagen des Bauern. Außerdem muß ein nach der schwarzen Rochade sinnlos dastehender Läufer auf b5 nochmals ziehen, und Weiß verliert dadurch weiter an Tempo.

Somit hätte Schwarz nicht nur den Anzugsvorteil von Weiß ausgeglichen, sondern könnte mit an Sicherheit grenzender Wahrscheinlichkeit auch den geopferten Bauern mit günstigem Spiel zurückgewinnen.

Das königliche Spiel ist nicht so einfach, daß man mit einem wahrscheinlich verfrühten Läuferangriff in Vorteil kommen könnte.

Weiß kann, beim besten Gegenspiel von Schwarz, in keiner Eröffnung die erstrebte Idealmitte d4/é4 errichten. Wegen dieser von vornherein zum Scheitern verurteilten Bestrebung muß Weiß schwerwiegende Nachteile in Kauf nehmen.

18. Eine kurzgefaßte Analyse

Nach **1. é2−é4, é7−é5; 2. Sg1−f3, Sb8−c6; 3. Lf1−b5, Lf8−c5** entsteht die Klassische Verteidigung. Weiß hat sechs Fortsetzungen, aber bei genauem Gegenspiel erzielt der Anziehende nach Paul Keres keinen Vorteil:
1) 4. Sb1−c3, Sc6−d4!
2) 4. b2−b4!?, Lc5×b4; 5. Lc1−b2, d7−d6; 6. 0−0, Lc8−d7; 7. d2−d4, é5×d4; Sf3×d4, Sg8−f6! (Tibor Florián)

3) 4. Lb5×Sc6, d7×Lc6; 5. Sf3×é5, Lc5×f2+!?; 6. Ké1×Lf2, Dd8−d4+ mit Rückeroberung der geopferten Figur.
4) 4. Sf3×é5, Sc6−d4!, und Schwarz kommt durch die Drohungen 5. ..... Sd4×Lb5; 5. ..... Dd8−g5 und 5. ..... Dd8−é7 in Vorteil.
5) **4. 0−0.** Die andere Hauptvariante ist 4. c2−c3 kommt im folgenden Spiel.
   a) **4. ..... Sg8−é7; 5. b2−b4!?** (Gut ist auch 5. c2−c3.) **Lc5×b4; 6. Lc1−b2, 0−0!; 7. Sf3×é5!, Sc6×Sé5; 8. Lb2×Sé5, c7−c6!** mit Ausgleich.
   b) **4. ..... Sc6−d4!** (Besser als 4. ..... Dd8−f6; 5. d2−d3 oder 5. c2−c3, Sg8−é7!.) **5. Sf3×Sd4, Lc5×Sd4; 6. c2−c3, Ld4−b6; 7. d2−d4, c7−c6!; 8. Lb5−a4, d7−d6; 9. Sb1−a3!, Sg8−f6; 10. La4−c2** (verteidigt den Bauern é4), **Lc8−é6; 11. Lc1−g5, h7−h6; 12. Lg5−h4?** (Besser ist der Abtausch 12. Lg5×Sf6, Dd8×Lf6.) **g7−g5; 13. Lh4−g3, h6−h5!,** und Schwarz steht ausgezeichnet.
6) **4. c2−c3:**
   a) **4. ..... Sg8−é7!** (Besser als Sg8−f6; 5. d2−d4!.) **5. 0−0!, Lc5−b6; 6. d2−d4, é5×d4; 7. c3×d4, d7−d5!; 8. é4×d5, Sé7×d5; 9. Tf1−é1+, Lc8−é6** (oder 9. Sf3−é5, Dd8−f6) =.
   b) **4. ..... f7−f5!?.** Ein chancenreiches Gambit.
      b1) **5. Lb5×Sc6, d7×Lc6; 6. Sf3×é5, Lc5−d6; 7. Dd1−h5+, g7−g6; 8. Sé5×g6, Sg8−f6; 9. Dh5−h4, Th8−g8; 10. é4−é5, Tg8×Sg6; 11. é5×Sf6, Lc8−é6!** »und der schwarze Stellungsvorteil wiegt den geopferten Bauern mehr als auf« (Paul Keres).
      b2) **5. Sf3×é5, Sc6×Sé5; 6. d2−d4, Dd8−é7; 7. 0−0, f5×é4,** und Weiß hat nichts erreicht.
      b3) **5. 0−0, f5×é4; 6. Lb5×Sc6, d7×Lc6; 7. Sf3×é5?, Sg8−f6; 8. d2−d4, é4×d3 e.p.; 9. Sé5×d3, Lc5−é7!** =.
      b4) **5. é4×f5, é5−é4; 6. d2−d4, é4×Sf3; 7. d4×Lc5, Dd8−é7+; 8. Lc1−é3, f3×g2; 9. Th1−g1, Sg8−f6; 10. Dd1−f3, 0−0; 11. Sb1−d2, d7−d6; 12. c5×d6.** (Besser ist unverzüglich 12. 0−0−0!,) **c7×d6; 13. 0−0−0, Sc6−é5; 14. Df3×g2, Lc8×f5,** und Schwarz steht ausgezeichnet (Wasjukow−Arsenjew, Moskau 1962).
      b5) **5. d2−d4! f5×é4!**
         6. Sf3−g5, Lc5−b6; 7. d4−d5, é4−é3!; 8. Sg5−é4, Sg8−f6!; 9. d5×Sc6, b7×c6!, und Schwarz hat einen chancenreichen Angriff.
         Oder 6. Sf3−d2, Lc5−b6; 7. Sd2×é4, d7−d5! (bzw. 7. d4−d5, Sg8−f6!) 8. Dd1−h5+, Ké8−f8; 9. Dh5−f3+, Sg8−f6; 10. Sé4×Sf6, Dd8×Sf6; 11. Lb5×Sc6, b7×Lc6; 12. d4×é5, Df6×Df3; 13. g2×Df3, Kf8−f7!, »und Schwarz hat für den geopferten Bauern ausreichenden Ersatz« (Dr. Alexander Aljechin).